短视频运营、直播带货与DOU+广告投放策略

雷波 著

·北京·

内 容 简 介

"短视频+直播"是目前公认的最有效的营销方式之一。可以说，轻松玩转"短视频+直播"，就掌握了视频时代的主动权。本书的写作目的就是让已经或准备迈入"短视频+直播"行业的读者，懂运营、懂创作、懂推广，打造出高权重抖音账号。

为了让没有任何"短视频+直播"经验的读者可以顺利地迈出第一步，本书从抖音账号的定位开始讲起，以便让大家有明确的发展方向。然后以实践为主由浅入深地介绍建立账号、开通各种权限的方法，以及短视频、直播内容的创作和运营等相关内容。

对于已经有"短视频+直播"创业经历的读者，则可以通过本书对DOU+投放的分析、建议，进一步提高账号的成长速度。同时，随着内容的不断深入，短视频与直播数据分析，以及直播玩法等进阶内容，也可以让各位读者收获满满。

相信通过对本书的学习，可以让更多的人掌握视频时代的主动权，输出个人价值，成为下一个抖音达人。

图书在版编目（CIP）数据

短视频运营、直播带货与DOU+广告投放策略 / 雷波著. —北京：化学工业出版社, 2022.6（2025.4重印）
ISBN 978-7-122-41081-8

Ⅰ.①短… Ⅱ.①雷… Ⅲ.①网络营销 Ⅳ.①F713.365.2

中国版本图书馆CIP数据核字（2022）第051638号

责任编辑：孙 炜 李 辰　　　　　　封面设计：异一设计
责任校对：李雨晴

出版发行：化学工业出版社（北京市东城区青年湖南街 13 号　邮政编码 100011）
印　　装：天津裕同印刷有限公司
710mm×1000mm 1/16　印张 18　字数 500 千字　2025 年 4 月北京第 1 版第 4 次印刷

购书咨询：010-64518888　　　　　　　　售后服务：010-64518899
网　　址：http://www.cip.com.cn
凡购买本书，如有缺损质量问题，本社销售中心负责调换。

定　　价：99.00元　　　　　　　　　　　　　　　　版权所有 违者必究

前言
PREFACE

毫无疑问，短视频和直播几乎已经走进了每个人的生活中。无论是在通勤的路上，还是在公司、在家里、在餐厅，都能看到刷短视频或者看直播的人。仅仅抖音一个平台，截至 2021 年，其日活跃用户已经超过 6 亿，所以"短视频 + 直播"已经成为很多人创业的营销方式。

"短视频 + 直播"这种营销方式，不是简单的既做短视频又做直播，其重点在"+"这个符号上。为了实现"1+1＞2"的效果，两者要互相促进，相辅相成，比如"通过短视频为直播引流""通过短视频为直播账号打上标签""制作直播切片短视频增加带货效果"等。

那么，具体该如何迈出"短视频 + 直播"的第一步？如何制作内容？如何实现"1+1＞2"的效果？这些是本书的内容重点。

为了让新人可以更快上手"短视频 + 直播"，本书从账号定位、确立人设讲起，以便让读者在迈入该领域前有一个大致的规划和明确的发展方向。

接下来则全部以实操为基础，先在第 3 章教会大家创建抖音账号、开通橱窗、开通小店、为账号打标签、申请黄 v 和蓝 v，从而让读者知道如何让账号更有吸引力。

归根结底，账号是否有吸引力，取决于内容。所以，在第 4 章，将以带货短视频为例，向大家介绍什么样的视频内容既能够让观众点赞、评论、关注，又能实现很好的成交转化。

有了内容，还需要一定的运营思路、技巧，这样才能最大限度地发挥内容的优势，让更多喜欢相关内容的观众能够看到你制作的短视频。因此在第 5 章，讲解了如何提高点赞量、互动量和完播率，以及如何利用数据指导短视频运营。

当知道如何做内容、如何运营之后，就会发现账号的成长依然十分艰难。因为抖音上的竞争太激烈了，近 80% 的流量都被头部 5% 的账号获取。那么作为新注册的号，想快速成长，就不得不借助 DOU+ 的力量。第 6 章和第 7 章详细讲解了 DOU+ 的投放技巧，并通过分析实际投放数据，让大家更了解 DOU+ 的机制，明确当前阶段该如何投放 DOU+ 才能获得最高收益。

从第 8 章开始至全书结束，都在讲解直播的相关内容。可以说，与直播相关的方方面面，包括直播间的建立、直播所需硬件、直播所需软件，以及直播玩法、直播话术，甚至具体到某个技巧，比如"憋单""组品"等，都可以在本书中学到。难能可贵的是，以上内容几乎全部建立在实战的基础上，读者通过本书可获得大量的直播经验，少走弯路。

相信通过学习本书，无论是"短视频＋直播"领域的新手，还是已经在该领域摸爬滚打一段时间的自媒体人，都能有所收获，让自己的抖音账号成功变现，搭上视频时代的列车。

考虑到篇幅有限，笔者随书附赠了两门视频课程，第一门是时长为 900 分钟的"剪映操作与实战案例"课程，第二门为时长 180 分钟的"DOU+ 投放实战"课程，这两门视频课程将大幅度提升本书知识含量及学习便利度。

如果希望与笔者交流与沟通，可以添加本书专属微信 13011886577，与笔者团队在线沟通交流，还可以关注我们的抖音号"好机友摄影、视频""北极光摄影、视频、运营"。

著　者

目 录
CONTENTS

第1章 新时代的机会——短视频+直播

短视频与直播各自的优势 2
 带货短视频的优势 2
 带货直播的优势 3
"短视频+直播"内容营销系统 4
 短视频与直播捆绑已成趋势 4
 一个账号，搞定短视频和直播 4
 "短视频+直播"打造营销闭环 4
玩转"短视频+直播"要有流量思维 5
 通过转化率理解流量思维的重要性 5
 理解私域流量和公域流量 5
 将公域流量转化为私域流量的4种方法 ... 6
"短视频+直播"的变现方式 7
 短视频16大变现方式 7
 直播5大变现方式 10

第2章 账号规划——确定账号定位和特色

对账号进行定位 12
 商业定位 12
 垂直定位 12
 用户定位 13
对标账号分析及查找方法 13
确立人设的重要意义 14
 何为人设 14
 先立人设后带货 14
 无人设带货只能挣快钱 15
 确立人设拓宽带货方式 15
寻找适合自己的人设 16
 根据自身社会角色 16
 根据个人喜好 16
 根据带货产品特点 17
 不要凭空捏造人设 17
强化、改进人设表现的方法 17
 根据观众评论增强人设 17
 将场景与人设融合 18
 从其他平台寻找人设改进方向 18
商品定位要明确 19
 热销商品的3个特点 19
 虚拟商品也是带货的一种选择 20
了解货源 21
 销售自有商品 21
 分销他人商品 21
了解精选联盟供货平台 22

第3章 迈出第一步——创建短视频、直播账号

创建一个带货短视频账号 24
  创建抖音账号 24
  找到抖音直播入口 24
  "商品橱窗"的作用及开通方法 25
  "抖音小店"的作用及开通方法 27
橱窗与小店的区别 28
  在橱窗中上架商品 28
  绑定第三方平台PID的方法 30
  开通POI为线下门店引流实操 32
设置账号的"门面" 35
  取名字的6个要点 35
  设置头像的4个要点 36
  让观众通过简介认识自己的4个要点 37
  简介应该包含的3大内容 39
  充分发挥背景图的作用 39
为账号打上标签 40
  认识账号的3个标签 40
  查看账号标签和内容标签 41
了解抖音实名认证、蓝v认证和黄v认证 43
  实名认证账号的操作方法 43
  实名认证账号的3大优势 43
  黄v认证的门槛和操作方法 44
  黄v认证账号的4大优势 46
  蓝v认证的门槛和操作方法 46
  蓝v认证账号的8大优势 48

第4章 内容为王——爆火短视频内容创作思路

在学习中成长——教你拆解热门带货短视频 53
  搜索对标账号的热门带货短视频 53
  从热门短视频中了解如何选品 54
  学习视频结构与叙事逻辑 55
  重点看前3秒和后3秒 56
  分析其风格特点 57
  快速提取大量文案的实用技巧 58
内容为王——打造爆款短视频的5大重点 60
  能解决问题的内容更有市场 60
  通过这4点让主题更有吸引力 61
  3大渠道让你不错过任何一个热点 62
  对热点话题进行包装的3个实战技巧 64
  在自己擅长的领域制作视频 65
标题决定短视频的浏览量 66
  5个标题撰写思路 66
  3个标题呈现形式 68
根据自身情况确定带货短视频类型 69
  有团队适合剧情类内容创作 69
  KOC适合口播种草类内容创作 69
  有特长适合才艺展示类内容创作 70
剧情类带货短视频的创作思路 70
  寻找目标群体常见话题 70
  两种方法在故事中加入反转 71
  3个方法创作出有情绪的短视频 72
  让商品自然地出现在剧情中 73
  让商品起到对剧情的推动作用 73
  通过剧情为商品赋能 73
口播种草类带货短视频的创作思路 74
  以观众痛点作为视频开场 74
  句句干货突出重点 74
  利用表情、语速、语调等确立个人风格 74
  商品介绍逻辑要清晰 75
  加入真实使用经验提高认同感 75
才艺展示类带货短视频创作思路 76
  完整地展示商品使用过程 76
  有意识地延长商品出镜时间 76

通过不经意间的语言点出商品的优势............77
　　为观众留下评论的空间............................77
在抖音中发布图文内容..................................78
　　抖音图文是什么....................................78
　　抖音图文创作要点................................78
用抖音话题增加曝光率..................................79
　　什么是话题..79
　　为什么要添加话题................................79
　　如何添加话题..79
　　话题选择技巧..79
　　话题创建技巧..79

让背景音乐匹配视频的4个关键点....................80
　　情绪匹配..80
　　节奏匹配..80
　　高潮匹配..80
　　风格匹配..80
制作视频封面的5个关键点..............................81
　　充分认识封面作用................................81
　　抖音封面的尺寸....................................81
　　封面的动静类型....................................81
　　封面的文字标题....................................81
　　如何制作个性封面................................81

第 5 章 快速成长——通过运营实现短视频流量高速增长

理解短视频平台的推荐算法..........................83
　　理解短视频上热门的核心逻辑............84
用这3个方法提升短视频完播率....................85
　　认识短视频完播率................................85
　　方法一：尽量缩短视频时长................86
　　方法二：因果倒置................................86
　　方法三：表现新颖................................87
用3个方法提升短视频互动率........................88
　　认识短视频互动率................................88
　　方法一：用观点引发讨论....................88
　　方法二：利用神评论引发讨论............88
　　方法三：卖个破绽诱发讨论................89
用3个方法提高短视频点赞量........................90
　　认识短视频点赞量................................90
　　方法一：让观众有"反复观看"的需求....90
　　方法二：认可与鼓励............................91
　　方法三：情感认同................................91
发布短视频也有大学问..................................91
　　高流量短视频往往具备天时、地利、人和....91
　　发布短视频时"蹭热点"的两个技巧....92
　　两个技巧找到发布短视频的最佳时间....94
　　3个方法让短视频发布具有规律性........96
　　短视频发布小技巧................................97

在抖音官方后台进行基本运营操作................98
　　进入计算机端后台的方法....................98
　　了解账号基础数据................................99
　　对短视频内容进行管理........................99
　　对互动进行管理..................................100
在"数据总览"界面查看详细数据................101
　　分析播放数据......................................101
　　分析互动数据......................................101
　　分析粉丝数据及收益数据..................102
利用作品数据剖析单一短视频....................103
　　单一短视频数据分析..........................103
通过"粉丝画像"更有针对性地制作内容....104
　　性别与年龄数据..................................104
　　地域分布数据......................................104
　　其他数据..105
利用"创作周报"激励自己不断进步............105
　　上周创作排名......................................106
　　上周关键数据......................................106
　　上周表现最佳视频..............................106
利用"重点关注"向别人学习........................107
　　利用"我关心的"添加头部账号..........107
　　通过"与我相关"浏览最新视频..........107
通过手机端后台进行数据分析....................108

找到手机端的视频数据..................108
找到与同类热门视频的差距..............108
通过"视频数据分析"准确地找到
问题所在............................109
通过"视频数据分析"找到视频内容
的闪光点............................110
通过"播放趋势"确定视频最佳发布时间...111
通过其余图表感受"流量"的重要性.........111
通过18个抖音官方账号不断提高自己.......112

第 6 章 点燃流量的导火索——短视频 DOU+ 玩法

什么是DOU+?..............................115
DOU+的十大功能............................115
 内容测试.............................115
 解除限流.............................115
 选品测试.............................116
 带货推广.............................116
 助力直播带货.........................117
 快速涨粉.............................117
 为账号做冷启动.......................118
 利用付费流量撬动自然流量.............118
 为线下店面引流.......................118
 获得潜在客户线索.....................118
DOU+优点总结..............................119
 门槛低...............................119
 费用低...............................119
 目的多...............................119
 可衡量...............................119
 见效快...............................119
 收益高...............................119
 可升级...............................119
在抖音中找到DOU+..........................120
 从视频投放DOU+.......................120
 从创作中心投放DOU+...................121
如何中止DOU+..............................122
 要立即中止投放的情况.................122
 中止投放后如何退款...................122
 单视频投放终止方法...................122
 批量视频投放终止方法.................122
单视频投放和批量投放......................123

单视频投放DOU+............................123
批量视频投放DOU+..........................123
两种投放方式的异同........................123
如何选择投放DOU+的视频....................124
 选择哪一个视频.......................124
 选择什么时间对发布的视频投放.........124
 选择投放几次.........................124
 选择什么时间投放.....................124
选择老视频进行投放的注意事项..............125
 投放目标受限.........................125
 可选视频受限.........................125
深入了解"投放目标"选项..................126
 "投放目标"选项分类..................126
 如何选择"投放目标"选项..............127
"投放目标"与视频内容的关系..............128
 常规的"投放目标"选项................128
 "挂车"短视频与"商品购买"..........128
 POI与"门店加热"....................129
 逐渐边缘化的"位置点击"..............129
 带有小程序的短视频与"小程序互动".....129
"投放时长"选项设置思路..................130
 了解起投金额.........................130
 设置投放时间思路.....................130
如何确定潜在兴趣用户......................131
 系统智能推荐.........................131
 自定义定向推荐.......................132
深入理解"达人相似粉丝"推荐选项..........134
 利用"达人相似粉丝"为新账号打标签....134
 利用"达人相似粉丝"查找头部账号......134

利用"达人相似粉丝"精准推送视频 134
"达人相似粉丝"投放4大误区 135
利用账号速推涨粉 136
　　账号速推操作方法 136
　　不同粉丝出价区别 137
　　查看推广成果 138
账号速推与视频付费涨粉的区别 138
DOU+小店随心推广告投放 139
　　DOU+小店的优化目标 139
　　达人相似粉丝推荐 139
　　推广效果 139
DOU+投放管理 140
用DOU+推广直播 141
　　用"DOU+上热门"推广直播间 141
　　用"DOU+小店随心推"推广直播间 ... 142
　　直播托管 143
利用DOU+涨粉的辩证思考 144
　　如何验证DOU+买到的粉丝的质量 ... 144

如何辩证思考涨粉利弊 145
同一视频是否可以多次投DOU+ 145
新账号DOU+起号法 146
DOU+投放速率的问题 147
不同粉丝量账号投DOU+的策略 149
　　千粉以下账号 149
　　万粉账号 149
　　5万粉账号 150
　　10万粉账号 150
无法投DOU+的8个原因 151
　　视频质量差 151
　　非原创视频 151
　　视频内容负面 151
　　隐性风险 151
　　广告营销 151
　　未授权明星/影视/赛事类视频 151
　　视频购物车商品异常 151
　　视频标题和描述异常 151

第7章 DOU+ 实战数据分析与投放建议

通过实战了解DOU+的高性价比投放方式 153
　　提出问题、解决问题的思路更重要 153
　　理想中的"单一变量" 153
　　不可重复的DOU+投放效果 154
实战1："投放时长"对DOU+投放效果
的影响 154
　　实战投放关键数据获取 154
　　数据计算与分析 155
　　投放建议 155
实战2：投放"点赞评论"和"粉丝提升"
对播放量的影响 155
　　实战投放关键数据获取 155
　　数据计算与分析 156
　　投放建议 157
实战3：投"粉丝提升"和"主页浏览"
对粉丝数量的影响 157

　　实战投放关键数据获取 157
　　数据计算与分析 158
　　投放建议 158
实战4：智能投放与定向投放
对增加粉丝的影响 158
　　实战投放关键数据获取 159
　　数据计算与分析 159
　　投放建议 160
实战5：批量投放DOU+与单视频投放
DOU+对投放效果的影响 160
　　实战投放关键数据获取 160
　　数据计算与分析 161
　　投放建议 162
实战6：投放时间选择对投放效果的影响 ... 162
　　实战投放关键数据获取 162
　　数据计算与分析 163

投放建议 163
实战7：DOU+及时止损策略 163
　　实战投放关键数据获取 164
　　数据分析 165
　　投放建议 165

实战8：流量稳定前投放DOU+与流量稳定后投放DOU+的区别 166
　　实战投放关键数据获取 166
　　数据计算与分析 167
　　投放建议 168

第8章 准备直播——直播前你该了解这些

百花齐放的直播界 170
　　游戏类直播 170
　　歌舞类直播 170
　　带货类直播 170
　　户外类直播 171
　　语言类直播 171
分析直播推荐的底层逻辑 172
　　思考核心消费群体的标签 172
　　要有赛道思维 173
　　提升直播间视觉效果 173
　　动态推荐与人群修正 173
0粉能在抖音直播带货吗 174
　　利用短视频积累粉丝 174
　　利用短视频为账号打上标签 174
　　企业号0粉也能直播带货 174
直播带货小白的成长之路 175
　　了解各个直播平台的特色 175
　　带货达人主播特点 176
　　电商主播的特点 176
　　找到那些带货达人的直播间 177
　　从3个方面学习资深带货主播 179
　　挖掘自己的特别优势 180
　　吸收粉丝的良好建议 180
　　调整好直播心态 180
搭建一个自己的直播间 181
　　直播设备 181
　　采集卡 181
　　5种常见收声设备 182

　　3种常见灯光设备 183
　　3种网络设备配置方法 184
　　3种直播间布置方法 185
用手机开播的基本操作 186
使用计算机进行高品质直播的操作方法 ... 187
　　让拍摄的画面在计算机上显示 187
　　使用抖音"直播伴侣"进行直播 188
在视频号进行直播的方法 195
　　用手机在视频号直播 195
　　用计算机在视频号直播 196
直播间流量的6大来源 199
　　短视频引流至直播间 199
　　直播推荐流量 200
　　直播广场流量 200
　　同城流量 201
　　官方活动流量 201
　　个人账号和关注页流量 201
开始一场直播前的准备工作 202
　　选品与进货渠道 202
　　确定直播的4个基本信息 203
　　熟悉直播活动6大环节 204
　　直播脚本的4大内容与基本结构 ... 206
　　直播效果调试 207
"荣誉等级"不会为直播间提供任何流量 ... 208
　　被误以为是直播间等级的"荣誉等级" ... 208
　　看不见的直播间等级 208
　　荣誉等级的真实作用 208

第9章 让自己更优秀——优秀主播的必备素养

优秀带货主播必备的5个能力 ... 210
　　引流能力 ... 210
　　留人能力 ... 210
　　吸粉能力 ... 210
　　互动能力 ... 210
　　转化能力 ... 210
查看主播能力数据 ... 211
直播带货达人必备的8个要素 ... 211
　　一个好记且新颖的名字 ... 211
　　高手主播一定要有"颜值" ... 211
　　3个方法形成自己的直播风格 ... 212
　　直播也应该懂的3种运营思路 ... 213
　　做好直播规划才能走得更远 ... 214
　　高手主播都有的11个好习惯 ... 215
　　让粉丝群成为主播坚实的后盾 ... 215
　　细节决定成败 ... 216
这些直播间"话术"一定要懂 ... 218
　　5个方法在直播间找到合适的话题 ... 218
　　3个技巧巧妙避开敏感话题 ... 219
　　轻易不要对粉丝说"你错了" ... 219
　　不要与粉丝争辩 ... 220
用8个技巧学会夸人留人 ... 220
　　说出粉丝的名字 ... 222
　　尝试形成自己的沟通风格 ... 222
学会随机应变和救场方法 ... 223
　　直播失误的应对方法 ... 223
　　粉丝起哄的应对方法 ... 224
　　直播间气氛冷清的4个应对方法 ... 225
　　粉丝提出无理要求的5个应对方法 ... 226
　　直播时情绪失控的补救方法 ... 226
　　直播时设备出现故障的解决办法 ... 227
　　身体出现异常的5个补救方法 ... 227
　　健康的身体比直播更重要 ... 228
　　主播道歉的6个技巧 ... 228
促进直播间成交的核心技巧 ... 230
　　带货达人只解决问题 ... 230
　　带货达人必备的8个潜意识 ... 230
　　让观众对产品产生购买欲的4个关键点 ... 232
　　让观众最终付款的5个细节 ... 233
增加观众停留时长的意义和方法 ... 234
　　增加观众停留时长的意义 ... 234
　　增加观众停留时长的4个方法 ... 235

第 10 章 新手主播必须掌握的实战技巧

第一次直播要这样开场 239
 才艺展示类的首播开场 239
 带货直播首播开场 240
用连麦玩法增加直播间互动 241
 连麦玩法之一——向其他主播发起PK 241
 连麦玩法之二——邀请其他主播连线 243
 连麦玩法之三——与观众连线 243
 连麦玩法之四——建立聊天室 244
 连麦玩法之五——KTV玩法 244
让直播间火爆的4种秒杀玩法 244
 点赞秒杀 244
 整点秒杀 245
 限量秒杀 245
 关注秒杀 245
 秒杀链接的设置方法 246
3种观众不会拒绝的抽奖玩法 248
 红包抽奖玩法 248
 福袋抽奖玩法 249
 截图+问答抽奖玩法 250
大幅提高停留时长的技巧——憋单 251
 认识憋单 251
 5步憋单法 251
 4大憋单必学话术 252
塑造产品价值的技巧 253
 通过对比塑造产品价值 253
 通过话术塑造产品价值 253
这样说话不会被关"小黑屋" 254
 理解抖音如何判定"诱导互动" 254
 避免使用"诱导互动"话术 255
会"组品"才能玩转直播带货 255
 "组品"的构成 255
 引流品不能成为直播带货的主角 256
 承流品才是直播带货的重中之重 256
 通过利润品满足小部分高端客户 257
 在直播中灵活调整组品 257
找直播达人为自己带货 258
 找到达人合作页面 258
 寻找与商品匹配的达人 258
3种直播切片短视频制作思路 259
 快放式 259
 配音式 260
 混剪式 260
拉互动必学的3种引导式话术 260
 发问式 260
 可选择性 260
 节奏型 260

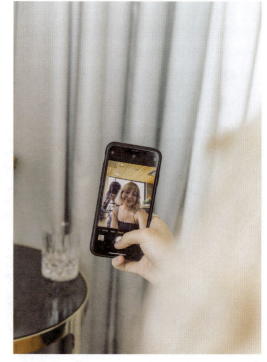

第 11 章 学会分析直播数据

看懂数据才能玩转直播 262
    不要靠"感觉",要靠"数据" 262
    不要对数据感到畏惧 262
    看清数据背后的问题所在 262
需要重点关注的4大直播数据 263
    平均在线人数 263
    人均观看时长 263
    转粉率 263
    互动数据 264
评判直播数据高低的标准 264
    平均在线人数的评判标准 264
    人均观看时长的评判标准 264
    转粉率的评判标准 264
    评论率和订单转化率的评判标准 264

在创作服务平台查看直播数据 265
    查看数据的方法 265
    创作服务平台的直播数据 265
在抖音电商罗盘中查看数据 266
利用"流量漏斗"找到直播的核心问题 267
    认识"流量漏斗" 267
    从"流量漏斗"看真正的流量 267
    "流量漏斗"第一层:曝光—进入转化率 .. 268
    "流量漏斗"第二层:进入—曝光(商品)
    转化率 269
    "流量漏斗"第三层:曝光(商品)—
    点击转化率 271
    "流量漏斗"第四层:点击—生单转化率 .. 271
    "流量漏斗"第五层:生单—成交转化率 .. 271

短视频与直播各自的优势

"短视频+直播"之所以能成为目前最佳的带货方式,除了整个大环境的变化,还在于两者的优势可以有机结合在一起,并且互相弥补短板。基于二者各自的优势,对于刚刚进入该领域的创业者而言,更推荐将重心先放在短视频上。

为了便于比较,以下内容将以"带货短视频"和"带货直播"这两种受众最广泛、吸引力最大的短视频和直播营销类型为例,讲解它们各自的优势所在。

带货短视频的优势

准备周期较短

带货短视频与带货直播相比,其准备周期较短的主要原因在于,一条带货短视频只需要介绍一款产品,而一场带货直播则需要准备多款产品。

同时,一条带货短视频,短的在20秒以内,长的在1分钟左右,所以准备脚本的工作量相对较少。而一场带货直播,短的也在两小时左右,而一般时长都会达到4小时。那么,在这么长的时间中说什么,以及如何展现出产品特点,都需要在直播前准备好,工作量是比较大的。

带货视频的门槛更低

带货短视频与带货直播相比,门槛更低的原因主要有两个,一个是人,一个是设备。

对于人的门槛主要在于表达能力和表演能力。

在表达能力方面,录制短视频,因为不会即时面对观众,所以哪怕台词说得不流畅,甚至说错了,也没有关系,可以再录第二遍、第三遍、第四遍,只要最终呈现给观众的视频是完整的、流畅的,自己的表现是最佳的,就没有问题。但在直播过程中,如果表达不够顺畅,对产品的介绍不到位,则全部会被观众看在眼里,自然会导致直播间流量不高,带货效果不好。

在表演能力方面,因为录制短视频时很可能是在没有其他陌生人的环境下拍摄的,所以经过多次尝试,总会有状态不错、能够解放天性的时候。但在直播时,没有经验的主播往往会放不开自己,在镜头前显得拘谨、紧张。这样的情绪和状态会让观众看得不舒服,感觉憋闷。头部主播为何直播做得那么好?其中一个因素就是她们善于在镜头前表现自己,让观众感觉看的是一场"秀",而不仅仅是在卖货,如图1所示。

△ 图1

当然,无论是表达能力还是表演能力,都可以通过后天培养,但这就对内容创作者提出了更高的要求。在还不具备相应能力的时候,可以先从带货短视频做起。

低成本能带来高收益

带货短视频的低成本主要表现在其时间成本较低。虽然录制并剪辑一段精彩的带货短视频可能需要半天甚至更长的时间，可一旦获得了不错的反响，就能在一个星期左右的时间中持续获得流量，得到曝光。因此，当其时间成本分摊到每一天得到的播放量、增加的粉丝数及订单转化上时，就变得比较低了。

对直播而言，只有在直播过程中才能获得曝光、粉丝及订单转化。如果需要实现与带货短视频相同的曝光量，耗费的时间要远远多于制作短视频的时间。尤其是在创业初期，在粉丝数量不多、没有建立起口碑时，花费相同的时间，直播的收益与短视频相比更是微乎其微。

带货直播的优势

正如上文所说，目前最佳的带货方式依然是"短视频+直播"，所以短视频也有需要通过直播进行补足的短板。下面向各位分析带货直播相比带货短视频的三大优势。

粉丝黏性相对较高

由于短视频的时长较短，所以通过其吸引到的粉丝往往只是在那一刻，对某条短视频中的内容或者产品感兴趣就关注了，而对内容创作者其实并不了解。因此就有可能出现他们对内容创作者后续发布的短视频内容并不感兴趣的情况。这种粉丝的黏性就比较差，短视频很可能无法得到订单转化，并随时有取关的可能。

对于直播而言，由于主播会在一定时间内持续输出内容，观众会更加了解这个主播的风格。一旦在更了解的情况下关注了主播，粉丝就会在今后关注其售卖的每款产品。只要直播中偶尔出现粉丝感兴趣的产品，粉丝黏性就会越来越强。

头部带货主播，其粉丝黏性就是通过一场场风格明确的直播不断累积的，绝对不是通过短视频积累的。

对内容创意要求较低

对直播带货而言，能否吸引观众，主要在于选品、价格和人格魅力。所以直播带货的内容和形式基本是千篇一律的，不是主播和小助手，就是和请来的嘉宾一起介绍产品。但对带货短视频而言，内容没有创意则很难吸引观众的目光，并且由于粉丝黏性较差，一旦内容质量降低，播放量就会直线下降。

直播的带货效果相对稳定

由于每条带货短视频只能介绍一种产品，所以当该产品不受欢迎，或者内容制作不佳，没有激发观众的购买欲时，就会导致该视频的收益非常低。但是，一场带货直播的货品数量通常为十几件甚至几十件，其中几件没有达到很好的转化效果也无伤大雅。

正因为带货短视频具有产品单一、带货效果不稳定的问题，所以在进行DOU+投放时，建议自然流量跑完后，挑选流量较高的短视频进行投放，并且一旦发现效果不好，就应果断停止投放，及时止损，将更多的资金放在之后爆款短视频的宣传上。

"短视频＋直播"内容营销系统

"短视频＋直播"可谓既算得上强强联合，又能互通有无。通过上文可发现，短视频的劣势往往是直播的优势，而直播的短板，往往又是短视频的长处。所以，从目前的情况来看，"短视频＋直播"已经成了最强的内容营销系统。

短视频与直播捆绑已成趋势

无论是快手、抖音这种传统短视频平台，还是淘宝、京东这种传统电商平台，短视频与直播都是紧紧捆绑在一起的。只不过对快手和抖音而言，短视频的比重更大；而对淘宝和京东而言，直播的比重更大。

短视频与直播的捆绑，可以让观众或买家获得更符合需求也更即时的信息。当人们打开抖音或快手时，看到的短视频都是自己感兴趣的。在这些感兴趣的内容中，如果有直播，则会在显著的位置出现"直播"字样，并可一键跳转，让受众第一时间接收内容。当人们打开淘宝或京东时，看到的短视频都是自己曾经搜索过的商品，如果有相关商家在直播也会第一时间推送。

当短视频与直播无缝衔接并且可以随意转换时，海量的内容无时无刻不在满足人们的求知欲和消费欲，同时也让人在不知不觉间，将大部分休闲时间投入了短视频与直播。

一个账号，搞定短视频和直播

为了让短视频与直播可以更好地相互配合，无论是抖音还是快手，只需一个账号，即可发布短视频并进行直播。这种设计不仅使观众可以体验到短视频与直播无缝衔接的便捷，作为运营者，也可以利用短视频和直播这两种方式互相引流，并将流量进行整合，让账号更快地成长。

另外，这种捆绑短视频和直播的设计，也从侧面反映出，"短视频＋直播"的模式几乎已经成为自媒体运营的刚性需求。

"短视频＋直播"打造营销闭环

短视频、直播和电商的结合，使商家能够在平台上完成从触达、沉淀、转化到运营的一体化覆盖，让观众在一个平台内即可实现从对某个内容感兴趣，到获取相关内容，再到购买相关产品的全部行为。

短视频是直播冷启动的来源

在抖音和快手平台，一切资源都是围绕"短视频"展开的。因此如果想形成"短视频＋直播"的营销闭环，建议先从短视频入手。只有发布了一定数量的短视频，建立起基本的粉丝群体和明确的账号标签，直播才能起到应有的效果。

短视频负责"种草"，直播负责"拔草"

由于短视频可以在十几秒甚至几秒的时间内展示一件商品的主要特点，所以非常适合引起观众的购买冲动，也就是所谓的"种草"。而在购买之前，大部分观众希望进一步了解商品，这时就体现出直播的优势了。通过主播的讲解，商品会得到更全面的展示，从而最终让观众决定购买，完成"拔草"，也让商家实现转化。

玩转"短视频+直播"要有流量思维

无论是做直播还是制作短视频,只要想变现,就必须有流量。所谓流量,其实就相当于进入实体店铺的顾客。流量越高,意味着进入实体店铺的顾客越多,产生消费的概率自然就越大。对短视频而言,流量就是看了这条视频的观众;对直播而言,流量就是进入直播间的观众。由于流量这个概念在短视频和直播中是相通的,为了尽量言简意赅,下文将以短视频为例介绍流量思维。

通过转化率理解流量思维的重要性

在短视频运营中,人们会经常提到转化率,其实它就是一个逐级缩小的概念。

比如,说获得了 10 万流量,意味着平台将短视频推送给了 10 万人。但是这 10 万人中有多少人会看短视频,则取决于标题、封面及 IP 人设等各方面因素。

这些因素可能导致 10 万人中,只有 5000 人打开短视频观看;而在这 5000 人中,可能只有 1000 人完整地观看了短视频;最后在这 1000 人中,可能只有 100 人会下单,购买短视频中推荐的产品。

从 10 万人到 5000 人,再到 1000 人,最后到 100 人,每一层的比值,其实就是转化率。如果 10 万人看到了这条短视频,并且 100 个人下单购买,那么转化率就是 0.1%。想提高转化率并不容易,往往需要提升视频的质量;但流量的提升则相对简单,可以通过增加视频的传播渠道,或者是通过付费流量来实现。

因此,做任何平台上面的短视频,赚钱的核心思路之一,就是尽量让更多的人看到。也就是说,在转化率没有太多变化的情况下,通过获得更多流量提高成交量,进而提高收入。

理解私域流量和公域流量

为了理解私域流量和公域流量,大家可以将自己的抖音号想象成一个流量池。池子中的水越多,抖音账号的影响力就越大。而这个池子中的水,也就是流量,主要来自两个方面:一方面是私域流量,另一方面是公域流量。

认识私域流量

抖音的私域流量是最近一两年才开始经常被提起的。对于抖音而言,所谓私域流量,其实就是沉淀在自己账号中的粉丝,因为我们可以通过"私信"功能直接与粉丝进行一对一的交流。但由于抖音的社交属性还完全无法与微信相提并论,所以就目前来看,提起私域流量,依然主要指微信生态。

在微信生态中,无论是微信好友还是微信群,或者是公众号粉丝等,都属于私域流量。因为我们可以直接向这些群体发送指定内容,并且可以确定他们能够接收到。

在抖音中,虽然也有粉丝,但除了私信和尚处在开发早期的"粉丝群",并没有其他方法能准确地传达信息。再加上抖音对内容的严格审核,一些销售类内容会被禁止。

认识公域流量

所谓公域流量,其实就是那些不确定哪些群体可以接收到内容的流量。像抖音这种火爆的短视频平台，其实就是公域流量的主要集中地。正如上文所说，虽然目前抖音也在增强自己的私域流量属性，但由于微信是社交领域的霸主，因此抖音流量私域化进展并不明显。

抖音的流量之所以被称为公域流量，正是因为其中大部分流量是不可控的。比如，在抖音上发布一条短视频，可能会有几十万、几百万人浏览，但所有浏览过的视频的观众不可能都转化为粉丝。因此，作为短视频的发布者，就无法与这几十万、几百万人中不是粉丝的群体产生一对多或一对一的交流。当再发布一条短视频时，也无法保证这几十万或者几百万人会再次看到。这与微信群或者朋友圈、公众号的信息发送方式是有本质的区别的，而前者被称为公域流量，后者则被看作私域流量。

将公域流量转化为私域流量的 4 种方法

在理解了何为公域流量与私域流量之后，各位应该已经意识到，由于私域流量可以进行持续的、精准的广告投放或宣传，所以与公域流量相比，其带给我们的收益会更多。因此，如何将公域流量转化为私域流量，就是很多短视频运营者需要解决的问题。

抖音本身也具备私域流量属性，但因为目前相关体系还不完善，并且没有建立起熟人社交圈，所以此处以微信作为私域流量的代表，以抖音作为公域流量的代表。所谓"将公域流量转化为私域流量的方法"其实就是"将抖音流量转化为微信流量的方法"。

利益诱导

利益诱导是最常用的将公域流量转变为私域流量的方法。比如，在抖音上，可以看到一些账号的简介中写着"关注 V，获取免费教学资源"等，其实就是通过为观众提供"免费午餐"将抖音上大量的公域流量转变为微信体系中的私域流量。

内容转化

无论是公域流量还是私域流量，其中绝大部分都是被内容吸引而来的。正所谓"内容为王"，做带货视频也好，做微信公众号也好，只要能够持续输出优质内容，自然会得到更多的关注。而被内容吸引而来，并持认可态度的观众，只要为他们留有一个私域流量入口，就会自然地将其从公域流量向私域流量转化。

需求转化

对于一些提供服务的抖音号而言，比如提供摄影教学的"好机友摄影、视频"，当账号中的内容无法满足观众需求时，粉丝就可能通过私信与创作者联系，以获取额外的服务。而获取额外服务的过程，其实就是将公域流量转化为私域流量的过程。

圈子转化

对于运动类、棋牌类或其他以兴趣爱好为主要内容输出的抖音号而言，可以将有相同爱好的观众聚集到一起，进而营造一个该爱好的小圈子，在抖音实现的方法是创建粉丝群。

观众为了能够认识更多具有相同爱好的朋友，或者是为了能够互相交流经验，就会欣然进入粉丝群等其他私域流量阵地。比如，"好机友摄影、视频"抖音号，就聚集了一些摄影爱好者，并创建了两个粉丝群。

"短视频+直播"的变现方式

短视频与直播的变现方式既有区别，又有共性。区别在于具体变现形式不同，而共性则在于都是通过内容打动观众进行消费或在平台活动中获取收益。

短视频 16 大变现方式

流量变现

流量变现是一个最基本的变现方式，创作者把视频发布到一个平台上，平台根据视频播放量给予其相应的收益。

尤其是现在火山与抖音推出的中视频伙伴计划，如果播放量较高的话，视频流量收益还是很可观的，目前大多数搞笑类短视频及影视解说类账号均以此为主要收入。

图 2 为笔者参加中视频伙伴计划后，发布的几个视频的收益情况，由于视频定位于专业的摄影讲解，受众有限，因此播放量非常低，但第一个视频也在短短几天内获得了近 40 元的收益。

▲ 图 2

电商带货变现

视频带货是普通人在抖音中较容易实现变现的途径之一。只要持续拍摄带货视频，就有可能在抖音中通过赚取佣金的方式收获第一桶金。图 3 为一个毛巾带货视频，点开后会发现销售量达到了 25.6 万，如图 4 所示。

知识付费变现

即通过短视频为自己或别人的课程引流，最终达成交易。例如，目前在抖音上已经有数以万计的知识博主，通过自己录制的课行成功变现，其中涌现出一批像雪莉老师这样收入过千万的头部知识付费达人。

星图任务变现

"星图"是抖音官方为便于商家寻找合适的达人进行商务合作的平台。所谓"商务合作"，其实就是商家找到内容创作者，并为其指派广告任务。当宣传内容和效果达到商家要求后，即支付创作者报酬。

▲ 图 3

▲ 图 4

线下引流变现

引流到店变现分为两种情况,第一种是一些实体店商家会寻找抖音达人进行宣传,并依据宣传效果为达人支付报酬。第二种是抖音达人本身就是实体店老板,通过在抖音发视频起到引流到店的作用。当抖音观众前往店内并进行消费后,即完成变现。图 5 为一个添加了线下火锅店铺进行引流的美食类视频。

扩展业务源变现

这类变现方法适用于有一定技术或手艺的创作者,例如精修手机、编制竹制品、制作泥塑等。

这类创作者只需要将自己的工作过程拍成短视频,发布到短视频平台,即可吸引到大量客户。

▲ 图 5

抖音小店变现

抖音小店变现相当于橱窗变现的升级版。橱窗变现这种方式,主要针对个人账号,而抖音小店变现,针对的是商家、企业账号。通过开通小店并上架商品后,将商品加入到精选联盟,即可邀请达人带货,从而快速打开商品销路。

全民任务变现

全民任务是一种门槛非常低的变现方式,哪怕粉丝较少的创作者,也可以通过指定入口参与任务。选择任务,并发布满足任务要求的视频后,即可根据流量结算任务奖励。

进入"创作者服务中心"即可找到全民任务入口,如图 6 所示,点击"全民任务",即可看到所有任务,如图 7 所示。

▲ 图 6

直播变现

直播带货是比短视频带货更有效的变现方式,但其门槛要比短视频带货高一些。建议新人从短视频带货做起,当短视频带货有了起色,积累了一定数量粉丝后,再着手进行直播带货。

此外,还可以依靠直播打赏进行变现,采用此种变现方式的主要是才艺类或户外类主播。

游戏发行人计划变现

"游戏发行人计划"是抖音官方开发的游戏内容营销聚合平台。游戏厂商通过该平台发布游戏推广任务,抖音创作者按要求接单创作视频。根据点击视频左下角进入游戏的人数或根据游戏下载用户的数量,为短视频创作者结算奖励,从而完成变现。

▲ 图 7

小程序推广变现

小程序推广变现与游戏发行人计划变现非常相似，其区别几乎仅在于前者推广的是小程序而后者推广的是游戏。也正是因为推广的目标不同，所以在拍摄视频变现时，需要考虑的要素也会有一定区别。可以在抖音中搜索"小程序推广计划"，找到对应的计划专题，如图8所示。

线下代运营变现

一些运营达人会发布视频传授抖音运营经验，并宣传自己"代运营账号"的业务，以此寻求变现。这种变现方式往往与"知识付费变现"同时存在，即在提供代运营服务的同时，也售卖与运营相关的课程。

▲ 图8

拍车赚钱计划变现

"拍车赚钱计划"是懂车帝联合抖音官方发起的汽车达人现金奖励平台。凡是拍摄指定车辆的视频，通过任务入口发布后，根据播放量、互动率、内容质量等多项指标综合计算收益。此种变现方式非常适合卖一手车或者二手车的内容创作者。可以在抖音中搜索"拍车赚钱"，找到对应的计划专题，如图9所示。

同城号变现

同城号变现是一种非常适合探店类账号的变现方式。创作者通过深挖某一城市街头巷尾的小店，寻找好吃、好玩的地方，以此吸引同城观众。

▲ 图9

视频赞赏变现

开通视频赞赏功能的账号，可以在消息面板看到"赞赏"按钮，如图10所示，粉丝在观看视频的时候，可以长摁视频页面，点击赞赏按钮，以赞赏抖币的形式进行打赏，如图11所示。

剪映模板变现

经常使用剪映做视频后期，并参加剪映官方组织的活动，即有机会获得剪映模板创作权限。

获得该权限后，创建并上传剪映模板，除了可以获得剪映的模板创作激励金之外，当有用户购买模板草稿时，还可以获得一部分收益。

▲ 图10

▲ 图11

直播 5 大变现方式

粉丝打赏

除了淘宝直播平台，几乎所有直播平台都有粉丝打赏这一收入来源。但不同的直播平台，打赏的"礼物"也有区别。比如，抖音直播打赏的是"小心心""辣椒酱"等，如图12所示；而虎牙直播平台打赏的是"虎粮""魔法书"等。不同的"礼物"，价值也不同。

无论这些"礼物"叫什么名字，都需要粉丝付费购买并赠送给主播，然后平台从中抽取一部分，剩下的就属于主播的收入。

这种收入来源适合除"带货主播"外的所有直播类型。

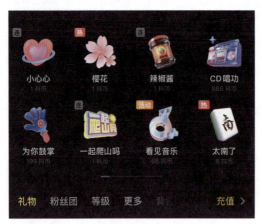

▲图 12

平台签约

相比"粉丝打赏"这种不稳定的收入来源，平台签约就好比同公司签合同、拿工资，属于比较稳定的收入来源。

但是，目前抖音直播、快手直播及淘宝直播，均不存在与平台直接签约的模式。

而哔哩哔哩直播、虎牙直播及斗鱼直播平台，只要主播具有相对高的人气和礼物数量，并且能够保证足够的直播时长，就有签约机会。部分顶级主播，其签约费甚至高达千万。

广告植入

部分直播平台是不允许主播私自接广告的，如虎牙直播、斗鱼直播等。但是，可以在直播期间播放平台认证过的广告视频，并根据广告点击量为主播分成。

其他平台，如抖音直播或快手直播则没有此类限制。当直播间具有一定的人气后，就会有厂家希望你在直播时推广他们的产品，并支付一定的广告费。

赚取佣金

赚取佣金这种收益方式仅限于带货直播类型，并且主要集中在抖音直播、快手直播和淘宝直播这三大平台。厂家会根据直播间的成交数量给予主播一定的佣金。但也有部分主播会售卖个人生产或进货的商品。

顶级带货主播才有的"坑位费"

对于销售能力特别强的带货主播，则可以发展为达人带货主播，并赚取"坑位费"。也就是当主播自带流量后，商家为了让产品获得更多的曝光，就会花钱让你卖他们的产品。顶级带货主播，每件产品的"坑位费"高达几十万。

第 2 章

账号规划——确定账号定位和特色

对账号进行定位

俗话说"先谋而后动",抖音是一个需要持续投入时间与精力的创业领域,为了避免长期投入成为沉没成本,每一个抖音创作者都必须重视前期工作,做好详细的账号定位规划。

商业定位

与线下商业的创业原则一样,每一个生意的开端都起始于对消费者的洞察,更通俗一点的说法就是,要明白"自己的生意,是赚哪类消费者的钱"。在考虑商业定位时,可以从三个角度分析。

第一个角度是从自己擅长的技能出发。

比如,健身教练擅长讲解与健身、减肥、改变亚健康状态相关的内容,那么主要目标群体就是久坐办公室的白领。账号的商业定位就可以是,销售与上述内容相关的课程及代餐、营养类商品,账号的主要内容就可以是,讲解自己的健身理念、心得、经验、误区,解读相关食品的配方,晒自己学员的变化,展示自己的健身器械等等。

如果创业者技能不突出,但自身颜值出众、才艺有特色,也可以从这方面出发,定位于才艺主播,以直播打赏作为主要的收入来源。

如果创业者技能与才艺都不突出,则需要找到自己热爱的领域,以边干边学的态度来做账号,例如,许多宝妈以小白身份进入分享家居好物、书单带货等领域,也取得了相当不错的成绩,但前提也仍然是找准了要持续发力的商业定位,即家居好物分享视频带货、书单视频推广图书。

所以,这种定位方法适合于打造个人IP账号的个人创业者。

第二个角度是从市场空白出发。

比如,创业者通过分析发现,当前儿童感觉统合训练是一个竞争并不充分的领域,也就是通常所说的蓝海。此时,可以通过招人、自播等多种形式,边干边学边做账号。

这种方式比较适合于有一定资金,需要通过团队合作运营账号的创业者。

第三个角度是从自身产品出发。

对于许多已经有线下实体店、实体工厂的创业者来说,抖音是又一个线上营销渠道,由于变现的主体与商业模式非常清晰,因此,账号的定位就是为线下引流,为线下工厂产品打开知名度,或通过抖音的小店找到更多的分销达人,扩大自己产品的销量。

这类创作者通常需要做矩阵账号,以抖音的海量流量使自己的商业变现规模迅速放大。

如果希望深入学习与研究商业定位,建议大家阅读学习杰克·特劳特撰写的《定位》。

垂直定位

需要注意的是,即使在多个领域都比较专业,也不要尝试在一个账号中发布不同领域的内容。

从观众角度来看,当你想去迎合所有用户,利用不同的领域来吸引更多的用户时,就会发现可能所有用户对此账号的黏性都不强。观众会更倾向于关注多个垂直账号来获得内容,因为在观众心中,总有一种"术业有专攻"的观念。

从平台角度来看,当一个账号的内容比较杂乱时,会影响内容推送精准度,进而导致视频的流量受限。

所以,账号的内容垂直比分散更好。

用户定位

无论是抖音上的哪一类创作者,都应该对以下几个问题了然于心。用户是谁?在哪个行业?消费需求是什么?谁是产品使用者,谁是产品购买者?用户的性别、年龄、地域是怎样的?

这其实就是为目标用户画像,因为,即便同一领域的账号,当用户不同时,不仅产品不同,最基础的视频风格也会截然不同。所以,明确用户定位,是确定内容呈现方式的重要前提。

比如做健身类的抖音账号,如果受众是年轻女性,那么视频内容中就要有女性健身方面的需求,比如美腿、美臀、美背等。图1所示即典型的以年轻女性为目标群体的健身类账号。如果受众定位是男性健身群体,那么视频内容就要着重突出力量型的训练方法,图2所示即典型的以男性为主要受众的健身类账号。即便不看内容,只通过封面,也可以看出二者受众不同。

▲ 图1

▲ 图2

对标账号分析及查找方法

可以说抖音是一场开卷考试,对于新手来说,最好的学习方法就是借鉴,最好的老师就是有成果的同行。因此一定要学会如何寻找与自己在同一赛道的对标账号,分析学习经过验证的创作手法与思路。

更重要的是可以通过分析这些账号的变现方式与规模,来预判自己的收益,并根据对这些账号的分析来不断微调自己账号的定位。

查找对标账号的方法如下。

1. 在抖音顶部搜索框中输入要创建的视频主题词,例如"电焊"话题。

2. 点击"视频"右侧的筛选按钮▽。

3. 选择"最多点赞""一周内""不限"三个选项,以筛选出近期爆款视频,如图3所示。

4. 观看视频时通过点击头像进入账号主页,进一步了解对标信息。

5. 也可以点击"用户""直播""话题"等标题,以更多方式找到对标账号,进行分析与学习,如图4所示。

还可以在抖音搜索"创作灵感",点击进入热度高的创作灵感主题,然后点击"相关用户",找到大量对标账号。

▲ 图3

▲ 图4

确立人设的重要意义

一个账号有了拍摄的主题——人设，就有了灵魂。人设的确立会吸引更多的观众，进而为之后进行视频带货打下基础。

何为人设

所谓"人设"，对于短视频而言，即视频中的人物展现给观众的直观形象。这种形象在该账号的所有视频中应该是相对统一的，进而让观众对视频中的人物产生特有的印象。这个"印象"会让该账号与其他账号形成差异，从而提高粉丝黏性。

比如，抖音号"美石在北京"，其视频中的人物就是一个土生土长的北京姑娘，操着一口老北京方言，再加上大大咧咧的性格，给人一种爽快劲儿，如图5所示。这种"爽快劲儿"其实就是该人设的核心点。凡是热爱美食，又喜欢和爽快人打交道的观众，就更容易成为其粉丝。而其他美食类探店账号，即使内容质量再高，缺少这么个爽快人儿，依然无法吸引到"美石在北京"的粉丝，这就是人设的重要作用。

先立人设后带货

如果在对账号进行定位时确定要有真人出镜，那么"人设"确立的优先级是最高的。因为对于带货视频而言，想通过商品吸引用户、黏住用户几乎是不现实的。只有靠"人"，才能吸引住观众、拴住观众，进而促进带货转化。

"先立人设后带货"这种方式其实也是在"短视频+直播"时代所特有的。正是因为短视频与直播的兴起，人们的购物方式除了"人找货""货找人"，又多了一种"人找人"。也就是购买的原因不是因为我需要某种商品，所以去寻找某种商品，或者平台通过大数据向我推荐商品，而只是因为我相信某个主播，他推荐的商品我信得过，所以才购买。因此逐渐形成一种"等着这个人什么时候推荐这种商品，然后再购买"的新型消费理念，简称"人找人"，也被称为"信任经济"。

在这种情况下，如果想在短视频带货领域有长远的发展，并且获得可观的收益，就必须通过确立人设争取到观众的信任。所以一些短视频创作者在运营前期，怕影响人设的建立，是不卖货的，只是纯分享，为的就是"信任"二字。比如，美妆类头部账号"广式老吴"，就是以鲜明的人设深得粉丝喜爱的，再加上所有推荐的商品都是自己觉得好用的，所以口碑非常好。即便如此，她也会做一些纯分享不带货的视频，如图6所示。

▲ 图5

▲ 图6

无人设带货只能挣快钱

相信一些人听说过利用资本的力量，多账号矩阵投放DOU+，从而让无人设、纯商品介绍，并且效果相对低劣的短视频迅速得到大面积扩散，并同样获得不错收益的案例。但事实上，随着抖音审核力度的增强，这种带货方式目前已经无法实现了。

当然，这并不意味着无人设就不能做带货视频。只不过在如今竞争如此激烈的环境下，无人设本身就存在着天然的劣势。如果想长久地通过某个账号变现，无人设带货视频是非常难做的。只能依靠小概率的商品演示，刚好戳中消费者痛点，并且市场上没有替代品的情况下，才可能获得不错的收益。但是，这种商品很难遇见，即便遇见了，大部分利润也不会落进普通内容创作者的口袋。这类账号顶多趁着热度赚点快钱，想获得稳定的订单转化是不可能的。

也正因为无人设带货的种种劣势，目前在抖音上几乎已经看不到可以广泛传播的无人设带货视频了。

确立人设拓宽带货方式

在上文已经提到，短视频和直播的火爆带来了"人找人"这种购物方式。在这种情况下，观众更看重的是你这个人，至于你带的是什么货，其实已经不那么重要了。当然，商品的质量是要达到一定要求的，否则口碑会逐渐降低，人设也会崩塌。

很多人设打造非常成功的内容创作者更容易在星图平台上接到订单，其原因就在于商家知道无论何种商品，只要是这个人带的货，就会有观众看。可见，成功的人设是对流量的一种保证。所以这类内容创作者的带货方式相对更丰富一些。比如，美食类账号"野食小哥"的带货方式往往是在户外烹饪美食，并售卖用到的食材。因为其人设已经深入人心，所以在推广聚划算"蘑菇盒"产品时，即便加入了室内展厅餐馆环节，依然有很高的播放量，如图7所示。

除此之外，人设鲜明的内容创作者在拓展直播带货业务时，也会如鱼得水，快速找到直播的风格和节奏。

▲图7

寻找适合自己的人设

前面介绍了确立人设的重要作用：可以为视频带货带来很多优势。人设一旦倒塌，就会让一个账号的受欢迎程度瞬间跌落低谷，几乎没有再次得到关注的可能。为了让人设能够长久地存在下去，创作者要根据自身情况，寻找适合自己的人设。

根据自身社会角色

根据自身社会角色确立人设是最简单可靠的一种方式，因为在社会中，每个人都有自己的角色。工作中的角色，有可能是职员，也有可能是领导；在家庭中，可能是爸爸或妈妈，同时也是儿子或者女儿。因为人们对这些角色再熟悉不过了，所以将其呈现在视频中就会显得特别自然，并且很容易维持，很难倒塌。

比如，育儿类头部账号"育儿女神蜜丝懂"的创作者，本身就是一名年轻的母亲，所以在视频中表现出一种温柔、善解人意的妈妈形象时，就非常自然，并且深入人心，如图8所示。

▲ 图8

根据个人喜好

抖音短视频账号的运营是一个长期的过程，为了让这个过程可以更轻松，兴趣爱好起到了关键的作用。

每个人在做自己喜欢的事情时都会充满干劲，并且在做事的过程中也会产生很多想法。对爱好的执着会让人自然而然地在表述某些内容时形成自己的风格。

比如，图9所示的"铭哥说美食"抖音号，在视频中，铭哥介绍美食做法时的语气分外带感，表现出了那种"这么做就倍儿香""这么做准没错"的自信。这种自信的语气与其对美食的热爱定然分不开。这种情绪会感染到观众，进而形成其在观众心中的人设。

另外，由于是自己喜欢的领域，所以在制作短视频的过程中，更容易表现出自己的真性情，也更容易达到一种像和朋友聊天的状态，这种状态往往会吸引很多观众。

▲ 图9

根据带货产品特点

一些短视频的内容创作者由于具有某些商品的资源，所以在创建账号时就已经确定了自己带货商品的种类。比如，图10所示的茶类抖音号"茶七七"，视频带货的商品是茶叶，而茶作为中国传统饮品之一，具备很深厚的文化底蕴。为了让视频内容与商品的调性一致，其中的人物自然也要温文尔雅，穿着传统服饰，并且每一个动作都一板一眼，稳重大方。这样的人设能让观众更容易领悟到茶之韵，也更容易提高转化率。

需要注意的是，为了产品打造的人设，多少会与人物本身的性格及日常的行为、说话方式有区别，所以人物会存在较多的表演成分。此时，不建议录制种草口播类内容，甚至可以不录制声音，以防声音与视频内容不协调的情况出现。

因此，视频的呈现方式也要根据人设的需求进行调整，将表演成分更多的带货视频录制成微电影或者宣传短片的方式更为合适。

▲ 图10

不要凭空捏造人设

即使录制剧情类短视频，人设也不要完全脱离人物本身，否则一旦表演不到位，很容易给人做作之感。除此之外，完全捏造的人设，很难确保在多个视频中给观众相近的形象、性格认知，因此容易出现人设崩塌的情况。

由于短视频的时长限至，剧情人设的缜密程度与电视剧、电影中的人设相比还有差距，因此在对人设进行定位时，务必要考虑自身的情况，可以有表演成分，但要得当，否则，对之后的内容创作和粉丝维护都会造成负面影响。

强化、改进人设表现的方法

根据观众评论增强人设

发布几期短视频确立人设后，在观众的评论中势必会有一些与人设相关的讨论。比如，"这人也太逗了吧"或"怎么这么楞"等。这些评论可以指明未来人设需要改进或者增强的方向，从而让账号的特点、风格更突出。

另外，通过评论，还可以对观众进行定位，确定哪些观众爱看自己的视频，进而根据这类观众的喜好进行人设的塑造，实现精准出击，逐步巩固自己的风格与定位，吸引更多同类观众。

比如图11所示即为抖音号"卷卷好饿"的几条评论，通过其中"少吃点吧""看你吃东西好香额，饿了饿了"等评论可以分析出观众其实很喜欢看卷卷大口大口吃得很香的画面。

▲ 图11

所以，在接下来的视频中，就可以有意识地让卷卷在吃东西时不要太注意形象，吃得"狼吞虎咽"一点，从而让人设更突出。

将场景与人设融合

在录制视频时，要注意人设与场景是否能很好地融合。当营造的场景氛围与人物人设相符时，画面就会显得很自然，观众也会看得比较舒服。如果人设与场景氛围不符，则会显得尴尬、做作等。

依旧以"卷卷饿了"这一抖音号为例。由于卷卷给人一种邻家女孩儿、很爱吃，并且总能找到好吃不贵的小地方这样的感觉，所以当其出现在各种胡同店、街头巷尾不易发现的宝藏小店时，就会让人觉得非常亲切。比如图 12 所示的这种小店，再配合抖音号的人设，即使只看店面，都会让人感觉很有食欲。

▲ 图 12

从其他平台寻找人设改进方向

在短视频起步阶段，可能有一段时间几乎没什么人评论、点赞，流量当然也很低。在这种情况下，因为没有反馈，所以很难判断自己的人设搭建是否成功，也找不到改进的方面。此时，建议去看看同领域与自己人设定位相近的头部大号。不仅要看视频中人设的感觉，还要注意看评论，从评论中可以发现一些塑造人设的思路、方向，以及当前人们爱看什么，在讨论什么，也许还能找到不错的选题，进而提高自己所拍视频的质量。

在寻找话题、了解关注热点方面，除了可以看抖音、快手平台短视频下方的评论，还可以在其他 APP 中看大家的讨论。比如，网易云音乐 APP 中人们对热门歌曲的评论，或者微博中的评论等，同样可以给创作者带来灵感。

如图 13 所示就是在一首歌下，有人评论说高考结束后，暗恋对象通过了好友请求，询问是不是证明"有戏"，下面很多人在回复。如果自己的人设比较清纯、阳光，那么这就是做情感类剧情短视频一个很好的创作点，完全可以根据这一很多人经历过，容易产生共鸣，又容易被忽略的举动扩展出相应的内容，并强化自己的人设。

▲ 图 13

商品定位要明确

即使是超级带货主播，在刚开始直播时，也是有着明确的商品定位的。当他们的人气较高时，才开始进行全品类商品的推广。选择一类自己感兴趣，并且了解的商品进行主推，更容易积累口碑，快速度过起号阶段。

热销商品的 3 个特点

根据飞瓜数据监测，目前短视频平台的视频可以分为以下的类型：网红美女、网红帅哥、搞笑、情感、剧情、美食、美妆、种草、穿搭、明星、影视娱乐、游戏、宠物、音乐、舞蹈、萌娃、生活、健康、体育、旅行、动漫、创意、时尚、母婴育儿、教育、职场、汽车、家居、科技、摄影教学、政务、知识资讯、办公软件、文学艺术、手工手绘。在这些类型中，有一些变现是相对容易的，而另外一些就相对困难。

1. 女性用品更容易热销

在所有的网络消费群体中，女性的消费能力是非常强的。如果翻看抖音平台的好物榜，以及带货的排行榜，就会发现，美妆类、洗护类的产品往往是排在前面的。

这些产品不仅是女性的刚需产品，而且通常单价也不会特别高，因此在抖音这样的平台上带货，销售量非常高。

2. 价格低廉的商品更容易热销

从本质上来说，抖音并不是一个销售平台，跟淘宝的天然销售属性有非常大的区别。

人们逛淘宝的目的很明确，就是为了购买商品。而人们刷抖音大部分是为了娱乐，打发时间，因此在抖音平台的购买行为，通常都属于冲动型购买。

冲动型购买行为一个比较大的特点就是对价格比较敏感。当产品比较便宜时，观众会觉得即使产品有问题，损失也不会太大。这也是为什么在抖音及其他短视频平台卖的产品，通常以 49 元与 99 元为分割线，超过 99 元的商品销售量就会急剧下降的原因。

所以，如果对于珠宝比较在行，即使拍摄的视频非常好，珠宝的成色也非常好，变现也会相对困难。这就是因为珠宝类产品的价格，超出了冲动型消费的价格界限。当然，我们也并不能否认，还是有凭借短视频将自己的珠宝销售到全国各地的成功案例。但是，从比例上看，投入相同的精力做美妆类、女性消费产品或时尚数码消费产品，投入产出比往往比较高。

3. 刚需商品更容易热销

想通过短视频带货获得可观收益就一定要走量，也就是通过大范围传播，转化几百单、几千单甚至上万单。对于走量的商品而言，首先它得是绝大多数观众或者某一年龄段、某个地域的人们普遍需要的，这是商品能否成为爆款的基础。一些小众商品，哪怕视频拍得再精彩，传播得再广泛，由于用户基数小，成为爆款的可能性也会非常低。

如果将短视频作为创业的方向，作为一门生意，在创作短视频的时候，一定要围绕着价格比较低廉、购买频次比较高、属于刚需消费的一些产品展开，并以这些产品向外进行拓展，在垂直方向努力。

虚拟商品也是带货的一种选择

对于内容创作者而言，绝大多数人都会选择实物商品作为带货目标，毕竟实物商品看得见、摸得着，可以通过视频真实、客观地向观众展示，更容易引起人们的冲动消费。很多人会因此忽视虚拟商品的创业机会，但事实上，虚拟商品也有实物商品所不具备的优势。

常见的虚拟商品

提到虚拟商品，人们可能一时间想不出在抖音平台上有哪些虚拟商品在售卖，所以下面先介绍几种虚拟商品，也许能打开大家抖音带货的新思路。

虚拟商品中最重要的一类就是"知识付费"。在抖音上，通常以视频、直播课程或者线下课程售卖为主。比如"好机友摄影、视频"作为摄影教学账号，其售卖的产品就是摄影视频课程，如图14所示。另外，一些健身、绘画、音乐等领域，还有付费直播课。无论是教学视频还是教学直播，其实售卖的都是"知识"。

另外一类则是"服务付费"。也就是通过短视频来宣传可以为观众提供哪些服务，进而吸引观众对这项服务进行付费，比如图15中视频所带货品即为"婚纱摄影服务"。除此之外，比如家政服务、金融服务、美容美发服务等，在抖音上都有账号深挖此类虚拟商品带货。

▲ 图14

虚拟商品内容选择范围更宽泛

在制作实物商品的带货视频时，每条视频的内容都要根据商品进行量身定做。对虚拟商品而言，由于其不是特定的物品，因此在内容上只要与其垂直领域相关，就可以起到带货的作用。

比如，如果带货商品为摄影课程，那么视频内容只要与摄影教学相关，无论讲解的是人像摄影还是风光摄影，都会引起观众寻求更多摄影教学内容的兴趣，进而促进其购买课程。但是，对实物商品来说，比如带货电饭锅，视频中就必须用到电饭锅，或者通过剧情引入电饭锅，这样一来视频内容多少会有所局限。

虚拟商品带货视频边际成本更低

实物商品的更新换代太快了。精心制作的一条带货视频，由于商品的更新换代，以及其他更好的替代品的出现，在很短时间内可能不会继续带来转化，因此就需要制作新的带货视频，售卖新的产品。但是，由于虚拟商品的迭代速度往往较慢，所以相关视频的时效性会更长，其带货效果会持续存在，进而降低其边际成本。

▲ 图15

了解货源

通过前面的学习,我们已经了解到视频带货的时候,"货"可以是实物,也可以是虚拟产品,还可以是一个地理位置。下面讲解初学者最关心的问题——如何寻找货源。

销售自有商品

如果创作者本身已经有加工厂或代工车间,可以在抖音上开设自己的店铺,上传自己的商品信息。

由于抖音巨大的流量红利,目前已经有很多曾经在淘宝、京东以及天猫上开设有自营店的商家入驻了抖音。这些商家本身自有商品,所以对于他们来说,抖音是一个销售渠道,利用这个渠道,不仅可以通过拍摄短视频、直播进行带货,还可以将自己的商品上架到精选联盟,邀请其他创作者来带货分销。

这样的抖音账号,通常都是蓝V账号,如图16所示。进入主页后,点击"进入店铺"图标,可以查看到商家的保证金交纳情况以及资质情况,如图17所示。

△ 图 16

△ 图 17

分销他人商品

由于绝大多数抖音创作者不具备整合供应链、设计生产商品的能力,因此,分销他人商品是其唯一的带货变现方式。

简单来说,就是在精选联盟或第三方平台中选择与自己的粉丝定位以及消费水准相当的商品,将其上架到自己的商品橱窗中,然后通过在短视频中加入商品链接进行变现。在后面的内容中将详细讲解操作步骤。

这样的抖音账号通常都是个人账号,如图18所示。进入主页后,点击"进入橱窗"图标,可以查看到分销的商品信息,如图19所示。

△ 图 18

△ 图 19

了解精选联盟供货平台

精选联盟是抖音撮合商品和视频创作者的平台。商家可将自己的商品上架到精选联盟，创作者可选择分销商品，并通过视频和直播等方式推广。产生订单后，平台按期与商家和创作者结算。

目前在精选联盟中已经上架了大量商品，随意点开几个在抖音中已经获得较高收益的创作者分销橱窗，可以看到他们的商品基本上来源于不同的店家，如图20、图21所示。

虽然多数商品的分销佣金只有15%~20%，但如果销售量高，收益也非常可观。图22与图23展示了两个抖音号的月销数据，图24与图25展示了两个总销量超过10万件的分销橱窗，可以看到销售量都非常高。

按每件货净利润3元来计算，月销售量达到6万件的店铺，月利润能够达到18万元，而月销超10万件的店铺，每个月的利润能达到30万元。

相比于在线下实体店铺要承担店面房租、人员工资等大量成本，而且还可能出现疫情等不可控的风险因素，线上进行视频带货风险更低，可以说是普通人创业的绝佳机会。

但不可否认，由于越来越多的创业者进入这个领域，短视频带货的竞争也日益激烈。

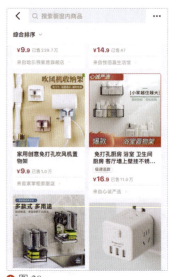
▲ 图20

▲ 图21

▲ 图22

▲ 图23

▲ 图24

▲ 图25

第 3 章

迈出第一步——创建短视频、直播账号

创建一个带货短视频账号

在开始创作带货短视频之前,要先拥有一个自己的账号。为了让账号具有"卖货"功能,还需要开通相应的权限。下面以抖音平台为例,向各位介绍如何创建一个可以带货的账号。

创建抖音账号

在应用商店下载并安装抖音 App 后,通过以下 3 步即可完成账号注册。

❶ 打开抖音,点击界面右下角的"我",如图 1 所示。

❷ 输入手机号,然后点击界面中的"获取短信验证码"按钮,如图 2 所示。如果是用本机号进行注册,抖音会自动进行识别。

❸ 输入验证码后,抖音账号即注册完成,并自动进入图 3 所示界面。若需要将通讯录好友导入抖音,则点击"查看通讯录"按钮。若不希望导入通讯录好友,则点击右上角的"跳过"按钮,即完成抖音账号的创建。

▲ 图 1

▲ 图 2

▲ 图 3

找到抖音直播入口

创建抖音账号后,即可开始直播,无须额外的开通权限等操作。

❶ 打开抖音后,先点击右下角的"我",然后点击右上角的 图标,如图 4 所示。

❷ 点击"创作者服务中心"选项,如图 5 所示。

❸ 点击"全部分类"选项,如图 6 所示。

第3章 迈出第一步——创建短视频、直播账号

▲ 图 4

▲ 图 5

▲ 图 6

❹ 向下滑动页面，点击"开始直播"选项，如图7所示。

❺ 进入直播页面后，点击界面下方的"开始视频直播"选项，即可开始直播。

如果是首次开播，点击"我已阅读并同意协议"按钮即可，如图8所示。

如果自己已经有了一定量的站外粉丝，可以引导这些粉丝到抖音来关注自己，否则不建议新手开播。因为绝大多数新手开播时，观看人气在较长一段时间内都无太大起色。

▲ 图 7

▲ 图 8

"商品橱窗"的作用及开通方法

"商品橱窗"的作用

光有抖音号，还不能带货。只有开通"商品橱窗"权限，才可以在视频页面和该视频的评论区页面添加商品链接，从而让观众可以通过该视频购买商品。商品的购买入口就在视频的左下方，方便观众在看视频时点击购买。

在点击视频页面的商品链接后，观众可以选择前往第三方平台购买该产品，比如淘宝，如图9所示；也可以点击图10中的"去看看"选项，进入视频发布者的商品橱窗进行购买，如图11所示。

▲ 图 9

▲ 图 10

▲ 图 11

"商品橱窗"的开通方法

申请开通"商品橱窗"需满足以下条件：

» 实名认证。
» 商品分享保证金 500 元。
» 个人主页视频数 ≥ 10 条。
» 抖音账号粉丝量 ≥ 1000。

申请方法如下：

❶ 打开抖音 App 后，点击界面右下角的"我"，再点击界面右上角的 ≡ 图标，打开如图 12 所示的菜单，并选择"创作者服务中心"选项。

❷ 点击"商品橱窗"按钮，如图 13 所示。

❸ 选择"商品分享权限"选项，如图 14 所示。

❹ 在满足上文介绍的 4 个申请条件的情况下，点击界面下方的"立即申请"按钮即可。

▲ 图 12

▲ 图 13

▲ 图 14

"抖音小店"的作用及开通方法

"抖音小店"的作用

无论是开通"商品橱窗"还是开通"抖音小店",都可以在视频左下角出现商品链接。二者的区别是,如果开通的是"商品橱窗",那么想购买产品就必须跳转至第三方平台或者跳转至发布者的橱窗;但如果开通的是"抖音小店",则无须跳转,直接点击"购买"即可,如图15所示。

千万不要小看抖音小店减少的这一个跳转页面,它可以有效减少客户流失,明显提升产品销量。

"抖音小店"的开通方法

抖音小店的开通门槛较高,只有个体工商户或者企业、公司才允许开通。

❶ 按照与开通"购物车"相似的步骤,进入如图16所示的界面,并选择"开通小店"选项。

❷ 点击"立即开通"按钮,如图17所示。

❸ 选择开通小店的类型,只支持个体工商户或者企业/公司的申请,如图18所示。点击"立即认证"按钮后,按页面要求填写信息并提供资料即可。

▲ 图 15

▲ 图 16

▲ 图 17

▲ 图 18

橱窗与小店的区别

简单地说,橱窗卖的是别人的商品,小店卖的是自己的东西。所以,如果没有开发商品供应链经验,适合开橱窗。但对于有商品开发经验、希望通过更多渠道销售自己商品的商家,则建议开通小店。

在橱窗中上架商品

在橱窗中上架抖音官方商品

在抖音中,如果自己没有小店,则首选上架抖音官方商品至橱窗进行售卖。具体操作方法如下:

❶ 进入抖音后,点击右下角的"我",并继续点击"商品橱窗",如图19所示。
❷ 点击"选品广场",如图20所示。
❸ 在"选品广场"中选择希望上架到橱窗的商品,并点击"加橱窗"按钮即可,如图21所示。

▲ 图 19

▲ 图 20

▲ 图 21

在橱窗中上架第三方平台商品

如果想在抖音平台上架淘宝、京东等第三方平台的商品,需要完成以下3步:

❶ 在第三方平台选择要推广的商品,在PC端地址栏复制链接,或者在手机端商品详情页依次点击右上角的 图标、"复制链接"按钮,如图22所示。
❷ 在自己的抖音号界面,点击"我",依次点击"商品橱窗"和"选品广场",点击界面右上角的"链接"按钮,如图23所示。
❸ 将复制好的链接粘贴至"电商精选联盟"界面上方,并点击"查找"按钮,如图24所示。再在弹出的界面中将商品添加至橱窗即可。

▲ 图 22

▲ 图 23

▲ 图 24

需要注意的是，如果在点击图 24 右上角"查找"按钮后，无法正常上架商品，原因不外乎是账号、商品质量、商家体验分等原因，下面以淘宝为例进行分析。

» 橱窗账号还未绑定淘宝联盟 PID。如果要添加淘宝商品，则需要前往商品橱窗→常用服务→账号绑定进行 PID 绑定。

» 商品不在淘宝联盟内容商品库内。目前，抖音只支持上架淘宝联盟内容商品库内的商品。大家可以通过复制商品 PC 链接里 id= 后面的一串数字，然后在淘宝联盟网站的后台，点击"我的工具"，在"内容库查询"下面的输入框中输入这一串数字，以验证此产品是否加入了淘宝联盟。打开淘宝联盟 App，通过弹窗来确定商品是否已加入其中。

» 商品所属店铺不达标。为了防止人们在抖音平台售卖劣质商品，抖音对第三方平台商品的所属店铺提出了一定的要求，低于该要求的店铺的商品将不被允许上架到抖音橱窗售卖。具体要求如图 25 所示，其中 DSR 评分规则如图 26 所示。

淘宝店铺需要满足条件：
- 店铺开店半年以上
- 店铺等级一钻以上
- 淘宝店铺评分（DSR）符合「店铺 DSR 规则」

天猫店铺需要满足条件：
- 开店半年以上
- 天猫店铺评分（DSR）符合「店铺 DSR 规则」

京东店铺需要满足条件：
- 开店半年以上
- 店铺星级 3 星以上
- 京东店铺风向标（用户评价、物流履约、售后服务均大于等于 9.1）

▲ 图 25

淘宝/天猫店铺 DSR 规则：

类目	描述评分	服务评分	物流评分
男装	不低于 4.7	不低于 4.7	不低于 4.7
女装	不低于 4.7	不低于 4.7	不低于 4.7
鞋靴箱包	不低于 4.7	不低于 4.7	不低于 4.7
服饰配件	不低于 4.7	不低于 4.7	不低于 4.7
食品	不低于 4.7	不低于 4.7	不低于 4.7
美妆个护	不低于 4.7	不低于 4.7	不低于 4.7
母婴	不低于 4.7	不低于 4.7	不低于 4.7
教育	不低于 4.7	不低于 4.7	不低于 4.7
其他类目	不低于行业平均	不低于 4.7	不低于 4.7

▲ 图 26

绑定第三方平台 PID 的方法

下面以京东平台为例，讲解 PID 绑定方法。

❶ 关注微信公众号"京粉儿"，依次点击右下角的"我的"→"PID 管理"选项，如图 27 所示。

❷ 点击"新建 PID"，通过验证京东账号生成 PID，并点击复制 PID，如图 28 所示。

❸ 打开抖音，进入自己的橱窗，点击"账号绑定"选项，如图 29 所示。

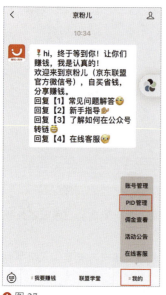

▲图 27

▲图 28

▲图 29

❹ 点击"京东 PID"选项，如图 30 所示。

如果绑定的是其他平台的 PID，则点击该平台对应选项即可。

❺ 长按 PID 输入栏，将刚刚复制的 PID 粘贴到此处，然后点击"绑定"按钮即可，如图 31 所示。

需要强调的是，该页面下方介绍了京东平台 PID 的详细获取方法，所以大家在绑定京东以外平台的 PID 时，可以进入该对应平台页面，查看详细的 PID 获取方法。

▲图 30

▲图 31

在橱窗上架小店商品

正如上文所说,橱窗是展示商品的渠道,而小店是商品的来源。因此,开通了小店的抖音账号,还可以将小店中的商品上架到橱窗。具体方法如下:

❶ 点击右下角的"我",选择"商品橱窗"选项,如图 32 所示。

❷ 点击"我的小店"一栏中的"商品管理"选项,如图 33 所示。

❸ 点击界面下方的"发布商品"按钮,如图 34 所示。

❹ 按要求将商品标题、主图、类目、价格等信息补充完毕,然后点击界面下方的"发布商品"按钮即可,如图 35 所示。当该商品通过审核后,将被自动上架到橱窗。

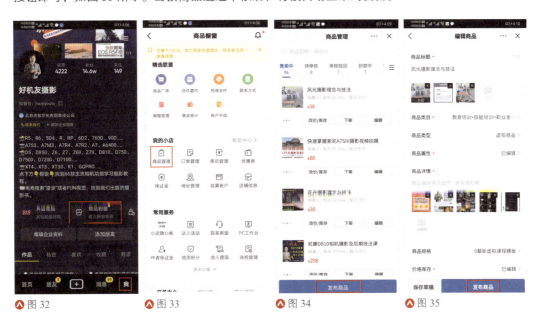

▲ 图 32 ▲ 图 33 ▲ 图 34 ▲ 图 35

管理橱窗中的商品

在创建账号初期,有些人可能会随便上架一些商品。但是,随着账号在垂直分类下的内容越做越多,商品的类别也会更加集中,这就势必需要对原有的部分商品进行更改。下面向各位介绍管理橱窗的方法。

❶ 进入"商品橱窗"后,点击"橱窗管理"选项,如图 36 所示。

❷ 点击商品右侧的 ☑ 图标,即可编辑通过短视频或直播推广该商品时的链接文字,如图 37 所示。

❸ 点击图 37 右上角的"管理"选项,即可选择商品,对其进行"置顶"或者"删除"操作,如图 38 所示。

▲ 图36

▲ 图37

▲ 图38

开通 POI 为线下门店引流实操

POI 的作用

POI（Point Of Interest）即兴趣点。事实上，POI 就是商家获得的独家专项唯一地址，其在抖音中的呈现方式是在视频左下角有一个定位链接，如图39所示。点击这个链接后，即可看到关于这个商家的更多介绍，如图40所示。

所以，如果一家饭店领取了 POI 门店功能，并且制作了一个推广视频发布在了抖音上，就可以让观众迅速了解这家饭店的地理位置，从而打通线上与线下通道，利用互联网为线下门店带来更多客流量。

值得一提的是，在点击门店链接后，还可以看到关于这家店的详细介绍，包括抖音所有与这家店相关的短视频。该功能极大地方便了观众寻找消遣地点，并对店家进行全方位了解，如图41所示。当然，店家也可以得到很好的宣传，还有机会成为网红打卡点。

▲ 图39

▲ 图40

▲ 图41

POI 领取方法

如果在线下拥有实体店,就可以拥有 POI,所以这个带货工具不需要申请,只需要领取。

❶ 同样按照开通"商品橱窗"的方法,进入如图 42 所示的界面,并点击"我的线下门店"选项。

❷ 点击界面下方的"立即免费认领门店"按钮,如图 43 所示。

❸ 在打开的界面中选择自己的门店,并上传企业营业执照,如图 44 所示。只要企业营业执照上的注册地址与所选门店地址一致,即可领取成功。如果不一致,则需要上传其他材料,如手持营业执照与门店合影或者餐饮服务许可证等,以此证明自己与所选门店的关系。

▲图 42

▲图 43

▲图 44

选择门店列表中没有自己的店铺怎么办

选择门店界面如图 45 所示。如果在门店列表中没有找到自己的店铺,则需要使用百度地图 App 或高德 App 申请一个 POI。此处以使用高德地图 App 为例,介绍申请 POI 的具体操作方法。

❶ 打开高德地图 App,点击界面右下角的"我的"。向右滑动"高德推荐"一栏,点击右侧的"更多工具"按钮,如图 46 所示。

❷ 点击"反馈上报"按钮,如图 47 所示。

❸ 在"地点相关"一栏中点击"新增地点"按钮,如图 48 所示。

▲图 45

❹ 接下来按图49的要求，填写"店铺名称""地图位置""门脸照片"，随后点击"提交"按钮即可。

当申请通过后，再回到"抖音门店"界面，即可选择自己的门店地址。

▲ 图46

▲ 图47

▲ 图48

▲ 图49

设置账号的"门面"

无论是给账号取名字还是设置头像，宗旨都是让观众快速记住你。无论是名字还是头像，一旦选定，均不建议再进行更改，否则将非常不利于粉丝的积累。因此，在确定名字和头像时，一定要慎重。

取名字的 6 个要点

1. 字数不要太多

简短的名字有利于受众识别，让观众哪怕是无意中看到了你的视频，也可以在脑海中形成一个模糊的印象。当你的视频第二次被看到时，其被记住的概率将大大提高。

另外，简短的名字要比复杂的名字更容易记忆，建议将名字的长度控制在 6 个字以内。比如，目前抖音上的头部账号：疯狂小杨哥、刀小刀 sama、我是田姥姥等，其账号名称长度均在 6 个字以内，如图 50 所示。

2. 表现出账号内容所属垂直领域

如果账号主要发布某一个垂直领域的视频，那么在名字中最好能够有所体现。

比如"央视新闻"，一看名字就知道是分享新闻视频的账号；而"51 美术"，一看就知道是分享绘画相关视频的账号，如图 51 所示。

表现出账号内容所属垂直领域的优点在于，当观众需要搜索特定类型的短视频账号时，将大大提高你的账号被发现的概率。同时，也可以通过名字给账号打上一个标签，精准定位视频受众。当账号具有一定的流量后，变现也会更容易。

3. 不要使用生僻字

如果观众不认识账号名，则对宣传推广是非常不利的，所以应尽量使用常用字作为账号名，这可以让账号的受众更广泛，也有利于运营时的宣传。

在此特别强调一下账号名带英文的情况。如果在此账号发布的视频主要受众是年轻人，在账号名中加入英文可以显得更时尚；如果视频的主要受众是中老年人，则建议不加英文，因为这部分人群对自己不熟悉的领域往往会有排斥心理，当看到不认识的英文时，则很可能不关注该账号。

▲ 图 50

▲ 图 51

4. 使用品牌名称

如果在创建账号之前已经有了自己的品牌,那么直接使用品牌名称即可。这样不仅可以对品牌进行一定的宣传,在今后的线上和线下联动运营时也更方便,如图52所示。

5. 使用与微博、微信相同的名字

使用与微博、微信相同的名字可以让周围的人快速找到你,并有效利用其他平台积攒的流量,作为在新平台起步的资本。

6. 让名字更具亲和力

一个好名字一定是具有亲和力的,这可以让观众更想了解博主,更希望与博主进行互动。而一个虽然非常酷,并且很有个性,然而却冷冰冰的名字,则会让观众产生疏远感。即便很快记住了这个名字,也会因为心理的隔阂而不愿意去关注或者互动。因此,无论在抖音还是在快手平台,都会看到很多比较萌、比较温和的名字,比如"韩国媳妇大璐璐""韩饭饭""会说话的刘二豆"等,如图53~55所示。

▲图52

▲图53

▲图54

▲图55

设置头像的4个要点

1. 头像要与视频内容相符

一个主打搞笑视频的账号,其头像自然也要诙谐幽默,如"贝贝兔来搞笑",如图56所示;一个主打真人出境、打造大众偶像的视频账号,其头像当然要是个人形象照,如"珠宝人辫子",如图57所示;而一个主打萌宠视频的账号,头像就需要是宠物照片,如"金毛~路虎",如图58所示。

如果说账号名是招牌,那么头像就是店铺的橱窗。博主需要通过头像来直观地表现出视频主打的内容。

▲图56

▲图57

▲图58

2. 头像要尽量简洁

头像也是一张图片，而所有宣传性质的图片，其共同特点就是"简洁"。只有简洁的画面才能让观众一目了然，并迅速对视频账号产生基本的了解。

如果是文字类的头像，则字数尽量不要超过 3 个字，否则很容易显得杂乱，如图 59 所示。

另外，为了让头像更明显、更突出，尽量使用对比色进行搭配，如黄色与蓝色、青色与紫色、黑色与白色等。

▲ 图 59

3. 头像应与视频风格相吻合

即便是同一个垂直领域的账号，其风格也会有很大区别。为了让账号特点更突出，在头像上就应该有所体现。

比如，同样是科普类账号的"笑笑科普"与"昕知科技"，前者的科普内容更偏向于生活中的冷门小知识，而后者则更偏向于对高新技术的科普。两者的风格不同，使得"笑笑科普"的头像显得比较诙谐幽默，如图 60 所示；而"昕知科技"的头像则更有科技感，如图 61 所示。

▲ 图 60

4. 使用品牌 LOGO 作为头像

如果是运营品牌的视频账号，与使用品牌名作为名字类似，使用品牌 LOGO 作为头像既可以起到宣传的作用，又可以通过品牌积累的资源让短视频账号更快速地发展，如图 62 所示。

▲ 图 61

让观众通过简介认识自己的 4 个要点

通过个性化的头像和名字可以快速吸引观众的注意力，但显然做不到让观众对账号内容进一步了解。而简介则是让观众在看到头像和名字的下一秒继续了解账号的关键。绝大多数关注行为，恰恰是在看完简介后出现的。下面向各位介绍撰写简介的 4 个关键点。

1. 语言简洁

观众决定是否关注一个账号所用的时间大多在 5 秒以内。在这么短的时间内，几乎不可能去阅读大量的介绍性文字。因此撰写简介的第一个要点就是务必简洁，而且要通过简洁的文字，尽可能多地向观众输出信息。比如图 63 所示的健身类头部账号"健身 BOSS 老胡"，短短 3 行，不到 40 个字，就介绍了自己，介绍了内容，介绍了联系方式。

▲ 图 63

2. 每句话要有明确的目的

正是由于简介的语言必须简洁，所以要让每一句话都有明确的意义，防止观众在看到一句不知所云的简介后就去看其他的视频。

这里举一个反例，比如，一个抖音号简介的第一句话是"元气少女能量满满"。这句话看似介绍了自己，但仔细想想，观众仍然不能从这句话中认识你，也不知道你能提供什么内容，所以这相当于一段毫无意义的文字。

优秀的简介应该是每一句话、每一个字都有明确的目的，都在向观众传达必要的信息。比如图64所示的抖音号"随手做美食"，一共4行字，第一行指出商品购买方式，第二行表明账号定位和内容，第三行给出联系方式，第四行宣传星图，有利于做广告。言简意赅，目的明确，让观众在很短的时间就获得了大量的信息。

图 64

3. 简介排版要美观

简介作为在主页上占比较大的区域，如果是密密麻麻一大片直接显示在界面上，势必影响整体的观感。建议各位在每句话写完之后，换行再写下一句。尽量让每一句话的长度基本相同，从而让简介看起来更整齐。

如果确实无法做到文字内容规律且统一，可以像图65这样，加一些有趣的图案，还可以让简介看起来更活泼、可爱一些。

图 65

4. 可以表现一些自己的小个性

可以说在各个领域，都已经存在了大量的短视频。要想突出自己制作的内容，就要营造差异化，简介也不例外。除了按部就班、一板一眼地介绍自己、介绍账号定位与内容，通过部分表明自己独特观点或体现自己个性的文字同样可以在简介中出现。

比如图66所示的"小马达逛吃北京"的简介中就有一条"干啥啥不行，吃喝玩乐第一名"的文字。其中，"干啥啥不行"这种话，一般是不会出现在简介中的，这就与其他抖音号形成了一定的差异。而且，这种语言也让观众感受到了一种玩世不恭与随性自在，体现了内容创作者的个性，拉近了与观众的距离，从而对粉丝转化也起到了一定的促进作用。

图 66

简介应该包含的 3 大内容

所谓简介,就是简单地介绍自己。那么在尽量简短并且言简意赅的情况下,该介绍哪些内容呢?这里建议大家简介中表现以下 4 部分内容。

1. 我是谁

作为内容创作者,在简介中介绍"我是谁",可以增加观众对内容的认同感。比如图 67 所示的抖音号"徒手健身干货-豪哥"的简介中,就有一句"2017 中国街头极限健身争霸赛冠军"的介绍。这句话既让观众更了解内容创作者,又表明了其专业性,让观众更愿意关注该账号。

▲ 图 67

2. 能提供什么价值

观众之所以会关注某个抖音号,是因为其发布的内容对自己来说有价值。搞笑账号能够让观众开心,科普账号能够让观众长知识,美食类账号可以教观众做菜等。如果在简介中,可以通过一句话表明账号能够提供给观众的价值,对于提升粉丝数量是很有帮助的。这里依旧以图 67 所示的"徒手健身干货-豪哥"为例,其第一句话"线上一对一指导收学员(提升引体次数、俄挺、街健神技、卷身上次数)"就是在展现其价值。这样,希望在这方面提高的观众,自然大概率会关注该账号。

3. 账号定位是什么

所谓账号定位,其实就是告诉观众账号主要做哪方面的内容。通过账号定位,可以达到不用观众去翻之前的视频,保证在 5 秒之内打动观众,使其关注账号的目的。

比如图 68 所示的抖音号"谷子美食",在该账号的简介中"每天更新一道家常菜,总有一道适合您"向观众表明了账号内容属于美食类,定位是家常菜,更新频率是"每天"。那些想学习做不太难又美味的菜品的观众更愿意关注该账号。

▲ 图 68

充分发挥背景图的作用

通过背景图引导关注

通过背景图引导关注是最常见的发挥背景图作用的方式。因为背景图位于画面的上方,相对比较容易被观众看到。再加上图片可以给观众更强的视觉冲击,所以往往被用来通过引导的方式直接提高粉丝转化率,如图 69 所示。

▲ 图 69

展现个人专业性

如果是通过自己在某个领域的专业性进行内容输出，进而通过带货进行变现，那么背景图可以用来展现自己的专业性，从而增强观众对内容的认同感。

比如图 70 所示的健身抖音号，就是通过展现自己的身材，间接证明自己在健身领域的专业性，进而提高粉丝转化率的。

充分表现偶像气质

那些具有一定颜值的内容创作者，可以将自己的照片作为背景图使用，充分发挥自己的偶像气质，也能够让主页更加个人化，拉近与观众之间的距离。

比如图 71 所示的剧情类抖音号，就是使用视频中的男女主角作为背景图，通过形象来增强账号吸引力的。

宣传商品

如果带货的商品集中在一个领域，那么可以利用背景图为售卖的产品做广告。比如"好机友摄影"抖音号所带货品，其中一部分是图书，就可以通过背景图进行展示，如图 72 所示。

这里需要注意的是，所展示的商品最好是个人创作的，比如教学课程、手工艺品等，这样除了能起到宣传商品的作用，还是一种专业性的表达。

▲ 图 70

▲ 图 71

▲ 图 72

为账号打上标签

在账号准备妥当后，就要考虑为账号打标签。因为从抖音的推荐算法来看，标签越明确的账号，看到其视频或直播的观众与内容的关联性越高，从而避免无用流量，让更多真正对你的内容感兴趣的观众看到这些内容。这些观众自然会有更大概率点赞、转发和评论。从数据上可以直观地看到，标签明确的账号，其短视频的播放量、完播率、点赞率及直播间的互动率、转化率等都要比标签模糊的账号高。

认识账号的 3 个标签

每个抖音账号都有 3 个标签，分别是内容标签、账号标签和兴趣标签。

1. 认识内容标签

所谓内容标签，即作为视频创作者，每发布一条视频，抖音就会为其打上一个标签。随着发布相同标签的内容越来越多，其视频推送就越精准。这也是为何建议各位在垂直领域做内容。而且，连续发布相同标签内容的账号，与经常发送不同标签内容的账号相比，其权重也更高。高权重的账号则可以获得抖音更多的资源倾斜。但是，更重要的则是当一个账号连续发送相同内容标签的视频时，抖音会给其分配一个账号标签。

2. 认识账号标签

正如上文所述，一个账号的内容标签基本相同，或者说当内容垂直度很高时，抖音就会为这个账号打上标签。一旦拥有了账号标签，就证明该账号在垂直分类下已经具备一定的权重。可以说是运营阶段性成功的表现。

要想获得账号标签，除了所发视频的内容标签要先一致，还要让头像、名字，以及简介、背景图等都与标签相关，从而提高获得账号标签的概率。如图73所示，具有"美食"账号标签的"杰仔美食"抖音号，其头像是"杰仔"，名字中带"美食"，背景图也与美食相关，再加上言简意赅的简介，账号整体性很强。

▲ 图 73

3. 认识兴趣标签

所谓兴趣标签，即该账号经常浏览哪些类型的视频，就会被打上相应的标签。比如，一位抖音用户常看美食类视频，那么就会为其贴上相应的兴趣标签。抖音就会为其推送与更多的美食相关的视频。

因为一个人的兴趣可以有很多种，所以兴趣标签并不唯一。抖音会自动根据观看不同类视频的时长及点赞等操作，将兴趣标签按优先级排序，并分配不同数量的推荐视频。

正是因为抖音账号有这两个标签，所以"养号"操作已经不复存在，各位内容创作者再也不需要通过大量浏览与所发视频同类的内容来为账号打上标签了。

查看账号标签和内容标签

对于兴趣标签，与运营账号无关，所以不需要去特意判断有没有打上标签，以及打上了什么标签。账号标签和内容标签涉及视频的精准投放，当视频流量不高时，可以通过判断是否打上相应标签来寻找流量较低的原因。

通过第三方数据网站查看

"为账号打标签"是抖音官方后台的行为，所以在抖音中无法直接看到。但在第三方数据网站，由于可以获得很多抖音后台的数据，所以是可以直接看到账号是否有标签的。此处使用的是"飞瓜"数据平台，具体查看方法如下：

❶ 进入飞瓜抖音数据网站，点击界面左侧的"播主搜索"选项，如图74所示。

▲ 图 74

❷ 在搜索栏输入账号名，此处以图73所示的"杰仔美食"为例。输入账号名后，点击"搜索"按钮。

❸ 在界面下方即可找到"杰仔美食"账号的搜索结果，其账号名称右侧的"美食"二字即为账号标签。在账号ID的右侧，还可以看到内容标签，如图75所示。对于一些权重稍低，但所发布的内容依然有一定垂直度的账号，则只能看到内容标签，无法看到账号标签。

▲ 图75

通过抖音APP判断是否打上账号标签

通过抖音App虽然无法直接查看账号标签和内容标签，但却可以通过"同类账号"推荐间接判断是否打上了账号标签。方法非常简单，只需用另一个抖音账号浏览需要查看是否打上标签的账号的主页，并看一下"私信"按钮右侧是否有 ▾ 图标。如果有 ▾ 图标，则代表具有账号标签，如图76所示。没有该图标，则大概率是没有打上账号标签的。

之所以强调"大概率"，是因为笔者发现个别在第三方数据网站上可以看到"账号标签"的账号，在主页上没有 ▾ 图标。

通过巨量星图查看标签

注册了巨量星图的达人也可以通过星图的后台查看标签。例如，图77所示为笔者的另一个账号，上面的标签是科技数码。当然，实际上，这个后台能看到的账号信息是非常丰富的。除了标签，等级、粉丝、指数都是每一个创作达人需要特别关注的。

▲ 图76

▲ 图77

了解抖音实名认证、蓝 v 认证和黄 v 认证

随着抖音的体系越来越完善，账号也新增了很多认证。很多人不太了解这些认证有什么用、如何进行认证，以及认证需要满足哪些要求，导致认证不及时，浪费了很多资源。

实名认证账号的操作方法

❶ 打开抖音，点击右下角的"我"，再点击右上角的 图标，如图 78 所示。
❷ 点击"设置"选项，如图 79 所示。
❸ 点击"账号与安全"选项，如图 80 所示。

▲ 图 78　　　　▲ 图 79　　　　▲ 图 80

❹ 点击"实名认证"选项，如图 81 所示。
❺ 按要求填写姓名和身份证号后，点击"同意协议并认证"按钮即可，如图 82 所示。

▲ 图 81　　　　▲ 图 82

实名认证账号的 3 大优势

提高账号可信度

进行实名认证之后，更有利于抖音官方对个人身份的识别，在进行流量分配或人群推荐的时候也更智能。作为观众，可以让你更有机会看到适合自己或者自己想看的内容；作为内容发布者，可以在账号运营初期，使视频被更多同龄人看到。

获得被推荐的机会

没有经过实名认证的账号，在进入流量池后，即便完播率、点赞、评论等数据都不错，依然不会进入下一级流量池。因此，只有经过实名认证的账号发布的视频，才具有成为热门视频的机会。

另外，经过实名认证的账号相对更安全，其发布的内容也更容易受到系统的重视，更容易被筛选出来，并且获得较高的流量。

黄 v 认证的门槛和操作方法

黄 v 认证其实就是抖音的个人认证，可以在一定程度上表现出内容创作者在某一领域的专业性或权威性，可以起到提高账号权重，增强观众认同感的作用。

黄 v 认证的门槛

根据认证的领域不同，门槛也有所区别。对于大部分没有类似职业资格证这种权威机构颁发的，可以有效证明专业性的领域而言，其门槛主要有以下 4 点：

» 实名认证
» 发布视频 ≥ 1
» 粉丝量 ≥ 10000
» 绑定手机号

需要注意的是，对于个别领域，不排除在满足以上 4 点要求后，还需要提供其他信息或证明。

对于医疗等有明确就职资格要求的领域，其申请条件为以下 3 点：

» 实名认证
» 绑定手机号
» 近期无账号、视频内容违规记录

申请黄 V 认证后，还需要满足就职医院、职位等额外的要求，并提供大量相关证明，如图 83 所示。

更容易找回账号

如果账号出现被盗取的情况，经过实名认证的账号可以更容易、更快地找回，从而避免产生更多的损失。因此，对于打算长期运营的抖音账号，强烈建议进行实名认证以提高其安全性。

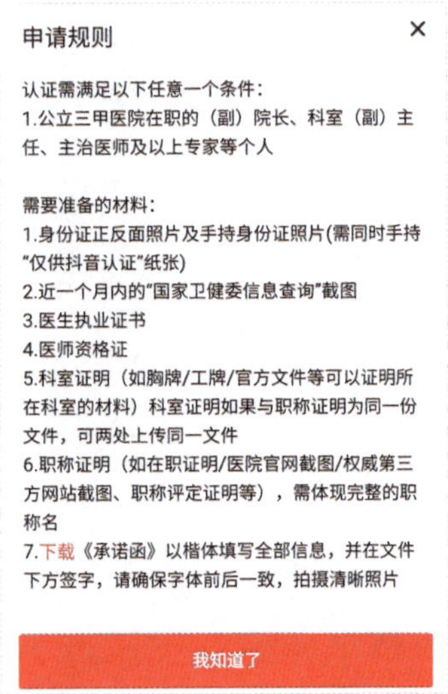

▲ 图 83

黄 v 认证的操作方法

❶ 打开抖音后，点击右下角的"我"，接着点击右上角的 ≡ 图标，如图 84 所示。

❷ 在弹出的菜单中点击"创作者服务中心"选项，如图 85 所示。

❸ 点击"通用能力"分类下的"官方认证"按钮，如图 86 所示。

❹ 选择"个人认证"选项，如图 87 所示。

第3章 迈出第一步——创建短视频、直播账号 | 45

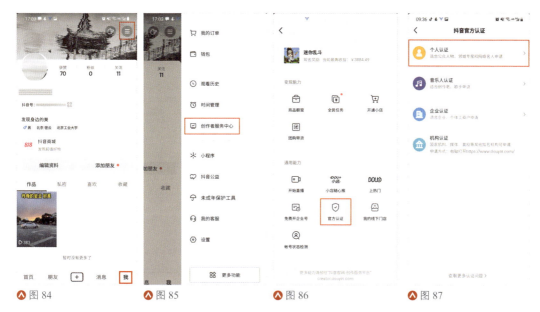

▲ 图84　　▲ 图85　　▲ 图86　　▲ 图87

❺ 点击界面上方的"认证领域"选项，确定认证类型，如图88所示。

❻ 当满足所有申请条件后，即可点击界面下方的"申请认证"按钮，如图89所示。如果有部分条件没有满足，则无法进行申请。

❼ 当申请通过后，即完成黄v认证，并在账号名称下可以看到黄v标志，如图90所示。

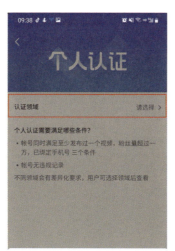

▲ 图88　　▲ 图89

 图90

黄v认证账号的4大优势

黄v标志作为专业和优质的象征，自然会为账号带来一定优势，也是抖音重点扶持的一类账号。

确保账号唯一性

黄v认证具有昵称搜索置顶权益，并且在观众搜索时，其头像上会出现明显的黄v标志，如图91所示，从而防止一些人通过高仿号欺骗观众。

增强观众认同感

黄v认证账号代表在该领域具有一定的专业性、权威性，并且受到了抖音官方认可，属于优质账号。因此，观众更信赖此类账号发布的内容，对其有较强的认同感，更容易产生点赞、转发、评论等行为，进而提高视频流量。

内容豁免权

随着抖音平台的内容越来越多，其监管力度也越来越大。对于一些涉及医疗、科普等领域的内容，更是稍不注意就会被判违规，进而限流甚至不进行推送。进行了相关领域黄v认证的账号，比如医疗领域的黄v认证，那么在发布医疗类的内容时，就可以正常进入流量池并被推荐给观众。

更快的审核速度

黄v账号是抖音官方认可的优质账号，所以对其发布的内容质量更放心，审核速度会更快。在蹭热点时，可以抢占先机，获得更高的流量。

▲图91

蓝v认证的门槛和操作方法

蓝v认证其实就是企业号认证。与黄v相比，蓝v的权益要多很多，而且抖音目前正在大力推广蓝v，也是希望有更多的企业、个体工商户入驻抖音，进而吸引更多的观众前往抖音平台看短视频。

蓝v认证的门槛

对于蓝v认证（企业号认证），其实不存在门槛这。因为凡是正常经营的企业或个体工商户，均可申请蓝v认证，并且只要提交材料真实有效，信息符合要求，均予以通过。但如果出现以下情况，则大概率不会通过认证：

》昵称拟人化、宽泛化不予通过。比如，某公司董事长、小神童等则属于昵称拟人化；而学英语、旅游等则属于昵称宽泛化。

》昵称违反广告法不予通过。比如，昵称中存在"最""第一"等词语。

》企业账号认证信息与营业执照上的企业主体名称不一致则不予通过。

» 申请认证企业属于抖音号禁入行业则不予通过。禁入行业包括：高危安防、涉军涉政、违法违规、危险物品、医疗健康、手工加工、文化艺术收藏品、古董古玩、招商加盟、两性类、赌博类、侵犯隐私等行业。

蓝 v 认证的操作方法

❶ 打开抖音后，点击右下角的"我"，接着点击右上角的 ≡ 图标，如图 92 所示。
❷ 在弹出的菜单中点击"创作者服务中心"选项，如图 93 所示。
❸ 点击"通用能力"分类下的"官方认证"按钮，如图 94 所示。

❹ 选择"企业认证"选项，如图 95 所示。

❺ 由于目前抖音正在大力推广蓝 v 认证，所以可以免费申请（之前需要 600 元申请费），勾选"同意并遵守《抖音试用及普通企业号服务协议》"单选按钮后，点击"0 元试用企业号"按钮即可，如图 96 所示。

❻ 接下来按照页面要求，提供相关资料并完善信息即可完成认证申请。

蓝 v 认证账号的 8 大优势

为了吸引更多的企业入驻抖音，蓝 v 认证账号拥有 8 大专属权益，从而满足企业的多种推广诉求，快速在抖音获得可观流量。

品牌保护

蓝 v 认证账号在搜索页、关注页、粉丝页、私信页，以及转发二维码页面都会出现蓝 v 标志，从而展现专业性和权威性，树立良好的品牌形象。比如，在图 97 所示的关注页面中，具有蓝 v 标志的账号明显更突出。

另外，蓝 v 认证账号的昵称是唯一的，并且采用先到先得的方式进行锁定。也就是说，在认证成功后，该昵称的账号将不可以再被创建。即便因为在认证之前已经有个人用户注册了该昵称，蓝 v 账号也会搜索列表的第一个栏位出现，从而起到全方位的品牌保护作用。

▲ 图 97

营销内容豁免

在抖音做营销时，使用个人号的创作者要非常小心，一旦发布的内容中出现低价、打折、优惠等词语，很可能被判定为营销广告，进而限流，甚至对此账号不予推荐。但是，蓝 v 认证账号则可以正常发布营销内容。也就是说，即便打广告，发布的视频也能够正常进入流量池，并被推荐。只要视频热度足够高，成为热门视频也是有可能的。

营销内容豁免这一优势，也是很多企业进行蓝 v 认证的主要原因，相当于抖音为企业打开了广告营销的大门。

这里以"美的空调"抖音号为例进行介绍。此抖音号发布的一条视频中有明显的"抢购"字样，如图 98 所示。如果是个人账号，不要说将"抢购"以文字的方式在画面中出现，即便只是说出"抢购"二字，也会被判定为违规，并被限流。但这条视频依然获得了 2686 个点赞，可见是被正常推送的视频。

▲ 图 98

内容创意资源

制作带货短视频，最怕创意、灵感枯竭，导致没有明确的创作思路，不知道什么样的内容才能更被观众接受。

抖音为蓝 v 认证账号准备了精选案例库，并且其中的视频是与你相关的。比如，在进行蓝 v 认证时，行业为餐饮，那么此处显示的案例则为餐饮行业的热门视频，并且支持按热度、点赞、评论、转发 4 个维度进行筛选、排序，从而有针对性地弥补目前视频在某个数据上的短板，借鉴同行的创作经验。

获取资源的方法如下：

❶ 进入企业服务中心，点击"涨流量"选项，如图 99 所示。
❷ 点击视频管理分类下的"精选案例"选项，如图 100 所示。
❸ 在视频界面即可进行筛选、排列规则及行业的设定，查看具有借鉴意义的热门视频，如图 101 所示。

▲ 图 99

▲ 图 100

▲ 图 101

独有的商家主页

只有通过蓝 v 认证的账号，才能拥有商家主页。商家主页可以展示企业的基本信息及营销信息，帮助企业更好地建立与用户之间的联系，承载营销诉求，而且在商家主页中有不同的模块，可以根据需求展示相关信息。

商家主页的设计可以在 PC 端进行，登录网站：e.douyin.com，点击左侧的"运营中心"选项，继续点击下方的"主页管理"选项，即可对右侧显示的商家主页进行设置，如图 102 所示。

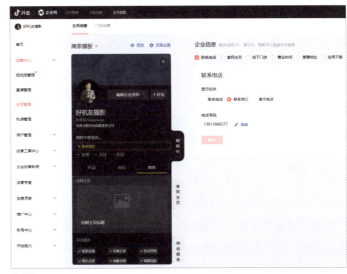
▲ 图 102

通过产品转化页促进转化

蓝v认证账号可以在视频中插入产品转化页，从而提高订单转化率。依旧需要登录e.douyin.com，点击左侧导航栏中的"经营工具中心"→"营销转化工具"选项，然后点击右侧的"新建工具"选项。在进入的页面中，即可选择产品转化页模板，或者填入必要的信息，生成简易模板，如图103所示。

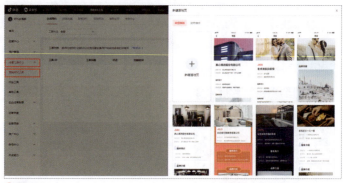
图103

利用卡券接通线上和线下

蓝v账号可以设置卡券，从而吸引更多观众前往线下消费。而到线下消费的顾客，商家通过一系列活动，让玩家拍摄线下活动视频，再发布到抖音，从而形成线上到线下，再回到线上的闭环。

登录e.douyin.com，点击左侧导航栏中的"经营工具中心"→"营销转化工具"→"卡券中心"选项，即可进入卡券平台，如图104所示。点击"创建卡券"按钮，即可创建代金券、兑换券或者通用券。在点击某类卡券后，按页面要求填写相应信息即可。

图104

评论置顶功能提高视频热度

蓝v认证账号可以将优质评论置顶，从而起到增加讨论或者完善视频内容的目的。一些有创意的"神评论"可能比内容本身更精彩，进而提高视频热度。

操作方法非常简单，在登录e.douyin.com网址之后，点击导航栏中的"运营中心"→"短视频管理"选项。然后点击需要置顶评论的视频，点击"查看评论"按钮，在进入的页面中，即可对评论进行置顶操作，如图105所示。

需要注意的是，评论置顶不会立即生效，需要抖音官方对其进行审核。审核时效为2小时。

▲ 图 105

利用企业号实现关键用户管理

蓝 v 认证账号可以通过 E 后台,即 e.douyin.com,实现自动筛选关键用户,也就是那些有过私信沟通、组件进行留资及访问过主页的用户,而且还能通过后台对这些用户进行信息录入,包括用户状态、联系方式、地区、用户标签。每个用户最多可添加 5 个标签。

管理方式依旧非常简单,同样需要登录 e.douyin.com,点击左侧导航栏中的"运营中心"→"用户管理"→"用户信息"选项,即可对每一位关键用户进行管理,如图 106 所示。

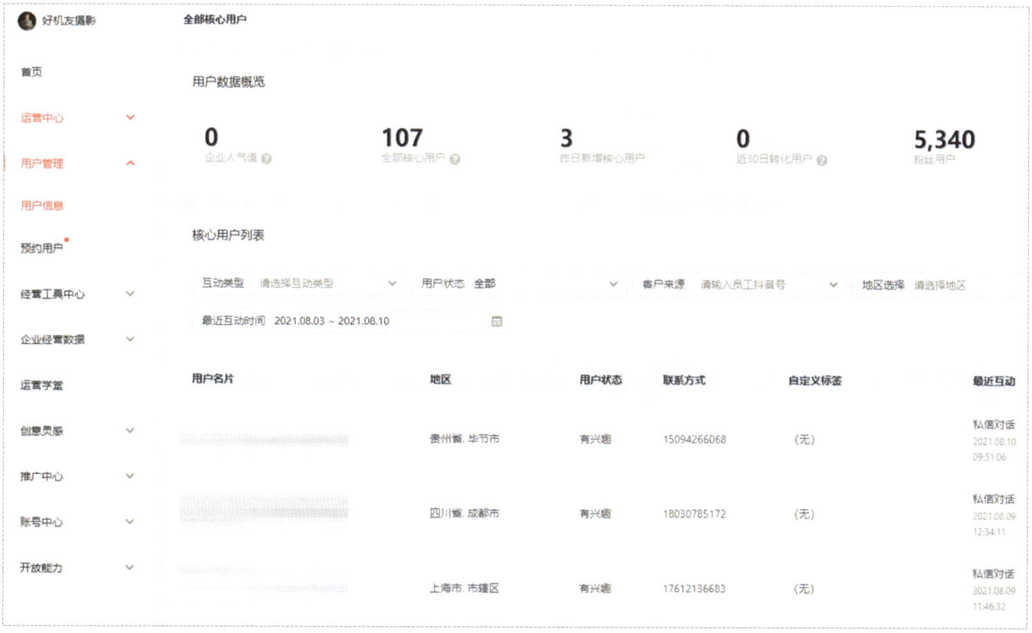

▲ 图 106

第 4 章

内容为王——爆火短视频内容创作思路

在学习中成长——教你拆解热门带货短视频

刚做带货短视频的人一定有这样的疑问:"我的短视频质量也不低,为何别人的能火,我的不能火?"其实问题往往就出在内容上。有些短视频哪怕质量不高,只要内容符合绝大多数观众的口味,依然能成为爆款。想要学会如何制作那些"满足观众需求"的内容,一项必须具备的能力就是拆解热门带货短视频,找到其成为爆款的根源所在。

搜索对标账号的热门带货短视频

在开始拆解热门带货短视频之前,首先要找到与自己在同一垂直领域的对标账号。因为只有分析他们的爆款带货短视频,才有借鉴与学习的意义。

需要注意的是,在寻找对标账号时,不要只搜索同领域的头部大号。因为这些账号往往起步非常早,已经积累了大量的粉丝,那么其发布的短视频的相关数据自然比较"好看"。

为了让借鉴更有意义,建议去选一些粉丝基数不是很大,比如 10 万左右,而且处于高速上升期的账号。这些账号的高速增长证明其内容势必与观众的需求非常吻合,那么分析他们创作的爆款短视频则会更有意义。

各位可以通过第三方数据平台"飞瓜"免费搜索到相关领域的快速增长账号。具体方法如下:

❶ 百度搜索"飞瓜数据",进入带有官方蓝色标志的网站,如图 1 所示。

❷ 点击"抖音版"按钮,如图 2 所示。

❸ 点击左侧导航栏中的"播主查找→播主排行榜"选项,继续点击界面上方的"成长排行榜"选项卡,然后选择所属领域,图 3 中选择的是"美妆",随即可以看到处于高速增长的美妆类账号。从中选择增长较快,并且粉丝基数在 10 万左右的账号进行关注即可。

▲ 图 1

▲ 图 2

▲ 图 3

从热门短视频中了解如何选品

需要提前说明的是，对于在进行视频创作之前就已经确定带货商品类别的内容创作者而言，其逻辑是先选品，再拍摄短视频，所以也就没有从热门短视频中了解如何选品的必要了。

对于一些先确定内容，后选品的，比如剧情类短视频的创作者而言，有时候视频播放量不错，但订单转化却很少，往往是选品的受众与粉丝画像不一致造成的。这时就可以通过查看与自己粉丝画像差不多的垂直领域账号是如何选品的，具有很高的参考价值。

那么，如何获得账号数据，并搜索到目标账号呢？

首先，要获得自己账号的粉丝画像。登录抖音后台，在"视频数据"分类下，选择"粉丝画像"选项，即可看到性别、年龄及地域分布等信息，如图 4 所示。

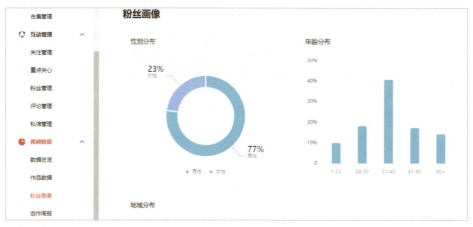

▲ 图 4

然后，前往第三方数据平台，搜索与自己所属领域相同，并且粉丝画像基本一致的头部账号。接下来查看这些账号的爆款短视频中选择的都是哪些商品，就可以知道如何更改自己的选品了。具体操作方法如下：

❶ 按照上文的方法进入飞瓜抖音数据平台，依旧点击左侧导航栏中的"播主查找→播主排行榜"选项。此处选择界面上方的"行业排行榜"选项卡，然后选择所属领域，图 5 中选择的是"剧情"。点击排名靠前账号右侧的"详情"按钮，即可查看详细数据。

▲ 图 5

❷ 点击界面上方的"粉丝分析"选项卡，查看其粉丝画像是否与自己的账号基本相同。此处主要看性别和年龄分布，如图 6 所示。

❸ 如果粉丝画像基本一致，则在抖音上关注该账号，并且快速浏览其添加了"购物车"的短视频，了解其选品。

此处以"陈小沫"抖音号为例进行分析。图 6 所示即为该账号的粉丝画像，可以看到其粉丝年龄主要为 31~40 岁的女性，所以其推广的商品大多为此类人群会有需求的，比如化妆品、居家清洁用品等，如图 7 所示。那么，这些选品信息，对于同一领域的相似粉丝画像的起步账号而言，就非常有价值。

▲ 图 6

▲ 图 7

学习视频结构与叙事逻辑

热门带货短视频的结构与叙事逻辑一定是紧凑且严谨的。如果自己创作的短视频播放量比较低，不妨思考在是否在这两方面出了问题。同时，我们也可以通过分析爆款短视频的结构和叙事逻辑，并进行借鉴，提高内容质量。下面以抖音号"橙子 老爸辅食做起来"其中一条热门带货短视频为例进行分析，从中学习一下其对结构与叙事逻辑的思考。

简单明了的视频结构

在长则几十秒，短则十几秒的视频中，复杂的内容结构只会让观众看得云里来雾里去。而一旦观众有"看不懂"的想法出现，就可能去刷其他视频了。所以在该案例中，视频的结构非常简单，分为展示成品——制作过程——在过程中展示商品——再次展示成品 4 部分。

首先，视频一开始，就端上来一盘馄饨，展示跟着该视频中的步骤学习可以做出的成品，如图 8 所示。然后开始介绍饺子的制作过程。需要注意的是，为了让馄饨的制作过程显得紧凑、连贯，采用一镜头一步骤的方式，如图 9 所示。

当出现需要使用商品的步骤时，特意加入了两个额外的镜头进行商品展示，图 10 所示为其中之一，从而做到展示部分也显得干净利落，不拖泥带水。

最后，通过与视频开始不一样的呈现方式，再次展现成品。既对内容进行了收尾，又可以激发观众在看完后进行点赞、评论等行为，如图 11 所示。

▲ 图 8　　　　　▲ 图 9　　　　　▲ 图 10　　　　　▲ 图 11

连贯的、通顺的内容逻辑

该案例视频完整地看下来会让人感觉非常顺畅、连贯，其原因就在于内容是按照一定的逻辑顺序安排的。其实，对于制作类的带货短视频而言，只要按照制作顺序进行视频录制就可以了，其对于逻辑的要求并不高。但是，如果是录制剧情类视频，则要充分考虑前因后果，让故事的发展顺理成章。

需要注意的是，即便是像该案例这种制作类的短视频，在平常操作时，也许其工艺流程并不是特别顺畅的，或者说不是最合理的状态。那么，当以此种状态录制完视频后，观众在观看时多少也会觉得有些别扭。所以最好在录制视频前，先确定最佳的流程，让每一步操作都衔接得严丝合缝，才会使该案例中的制作过程给人行云流水的感觉。

比如，在该案例的制作步骤部分，其实在准备好虾泥后，加调料与加其他食材的顺序是没有严格要求的。但是，由于虾泥也属于食材的一种，所以将虾泥放入碗中后，接着加入其他食材的逻辑会更通畅。如果加调料再加食材，就会让人感觉到些许的不连贯。这就是在制作短视频时，对内容逻辑的精细打磨。

重点看前 3 秒和后 3 秒

"完播率"和"点赞率"是决定该条短视频能否继续被推荐的重要参数，而决定短视频完播率和点赞率高低的关键，就是短视频的前 3 秒和后 3 秒。如果前 3 秒能够吸引住观众，那么其看完整条短视频的概率会大大提高；如果后 3 秒的内容能够惊艳到观众，那么其点赞的概率会大大提高。

在该案例中，为了能够在前 3 秒吸引住观众，不仅在第一个画面就展现了馄饨的成品效果，还在第二个画面突出了其主要特点"一口一个"，如图 12 所示。而当第 2 个画面出现时，视频只播放了 2 秒。也就是说，该案例用 2 秒钟的时间告诉观众，观看这条短视频你可以学会做什么,以及这样的食物更适合宝宝食用这两个重要信息。那么,对该内容感兴趣的观众的注意力就会一下被抓住,并继续向下看详细的制作方法。

短视频的最后3秒则再次向观众展示了最终的成品,并且与短视频开头的成品相比,馄饨的卖相要更好看。再加上动态地向碗中盛馄饨的画面,更让人感觉美味,如图13所示。只要在短视频最后再一次勾起观众对馄饨的赞赏,让人觉得"看看就感觉很香",那么观众就很容易进行点赞。

分析其风格特点

具有风格特点的短视频往往能够形成差异化,从而在大量同类短视频中脱颖而出。短视频的播放量上去了,带货势必会更加顺利。

如果不知道有哪些风格的短视频,或者不知道自己适合打造哪种风格,可以通过大量观看爆款短视频,并找到、分析那些自己也能实现的视频风格。

此处以"姜十七"的一条短视频为例,来分析其风格特点。

▲ 图12

通过第一次观看短视频时的感受判断其风格

在分析某条短视频的风格时,第一次观看时的感受至关重要。因为从中可以得知这条短视频最吸引观众的特质。然后再通过反复观看,找到能够让观者感受到这些特质的细节。这就是分析短视频风格特点的基本思路。

第一次看该案例短视频,就会感受到短视频女主是一名外冷内热的人。整条视频虽然是在传递温暖,却不会显得张扬,而是表达一种内敛的、默默的奉献。

其实,如果再多看一些"姜十七"发布的短视频,会发现这也是其一贯的风格,也可以说是她独有的人设。那么作为短视频创作者,就可以考虑自己是否也有这种"冷冷的"气质,从而决定是否尝试创作类似风格的短视频。

▲ 图13

分析呈现短视频风格的细节

在把握住短视频的基本风格后,就要通过反复观看,分析是如何通过各种细节营造出这种风格的。在该案例中,为了营造出"姜十七"外冷内热的感觉,笔者总结出了以下5点:

❶ 姜十七的服装比较酷,有利于营造她"外冷"的形象,如图14所示。

❷ 在短视频中,当闺蜜提出绝交时,姜十七冰冷的语言和语气让其"冷漠"的形象深入人心。

❸ 在回忆和闺蜜以前的日子时，姜十七的热心则与视频开头的冷漠形成反差，进而营造"外冷内热"的人设，如图15所示。

❹ 姜十七为帮助闺蜜而躺在病床时那种"小事一桩"的态度，将短视频要表现的情绪推向了极致，进而让观众感受到无比的温暖。

❺ 从图14与图15的对比也可以看出，在闺蜜提出绝交时，画面明显偏暗，以此衬托出"冷冰冰"的视觉效果；而当回忆之前与闺蜜在一起的日子时，画面明显变亮，以表现稍微缓和一些的气氛。

正是通过以上外形、语言，以及剧情、画面色调的设计，才让"姜十七"这个人物有血有肉、栩栩如生，进而形成独有的短视频风格。

△ 图14

△ 图15

快速提取大量文案的实用技巧

认识文案的重要性

营销学家曾经做过一个实验，让A、B两组人分别看纯图像，以及带有文字说明的图像。然后采取答卷的方法判断A、B两组人所获得信息的发散度和准确度。

这个实验的结论是，观看纯图像，所获信息的发散程度高于看图像加文字，而观看图像加文字，所获信息的准确度远远高于看纯图像。

所以，我们在创作短视频的时候，每一条短视频都应该配有相应的解释性文案。文案可以是短视频中的文字，也可以是短视频中人物的对话，还可以是背景音乐的歌词等。

通过文案可以准确地将商品的作用、特点及优势等信息传达给观众，从而使其将商品在脑海中具象化，并想象使用商品的感受。

从爆款带货短视频中学习精彩文案

口播种草类爆款带货短视频，往往能用更准确的词汇、更打动人心的语言介绍商品的优势。所以，找到那些同领域的头部账号，在观看他们的短视频时，记录下精彩的会打动自己进行购买的语句，然后运用到自己的短视频中，就可以不断提高带货短视频质量。

比如，笔者在观看"大花总爱买"发布的一条短视频后，从中记录了3句认为比较通用的，有助于订单转化的文案。

第一句，"艾特闺蜜，就算在不同的学校也要好好照顾自己。"这句话非常自然、巧妙地提示观众进行评论，并@闺蜜，从而让短视频得到更广泛的传播。这与直接说"欢迎大家评论、转发"的效果要好太多。

第二句,"秒变行走的空调。"这句话是在介绍当六神花露水与带喷雾功能的水杯一起使用时,能够让你感觉到凉爽而说出的。简简单单7个字,就让观众仿佛感受到了一种凉意。相比"可以让你感觉非常凉爽"这种文案,其优势不言而喻。

第三句,"简直就是懒A(癌)患者的福音。"这句话经常听到,但很多时候,当自己录视频时却不知道用,所以这里也强调下"记录文案"的作用。通过记录文案可以加强记忆,在自己录制视频时就可以灵活运用。而这句话不仅通用性非常强,还通过一种诙谐的方式强调了商品会让你的生活变得多么便捷,可以有效激发观众的购买欲。

建议各位每看一条短视频,将类似的精彩文案记录下来。经过一段时间的积累,必然会成为各位的一笔财富。

值得一提的是,精彩的文案也要与人物的表情搭配。尤其是一些比较夸张的语言,配合同样夸张的表情,表达效果会更好,如图16所示。

▲ 图 16

使用"轻抖"小程序轻松记录文案

如果各位希望快速获得大量短视频文案,然后再统一进行研究,那么建议各位使用"轻抖"小程序的"文案提取"功能。具体操作方法如下:

❶ 进入抖音,点击目标短视频右下角的➡图标,如图17所示。
❷ 在弹出的界面中点击"复制链接"按钮,如图18所示。
❸ 进入微信,搜索并进入"轻抖"小程序,并点击"文案提取"按钮,如图19所示。
❹ 将复制的链接粘贴至地址栏,并点击"一键提取文案"按钮,如图20所示。

▲ 图 17　　▲ 图 18　　▲ 图 19　　▲ 图 20

❺ 稍等片刻后，识别出的文案即显示在界面中，点击“复制文案”按钮，如图21所示。

❻ 长按文本，选择需要复制的文字，再点击左上角的“复制”按钮，如图22所示。接下来无论是粘贴到手机的“记事本”中，还是粘贴到QQ或者微信，然后将该段文字发送到计算机中都是可以的。

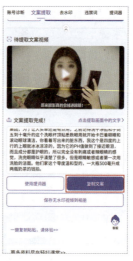

图21

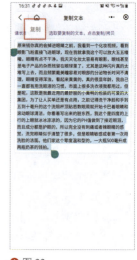

图22

内容为王——打造爆款短视频的5大重点

无论名字和头像选得多精妙，对平台算法理解得多深入，如果没有精彩的内容作为支撑，短视频依旧不会有人看，流量也不会有明显提升，商品自然也没有太高的成交量。所以，内容才是最终决定短视频能否火爆全网的关键因素。

能解决问题的内容更有市场

无论何种产品，能解决用户问题的就是好产品。对于短视频带货而言，那些能解决观众问题的、能满足观众需要的内容就是优质内容，也就具备了成为高流量、高销量带货短视频的潜力。

如图23所示为笔者在飞瓜数据带货视频排行榜截取的画面。

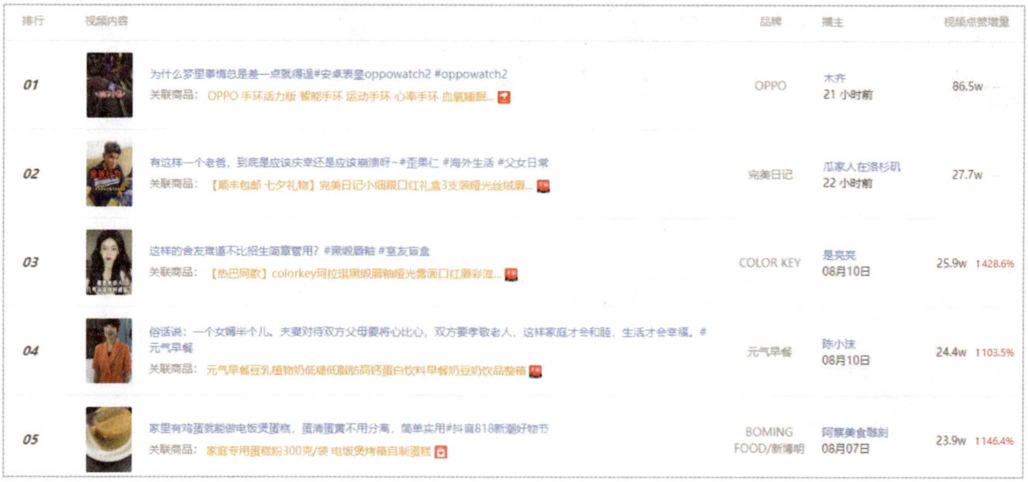

排行	视频内容	品牌	播主	视频点赞增量
01	为什么梦里事情总是差一点就得逞#安卓表皇oppowatch2 #oppowatch2 关联商品：OPPO 手环活力版 智能手环 运动手环 心率手环 血氧睡眠...	OPPO	木齐 21 小时前	86.5w --
02	有这样一个老爸，到底是应该庆幸还是应该崩溃呀~#歪果仁 #海外生活 #父女日常 关联商品：【顺丰包邮 七夕礼物】完美日记小细跟口红礼盒3支装哑光丝绒唇...	完美日记	瓜家人在洛杉矶 22 小时前	27.7w --
03	这样的舍友难道不比招生简章管用？#黑缎唇釉 #室友盲盒 关联商品：【热巴同款】colorkey珂拉琪黑缎唇釉哑光雾面口红唇彩滋...	COLOR KEY	是亮亮 08月10日	25.9w ↑428.6%
04	俗话说：一个女婿半个儿。夫妻对待双方父母要将心比心，双方要孝敬老人，这样家庭才会和睦，生活才会幸福。#元气早餐 关联商品：元气早餐豆乳植物奶低糖低脂肪高钙蛋白饮料早餐奶豆奶饮品整箱	元气早餐	陈小沫 08月10日	24.4w ↑103.5%
05	家里有鸡蛋就能做电饭煲蛋糕，蛋清蛋黄不用分离，简单实用#抖音818新潮好物节 关联商品：家庭专用蛋糕粉300克/袋 电饭煲烤箱自制蛋糕	BOMING FOOD/新博明	阿蒙美食雕刻 08月07日	23.9w ↑146.4%

图23

在这份排行榜的前 5 名中，其中 3 条视频都在内容中通过较长的时间展示了商品可以解决的问题。其中，排名第一的 OPPO 智能手表带货视频，更是从头到尾都在通过实际场景演示可以解决哪些问题，可以让你的生活变得多么方便。而排名第五的视频，则通过标题就让观众知道视频中的商品有何功用。

因此，构思带货短视频内容的重要思路之一，就是思考商品可以解决的问题，并通过实际场景体现出其功用。

通过这 4 点让主题更有吸引力

前面已经介绍了如何让选题思路源源不断的方法，但并不是思考出的所有选题都能让观众感兴趣，所以要掌握以下 4 个方法，让选题更符合观众口味。

1. 主题至少覆盖目标群体

任何一个短视频账号都有自己的目标受众，因此要考虑这个选题能不能吸引事先确定的目标受众。其次，在能吸引目标受众的情况下，是否对其他群体也有一定的吸引力，能否进一步提升短视频的流量。

需要注意的是，并不是说选题只覆盖某一群体就制作不出爆款短视频。恰恰相反，大多数爆款短视频都是针对某一特定群体拍摄的内容。因为当明确目标群体后，创作的短视频才能更有针对性，才可以做到直击观众痛点。

比如，抖音号"叶公子"制作的一条高达 232.8 万点赞的短视频，演绎了一个"一见钟情"的爱情故事，受众主要是都市中的年轻男女，如图 24 所示。如果短视频的内容考虑到年龄大一些的观众，那么势必会造成主要目标群体的流失。而且，正是由于短视频的受众明确，性别和年龄都比较集中，那么在加入相应的产品时，其转化率也会更高。但是，主题的受众范围也不能过小，否则对短视频的流量限制就太过明显了。

▲ 图 24

2. 主题要与观众产生共鸣

情感上的共鸣往往是爆款短视频最大的特点之一。一旦短视频的主题让观众产生情感上的波动，就极可能出现点赞、转发、关注等行为。

比如，抖音号"魔女月野"曾为欧莱雅眼霜录制带货短视频，主题就是"渣男"。讲述了刻苦努力的职业女性本来想与男友共同奋斗，结果男友却辜负她，给其他女人花钱的故事，如图 25 所示。对女性而言，无论是否经历过这样的事情，都会为短

▲ 图 25

视频中的女主感到惋惜、不值得，并且痛恨渣男，所以很容易引起情感共鸣。

而此条短视频也获得了 2864.9 万播放量、164.2 万点赞及 5910 条评论的惊人数据，足以见得营造情感共鸣的重要性。

3. 让选题更轻松的选题库

建立两个选题库，分别为爆款选题库和普通选题库。

其中，爆款选题库中包含所属垂直领域头部大号的热门短视频，以及当前热点话题和平台高流量短视频的选题。将这些选题集中在爆款选题库中，然后根据个人情况和所带货品确定选题。

普通选题库则包含自己在平时刷抖音或者快手时看到的一些流量不是很高，但却给你灵感的短视频选题。包括平时生活中发现的有趣现象，或者能够引发人们争论的话题，都可以记录在普通选题库中。

普通选题库与爆款选题库并不是独立的。有时一个已经被市场验证过的爆款选题，如果与自己平时积累的普通选题库中的选题有一定的重合，那么往往可以打造一条从全新角度去表现选题的爆款短视频。

4. 视频选题要有特点

让选题有特点并不是一件很容易的事情，因为目前的短视频平台已经出现同质化现象，也就是一些成熟的账号呈现出的作品都大同小异。

为了能够让视频独具特色，笔者建议读者从自身的优势出发，做自己擅长的事，看看哪些内容是别的短视频中没有，但是自己又可以实现的。

这样就可以将一些爆款选题做出特色，做出差异。比如，同样在母亲节这一天制作关于"母亲节礼物"选题的短视频。如果你是做美食短视频的，不妨做一条"今晚给妈妈做一道菜"短视频，从而通过自身情况，创作出了有差异化的短视频。抖音官方也会在特定的节日，结合不同的主题来设计相关活动。比如，图 26 所示的"给妈妈做顿饭"就是母亲节期间的活动，也可以起到激发创作者创作灵感的作用。

△ 图 26

3 大渠道让你不错过任何一个热点

实时热点话题会迅速吸引大量观众，提高短视频受众的覆盖面，并且更容易获得高流量。但热点的借用方式还要根据自身擅长的领域和特点进行选择。

热点的时效性往往非常强，今天大家都在讨论、关注的事情，到明天可能就没人提起了，所以第一时间获取热点信息非常关键。下面列举 3 个可以获取当前热点的途径。

今日头条

打开今日头条 App，点击界面上方的"热榜"选项，即可看到通过关注度而排名的榜单，如图 27 所示。

百度搜索风云榜

百度 App 可以通过数亿网民单日的搜索数据来确定当前的热点。用户只需在搜索栏中输入"风云榜"并进行搜索,即可出现图 28 所示的界面,其中就包括"热搜榜"。

▲ 图 27

▲ 图 28

单击"热搜榜"3 个字或"更多"选项,即可进入详细热搜榜单,如图 29 所示。单击任意一条热搜后,即可跳转至该热搜的百度搜索界面,查看更全面的信息,如图 30 所示。

▲ 图 29

▲ 图 30

微博热搜榜

微博可以说是目前使用最多的个人网络社交平台之一,而微博热搜也可以说是社会舆论的风向标。进入微博界面后,单击上方的搜索栏,然后单击"查看完整热搜榜"选项,如图 31 所示,即可进入热搜榜单页面。

▲ 图 31

微博热搜榜同样按照热度进行排序，单击某个话题后，即可观看该话题中的相关微博。同时，微博中不仅有"热搜榜"，还有"要闻榜"和"好友搜"，如图32所示，通过它们可以了解更多老百姓正在关注的话题。

值得一提的是，笔者几乎是在同一时间对这3个热点获取渠道进行截图，可以看到其展示的热点内容是有一定区别的。其中，今日头条和百度风云榜的热搜，政治类相关内容更多一些。而这类热点其实是很难运用到短视频中的，而且稍有不慎还有可能产生负面影响。

而微博热搜则更多的是网友感兴趣的八卦、猎奇、民生等内容，更容易在短视频中进

△ 图32

行二次创作。结合这些热点进行带货，也不容易引起非议。

当然，今日头条和风云榜中政治以外的其他内容，也往往可以为短视频创作者的创作提供不少灵感。

对热点话题进行包装的3个实战技巧

找到热点话题后还不够，还需要对其进行包装，才能吸引更多的人观看。对热点话题进行包装主要有以下3种方法。

1. 叠加法

既然某个话题已经成为了热点，所以单纯地将热点话题通过视频的方式描述一遍，是无法获得较高流量的。

叠加法就是将收集到的多个热点结合在一起，放在一条视频中去表现。但热点与热点之间要存在一定的联系，增强视频的整体性，而不是简单地堆砌。

在将多个热点联系在一起的过程中，势必会存在短视频创作者对几个热点事件的认识与思考，有利于引发讨论，提升评论数量。

举例来说，就在笔者撰写此段内容时，其中一条热点是"李承铉当全职爸爸抑郁了一年多"。这个热点其实可以带出其他的明星为照顾孩子而出现抑郁的情况，进而引发对"全职奶爸、奶妈"的讨论，以及延展出养育儿女的不易。

通过叠加法可以让一个热点内容更丰富、更有深度，同时也可以匹配热点，在短视频中引入育儿产品，比如一些可以减轻父母工作量的纸尿裤、幼儿辅食等。

2. 对比法

虽然热点话题的时效性很强，一旦错过，即便内容做得再好也可能无人问津。但如果这些"过时的热点"与当前的热点有一定的联系，则可以将多个热点放在一起进行对比，并分析它们之间的异同。

这种包装方法同样给了短视频创作者直抒己见的空间。如果分析得比较深入，有理有据，往往会起到不错的引流效果。

比如，"伊藤美诚说世乒赛要击败很多中国选手"这条热搜，就可以与刚刚结束的奥运会，伊藤美诚对战中国运动员的表现进行对比，作为短视频创作的灵感源泉。

3. 延展法

任何一个热点背后一定有广阔的思考空间，否则就不会引起广泛的讨论。作为短视频创作者，可以对热点进行深挖。挖掘热点背后的人或事，对热点进行更深层次的思考与讨论。也许就在这个深度思考的过程中，可以发现对

热点的另外一种解读方式，或者一个全新的思考角度，与其他短视频形成一定的区分度。

这里以北京新发地聚集性新冠疫情这一热点话题为例进行分析。很多人只关注到了与新发地相关人员被确诊新冠肺炎，或者政府为这波疫情而实行的各种管控措施。但通过深挖话题就能了解到，新发地作为北京、全国乃至全亚洲最大的农产品批发市场，无论是蔬菜、水果还是肉类均从新发地输送到北京各地。

新冠疫情暴发后，新发地被封，将直接影响各地蔬菜、水果和肉类的供应。深挖到这些信息的短视频创作者就可以前往身边的超市，拍摄一些关于菜价和肉价的视频，进而从另一个角度来利用热点。

其中，总获赞数只有1万的抖音账号"兔叨叨"，正是因为看到了热点背后的信息，抢先在超市中拍摄到了为平稳市场国家提供的储备猪肉，如图33所示，而凭借此短视频在短时间内获得了17万点赞，成功以无名小号的身份打造出了一条爆款短视频。而借着"惠民猪肉"这一热点，也可以顺势植入一些自己认为好吃又便宜的肉类产品，从而创作出高流量带货视频。

图33

在自己擅长的领域制作视频

只有在擅长的领域才能持续输出优质内容

把握热点的前提，是自己所擅长的事情正好能与热点话题产生关联。千万不要为了贴合热点，强行去做自己不擅长的事。

因为即使成功做出了个别爆款短视频，但由于不是自己擅长的领域，也无法保证持续输出高质量的内容，导致粉丝积累速度非常缓慢。

抖音上所有的头部大号，几乎全部术业有专攻，如搞笑类的"papi酱"、换装类的"刀小刀sama"、美食类的"家常美食教程"等。只有做自己擅长的事，才能通过持续输出优质内容而沉淀大量忠实粉丝。

如何找到自己的专长

"做自己擅长的事"，这个道理很多人都明白。但是在长时间机械性的学习和工作中，很多人都不清楚自己真正擅长什么，从而无法确定主攻的垂直领域。

读者不妨尝试问自己3个问题，也许能够找到自己真正擅长的事。

（1）我做什么事获得的表扬最多？
（2）什么事能让我废寝忘食，全身心投入？
（3）我学会哪种技能的速度最快？

也许你会发现这3个问题的答案不一样。那么笔者的建议是，选择第2个问题的答案作为主攻方向。因为兴趣是最好的老师，只要真心热爱，哪怕学得慢一点，哪怕一开始没有人表扬你，只要凭借这份热爱并坚持下去，总有一天会成为这一领域的大咖。

如果这3个问题的答案是统一的，那么只要坚持做下去，掌握上文中介绍的各种方法，一定能够创作出高引流的短视频。

标题决定短视频的浏览量

抖音"自动播放"的短视频呈现方式，看似标题不是那么重要，但其实在抖音推荐算法中，标题对投放人群与流量配置都会有所影响。在类似西瓜视频这种依然需要"点开"视频才能观看的平台，标题是否吸引人决定了有多少人会点开这条视频，也就决定了浏览量。

本节将通过起标题的思路和标题的呈现形式两个方面来讲解如何撰写标题。

5 个标题撰写思路

1. 突出短视频中解决的具体问题

前面已经提到，一条短视频的内容能否被观众接受，往往在于其是否解决了具体的问题。那么，对于一条解决了具体问题的短视频，就一定要在标题上表现出这个具体问题是什么。

比如，科普类的短视频可以直接将问题作为标题"铁轨下面为什么要铺木头呢？""鸭子下水前为什么要先喝口水呢？"等，如图34所示。护肤类产品的带货短视频则可以直接将这个产品的功效写在标题上，以"解决问题"为出发点。如"油皮，敏感肌挚爱！平价洁面中的 ACE 来咯～"等，如图35所示。

2. 标题要留有悬念

如果将短视频的核心内容都摆在标题上了，那么观众也就没有打开它的必要了。因此，在起标题时，一定要注意留有一定的悬念，从而利用观众的好奇心去打开这条短视频。

比如上文介绍的，直接将问题作为标题，其实除了突出此条短视频所解决的问题，还给观众留下了一定的悬念。也就是说，如果观众不知道问题的答案，又对这个问题感兴趣，就大概率会点开此条短视频去观看。这也从侧面说明很多标题都以问句形式去表现的原因所在。

保持悬念的方法绝不仅仅只能通过问句。比如，"用一次就会爱上的冷门好物"，这个标题就会引起观众的好奇。这个"冷门好物"到底是什么？进而点开这条短视频进行观看，如图36所示。

▲ 图34

▲ 图35

▲ 图36

3. 标题中最好含有高流量关键词

任何一个垂直领域都会有相对流量较高的关键词。比如，一个主攻美食的抖音号，如"家常菜""减肥餐""营养"等，都是流量比较高的词汇，用在标题里更容易被搜索到，如图37所示。在节日期间，别忘了将节日名称加到标题中，同样是出于"蹭流量"的目的。

另外，如果不确定哪个关键词的流量更高，不妨在抖音搜索界面输入几个关键词，然后点击界面中的"视频"选项，看一看哪个关键词下的短视频数量更多即可。

4. 追热点

"追热点"这一标题撰写思路与"加入高流量关键词"有相似之处，都是为了提高观众看到该条视频的概率。毕竟哪个话题讨论的人多，其受众基数就会更大一些。

不同之处在于，虽然所有领域都有其高流量关键词，但并不是所有领域都能用上当前的热点。

比如，运动领域的账号去蹭明星结婚热点就不会有什么效果；而美食领域的账号去借用"国宴菜谱公开"的热点就会具有非常明显的引流效果，如图38所示。

5. 利用明星效应

明星本身是自带流量的，通过关注明星的微博或者抖音号、快手号等，发现她们正在用的物品或者去过的地方。然后在相应的短视频中加上"某某明星都在用的……"或者"某某明星常去的……"等内容作为标题，如图39所示，流量一般都不会太低。需要注意的是，不要为了流量而假借明星进行宣传。

▲ 图37

▲ 图38

▲ 图39

3 个标题呈现形式

1. 尽量简短

观众不会将注意力放在标题上很长时间。所以标题要尽量简短，并且要将内容表达清晰，让观众一目了然。

在撰写标题时，切记要将最吸引人的点放在前半句。比如"30 秒一个碗，民间纯手工艺品，富平陶艺村欢迎大家。"其重点就是通过"30 秒一个碗"来吸引观众的好奇心，看看是怎么 30 秒就能做出一个碗的，将其放在前半句会第一时间抓住观众的注意力，如图 40 所示。

2. 摆数字

比如"5 秒就能学会""3 个小妙招""4000 米高空"等，通过摆数字，可以让观众感受到短视频中内容，从而在潜意识中认为"这条短视频有干货"，如图 41 所示。

另外，如果要表现出对某个领域的专业性，也可以加入数字。比如，"从业 11 年美容师告诉你，更有效的护肤方法"；带货短类视频则可以通过数字表现产品效果的卓越，如"每天使用 5 分钟，还你一个不一样的自己"等。

3. 采用设问句或反问句

采用设问句或反问句既可以营造悬念，又可以表明视频的核心内容，可以说是最常用的一种标题格式。观众往往会受好奇心的驱使，点开视频观看。

需要注意的是，设问句或者反问句格式的标题并不是仅限于科普类或教育类账号使用。比如，宠物类头部抖音号"会说话的刘二豆"，其中一条短视频的标题为"喵生路那么长，为什么偏要走捷径呢？"同样勾起了观众的好奇心，如图 42 所示。

事实上，几乎任何一条短视频都可以用设问句或者反问句作为标题，但如果发布的所有短视频的标题都采用一种格式，也会让观众觉得单调、重复。

图 40

图 41

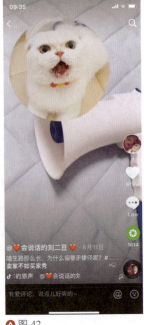

图 42

根据自身情况确定带货短视频类型

带货短视频主要有 3 大类型,分别为剧情类、口播种草类和才艺展示类。深挖某一类型带货短视频,才能让自己的特点更突出,也更有利于抖音将其准确推送给目标人群。在确定创作某类短视频内容时,务必充分考虑自身情况。

有团队适合剧情类内容创作

剧情类内容创作是门槛较高的创作类型,所以此类内容创作者少,竞争压力与另外两种类型的短视频相比要小一些。

导致其门槛较高的主要原因之一,则是需要多人协力才能完成剧情类内容的创作。其中,演员最少有两人,还需要一人进行录制,所以至少需要 3 人团队。解决了"人手"的问题,至于剧本和视频录制、剪辑都是比较容易解决的。剧本可以在网上进行搜索,有很多相关的优质资源和平台。比如,"抖几句"就是不错的剧本交易平台,如图 43 所示。而录制与剪辑,只要通过简单的学习,就可以达到抖音短视频创作的平均水平。

图 43

当然,在条件满足要求后,还要看自己是否对创作短剧感兴趣。如果没有兴趣,则不要勉强,否则很难保证内容的持续输出。

KOC 适合口播种草类内容创作

KOC(Key Opinion Consumer),即"关键意见消费者"。这类人群往往在某一领域的消费比较频繁,并且对该领域的产品有较全面的体验,所以更了解产品之间的差异与适用人群。如果你是一名 KOC,因为有很多与真实体验的内容可以在视频中表达,并以此博得观众的信任,进而实现高效转化,所以非常适合创作口播种草类内容。比如,号称有一仓库化妆品的深夜徐老师、广式老吴等抖音号,都是成功的口播种草类带货短视频创作者,如图 44 所示。

图 44

当然,像探店类短视频,其实也属于口播种草类,只不过他们的消费领域是线下的各种门店罢了。

有特长适合才艺展示类内容创作

"才艺展示类"内容绝不仅仅局限于唱歌、跳舞、绘画等"常规才艺",健身达人、美食达人、美妆达人都可以算作"才艺展示类"创作者,因为他们都在某方面具有"特长",并且可以向观众进行展示。

需要注意的是,在才艺展示类内容创作中,绝对不是越专业、技术越高超,流量就越高。视频内容的呈现方式是否适合大多数普通观众进行学习,能否展现内容价值,要比专业性和技术性重要很多。事实上,越专业的内容,受众会越少,流量上限就会越低,反而不利于爆款的出现。

所以,从另一个方面考虑,不要因为自己在专业性上没有做到顶尖就认为不能在抖音平台获得成功。事实上,只要你比绝大多数业余人员更专业,就不存在技术上的门槛。主要精力应该放在制作符合观众需求的内容上。很多优质美食教学类短视频的创作者,他们绝大多数都只是普通的厨师,但是因为菜品适合普通观众去尝试制作,所以能够获得很高的流量,如图45所示。

▲图 45

剧情类带货短视频的创作思路

对于剧情类短视频的创作,重点在于剧本的撰写。因为需要"带货",所以要在剧情中巧妙植地入产品,尽量不让观众产生反感,进而获得广泛的传播。

寻找目标群体常见话题

在进行内容创作之前,首先要确定话题,也就是确定要写一个什么样的故事。这个话题,必须是产品目标群体经常会讨论的,有很高热度的。比如,所带商品为一款年轻人使用的护肤品,那么话题就可以从"闺蜜""劈腿""渣男""绿茶"等中进行选择。因为此类话题在年轻人中很容易引起关注和讨论。这对短视频的快速且大范围的传播非常有好处。

比如,"魔女月野"抖音号在对"控油去屑洗发水"进行带货时,就选择了"男女朋友间吵架"这个几乎每对年轻情侣都遇到过的情况作为话题,大大增加了内容的受众范围,如图46所示。

▲图 46

两种方法在故事中加入反转

可以说，在几乎所有的爆款剧情类短视频中，都存在反转。因为只有让观众意想不到，打破他们的固有认知，才会让其在短短的几十秒时间内，对视频中的内容产生强烈的认可，进而点赞、转发或者评论。

反转要符合逻辑

不能为了让观众意想不到而强行在剧情中加入反转，而应该让反转的出现符合正常的思维逻辑。通常营造反转的方式是，不具体描述本身就具有不确定性的事件的真正结果，而是通过一些描述，让观众的认知与真实情况产生偏差，最后再通过一些或隐喻、或直接的方式，表达出真实的结果。

比如，抖音平台的剧情类头部账号"城七日记"就曾发布过这样一条短视频。在视频前半段一直通过语言及表情引导观众认为二人是已经分手很久的情侣。但在视频最后，才表现出真相，他们只是喜欢表演，其实早已结为夫妻，如图47所示。

▲图47

这个反转虽然不是特别精妙，但却基本符合逻辑。因为这二人本身就已经发布了一系列短视频，自然有一定的表演功力。另外，要是对前半段的对话仔细分析，可以发现对于已经结婚的二位而言，也没有逻辑错误，所以最后的反转是可以被观众接受的。

反转的出现要突然

如果观众已经看出来剧情要在某个环节出现反转，那么对结果自然不会感到意外。所以，反转的加入一定要隐蔽，在意想不到的情况下出现才会让观众足够吃惊。

那么，如何才能让观众察觉不到即将出现反转呢？主要可以通过两点做到。

第一点，最好通过一些很平常的举动、随意的语言，以及不经意间的小动作表明反转。比如，在一条短视频中，自家的猫和夫人已经互换了身体，但这时观众并不知情，需要通过一个情节，让观众知道原来猫是夫人，夫人是猫。这个情节就可以是，男主人公像平时一样坐在电视机前看电视，然后很自然地让爱人为自己递过来遥控器。这时，猫跳上桌子，把遥控器扒拉到了男主人公面前。

第二点，不断暗示观众认为的事实是正确的。我们在编写剧情时，不要按"正常—反转—正常—反转"这样的规律来写，而是可以多次让观众确定自己的判断是正确的，再呈现出反转。比如，在剧情中，男主角要确定自己的爱人是不是克隆人，那么可以设置多种测试方法。然后在多种测试过程中，出现可能要反转的端倪，但却都证明其爱人不是克隆人。最后，在观众已经十分确定自己的判断后，再将反转呈现出来。

3 个方法创作出有情绪的短视频

对于短视频而言，情绪的完整性比故事的完整性更为重要。如果一条短视频中的故事能够让观众有想哭、想笑或者感到爽快这 3 种情绪的任意一种，就是成功的；如果有其中两种，必然是爆款；如果有其中 3 种，那么就可以一夜爆红。

如何写出让观众想哭的故事

由于短视频的时长较短，缺乏铺垫，所以让观众想哭并不容易。但是，如果选择一些容易产生共鸣的悲伤情感，比如冷战、欺骗、七年之痒等，就可以让观众迅速进入已有的预设之中，从而可能在较短的时间内，激发观众内心的情绪，并得以释放。

如何写出让观众想笑的故事

由于"笑"这种情感不需要铺垫，只要设置的"笑点"击中了观众，瞬间就能让其感觉到开心。但在选择笑点时，切记不要从奇怪的角度出发，而应该尽量贴合大众，越俗的笑点，越可以让大多数人感觉到开心，就有越多的人愿意看这条短视频。

在笑点的设置上，建议"五秒一小梗，十秒一大梗"，从而引导观众继续看下去。搞笑类的短视频，其实观众往往在看到一半时就知道故事的大概了，但依然会坚持看到最后，就是为了将整个情绪完整地爆发出来，所以此时故事的完整性还是比较重要的。

如何写出让观众感觉爽快的故事

与哭和笑相比，让观众感觉到爽快的故事其实最好写。只要是惩奸除恶、打抱不平，充满正能量，符合社会主义核心价值观的事都可以写，而且要写得夸张一些。因为越夸张，观众就会看得越爽，越觉得大快人心。这一点与电影中正派人物狠狠教训反派人物时，教训得越狠，越让观众觉得痛快是一个道理。

比如，在抖音头部账号"七舅脑爷"的一条短视频中，其主旨就是要让"绿茶"难堪，从而让观众感觉大快人心。因此，虽然视频中的逻辑有很多地方都不太合理，但其实观众并不在意，只注重怎么能让这种自己在现实中不喜欢的人能够在视频中碰一次壁。

所以，当男主角给这位"绿茶"买了一张其他影厅的票，而和女朋友一起看电影时，观众并不会思考在现实中会不会有这么不给人面子，这么与同事相处的男人，只会觉得心情舒畅，并且由衷喜欢男主角这种直爽的性格，如图 48 所示。

▲图 48

让商品自然地出现在剧情中

在进行剧情创作时,务必要为产品的出场做好铺垫,使其在剧情中的出现理所应当。虽然观众依旧一眼就知道这是在植入广告,但因为合情合理,并且不是很突兀,所以并不会让观众太过反感。只要剧情出色,观众依然愿意去点赞、分享或者评论这条带货视频。

比如,在"城七日记"发布的为一款面膜做广告的短视频中,商品就是在男主抱怨自从跟小七谈恋爱,妈妈什么好事都想着小七,"饭是自己做,碗是自己洗,购物也要自己在后面拎包,连面膜也是妈妈给小七买的"时出现的,如图49所示。这种将商品融入剧情的方法,是很多剧情类短视频常用的。

让商品起到对剧情的推动作用

如果希望让商品与剧情更好地融合在一起,则需要让其成为推动剧情发展的关键。这对剧情设计提出了更高的要求,但如果能够实现,则不仅可以让产品多次出现在剧情中,减少观众的反感,甚至可以让观众对产品产生浓厚的兴趣与好感。这里同样以"魔女月野"的一条带货去屑控油洗发水的短视频为例进行分析。在该视频中,因为女主经常熬夜,所以头皮屑较多,男友送了她一瓶洗发水,解决了这个问题。到这里,很多观众肯定认为故事已经讲完了。但是,这对恋人吵架后,因为心里彼此依然惦记着对方,所以女主发了个朋友圈,说洗发水用完了。这时,男友赶紧又为其买了几瓶,并回到了吵架前的状态。

在这条短视频中,商品贯穿剧情始终,并作为解决问题,推动二人感情复原的关键因素,得到了非常好的宣传效果。

通过剧情为商品赋能

所谓"为商品赋能",其实就是让商品解决问题,并在解决问题后,对人产生积极的影响。虽然"为商品赋能"往往会让观众感觉多少有一些夸大的成分,但对于品牌而言,却可以在人们心中树立一种正面形象。这种留存于观众心中的正面印象,可以让一些当时没有下单购买的观众,在今后的生活中,产生选择该品牌商品的念头。

比如,在"魔女月野"发布的为眼霜做广告的短视频中,视频结尾为其赋予了可以保卫你的眼睛,从而更出色地完成工作的"社会意义"。虽然看上去夸大了产品的作用,但却多少让该产品在观众心中留下了"职场必备"的印象,如图50所示。

▲ 图49

▲ 图50

口播种草类带货短视频的创作思路

口播种草类带货短视频的创作主要在于产品介绍文案的撰写。既不能让产品介绍太过生硬，又要通过简洁、诙谐的语言将产品的特点充分表达出来，并且在短短的一两分钟时间内，让观众对效果产生认同。

以观众痛点作为视频开场

因为口播种草类内容的表现形式比较单一——就是一个人在镜头前说话。所以，为了能够让观众在看到的第一眼就被吸引住，往往需要直接击中观众的痛点，而该痛点也应该是接下来所介绍的产品能够解决的。

比如，在"爱新觉罗男孩"发布的一款"鼻贴"的带货短视频中，上来第一句话就是"但凡你鼻子干净一点"，以此快速吸引被"黑头"困扰的观众继续看下去，如图51所示。

随着短视频质量越来越高，从一开始的5秒到后来的3秒，再到如今必须在2秒内吸引观众，使得口播类种草短视频的第一句话能否击中观众痛点就显得越来越重要。

▲图51

句句干货突出重点

口播种草类短视频的文案务必句句都是干货，要求做到这一点有两个原因。

第一个原因，一旦观众听到没有内容的语言，就很可能立刻看其他短视频。任何一条优质的短视频，在短时间内的信息量一定要大。也就是在观众还在消化上一句的内容时，就应该有新的干货内容输出。这样才能"拽着"观众一直将整条短视频看完，并且可能有看第二遍、第三遍的需求。而当一些不痛不痒、可有可无的话出现时，观众的思维就会停滞，一种"浪费时间""无聊"的念头就会导致其看下一条短视频。

第二个原因，尽量缩短视频时长。为了让观众认可产品，在口播过程中，往往需要较全面地介绍其功效，以及与同类产品相比的优势。所以一旦有废话出现，就会导致短视频过于冗长，不利于提高完播率。而且，即便内容创作者再有个人魅力，连着听几分钟也多少会让观众感到厌倦。为了压缩时间，大部分优质种草带货创作者都会通过精简文案，只说最重要的话，从而控制短视频时长在2分钟以内。

利用表情、语速、语调等确立个人风格

为了将口播种草类短视频做出差异化，做出特点，建议内容创作者根据自身性格，适当地将自己的表情、语速或者语调进行夸张。这样可以让观众一眼就记住你，并且一旦喜欢这种风格，这些人就很容易成为铁粉。因为每个人都有自己独特的人格魅力，再加上进行了适当的夸张表现，所以给观众的感觉也会是与众不同的，几乎不可能在其他创作者的短视频中找到同样的感觉。

比如，"广式老吴"就是将个人风格演绎到极致的口播种草类抖音号。由于其性格本来就直爽、有话敢说，所以她通过自己较为夸张的表情，以及粤语、普通话交替出现的方式，突出了这一特点，如图52所示。

商品介绍逻辑要清晰

在上文已经提到，由于口播种草类短视频要在较短的时间内输出大量与产品相关的信息，语速自然要比较快。在语速较快，句句又是干货的情况下，一旦逻辑出现问题，观众的思绪很容易出现混乱，进而影响短视频的播放效果。因此，在制作短视频前务必逐句确定前后的关联是否妥当，捋清每句话间的关联，保证商品介绍的逻辑是连贯、清晰的。

值得一提的是，如果总是写不好短视频的文案，可以多观看垂直分类下的头部账号，比如图53所示的抖音号"大花总爱买"，并记录他们的文案，学习介绍商品的结果、逻辑、语言，然后将其套用在自己的短视频中，同样有不错的效果。文案不需要手写记录，将短视频下载下来，导入剪映，然后识别字幕即可得到文字。

▲ 图 52

加入真实使用经验提高认同感

口播类种草短视频的主要是让观众相信这个产品真的很好用。要达成这一目的，在其中加入自己使用后的体会、经验尤为重要。因为这会让观众认为你是在推荐而不是在卖货。

但正所谓"口说无凭"，观众不会仅凭一句"我在使用后把这个商品推荐给各位"就相信你真的认为它很好用。而是需要内容创作者在介绍该产品的同时进行使用，并实际展示出其效果确实不错，如图54所示。为了在展示过程中突出你对这款商品的了解与喜爱，还可穿插一些个人的使用经验和技巧，这会让观众认为你不仅使用过这个产品，而且还使用了很长时间，否则不会对该产品如此了解。

▲ 图 53

▲ 图 54

才艺展示类带货短视频创作思路

此处适当放宽才艺展示类短视频的涵盖范围，将一切在某一方面有所专长，并且在短视频中或展示专业性，或进行教学的短视频均为此类。比如，运动健身类、美食制作类、摄影、后期剪辑类等，都统一看作才艺展示类。利用这类短视频进行带货的优势在于，产品可以很容易自然地、隐性地植入短视频，保证观众良好的观看体验。

完整地展示商品使用过程

由于才艺展示类短视频所带货品通常是在才艺展示过程中使用的，而且最终的"成品"也往往是使用带货商品制作的。所以该类短视频与剧情类和口播种草类短视频相比，其显著优势之一就是有充足的时间去展示商品的使用过程。

如图 55 和图 56 所示即在抖音号"懒饭"发布的介绍如何制作拿铁蛋糕的短视频，通过使用带货商品进行烘焙，可以自然、从容地展示产品，包括详细的产品设置等。由于该蛋糕的制作需要两次用到烤箱，所以该商品在时长仅 68 秒的视频中得到了两次曝光。同时，由于使用烤箱是制作蛋糕必须的流程，而且其参数设置也影响着蛋糕最终的制作效果，因此观众在看到有关烤箱的操作时，也不会感觉有突兀之处了。

▲ 图 55

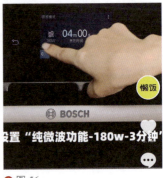
▲ 图 56

有意识地延长商品出镜时间

创作任何形式的带货短视频，都必须在最短的时间内，完成内容的输出。因为一旦其中有任何拖沓，观众就可能去观看其他短视频。

如果按照短视频应有的节奏进行剪辑，那么商品可能在短视频中一闪而过，这样肯定是不行的。在使用产品时，要有意识地延长其在短视频中出现的时间。这样不仅可以通过时长吸引观众对商品的注意，还可以通过节奏的变化（因为商品出现时节奏突然变慢了），让观众意识到内容创作者在推广这个产品。

比如，"铭哥说美食"在一条介绍虾仁蒸日本豆腐这道菜的短视频中，植入了一个番茄汁广告。该番茄汁其实只是这道菜的调味品之一。按照短视频的节奏，调味品都是很快带过的。但在番茄汁这里，不仅在字幕和口播中强调"重点是这个番茄汁"，还连续用了两个镜头来表现倒入番茄汁的画面，如图 57 和图 58 所示，成功吸引了观众的注意力，给人一种"只要有了这款番茄汁，我也能做出这道菜"的感觉。

▲ 图 57

▲ 图 58

通过不经意间的语言点出商品的优势

很多带货短视频在介绍商品时都会有一种"背书"的感觉，就是直接说有多么好用，多么有效果。这种方式当然可以既全面又明显地让观众知道商品的优势，但缺点在于太过生硬。而一些"不经意间"的语言，虽然可能让部分观众忽略，但对于那些注意到"这句话"的观众，则会有很好的宣传效果。

比如，在抖音号"伯爵私厨"发布的介绍球状芒果冰饮的制作方法的短视频中，植入了小熊榨汁机的商品广告。虽然将芒果榨成汁只是半成品，如图59所示，但此时内容创作者说了一句"懒的话，这样就能直接喝了"。这句话其实在不经意间透露出了这款榨汁机"即榨即喝"，榨汁机本身又可以当作一个水杯的特点。凡是"想偷懒"的观众，一旦注意到这句话，就会对该商品产生一定的兴趣。

▲图 59

为观众留下评论的空间

一条优质的带货短视频往往可以引发观众在评论区进行讨论。而有些时候，评论区中的内容可能起到比视频本身更好的带货效果。为了让观众产生对产品进行评论的欲望，往往需要在发布的短视频中留下槽点，或者说是评论空间。营造"评论空间"的方式有很多种，比如加入一些有不同观点的话题，像摄影类的短视频就可以引入"照片该不该做后期处理"这一话题。

如图60所示为抖音号"钟小棵摄影"发布的展示如何拍头发油油的女孩儿的短视频。在该条短视频中，先介绍了一种方法，紧接着植入洗发水的广告，最后，当自己的假发不小心掉落时结束此短视频。

这样就为观众留下了一个槽点——没头发的人卖洗发水。对于这个槽点，势必会有人讨论这样做合不合适，如图61所示。但是，其实无论合适不合适，只要观众讨论了，宣传的目的就达到了。

▲图 60

▲图 61

在抖音中发布图文内容

抖音图文是什么

抖音图文是一种只需要发图并编写配图文字，即可获得与视频相同推荐流量的内容创作形式，视觉效果类于自动翻页的 PPT。对于不擅于制作视频的内容创作者来说，抖音图文大大降低了创作门槛，其目的是抢夺以图文为主的微信公众号流量。

在抖音中搜索"抖音图文来了"，即可找到相关话题，如图 62 所示。点击话题后，可以查看官方认可的示范视频，并按同样的方式进行创作，如图 63 所示。

目前图文还属于抖音扶持期，在流量上有一定政策倾斜。

图 62

图 63

抖音图文创作要点

抖音图文的形式特别适合于表现总结、展示类内容，如菜谱、拍摄技巧、常用化妆眉笔色号等内容。

因此，在创作时要注意以下几个要点。

1. 图片精美，且张数不要少于 6 张为宜，否则内容略显示单薄。

2. 一定要配合适的背景音乐，以弥补画面动感不足缺点。

3. 视频标题要尽量将内容干货写全，例如，如图 64 所示的图文讲解的饼干的制作配方，标题用大量文字讲解了配方与制作方法。

4. 发布内容时，一定要加上话题#抖音图文来了。因为，在前期推广阶段，此类内容有流量扶持政策。

5. 如果要在图片上添加文字，一定要考虑阅读时的辨识性，例如，如图 65 所示的图片上文字就略显有些多了。

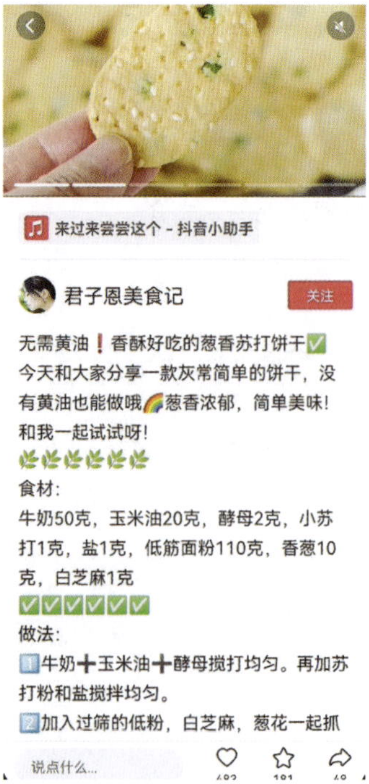

图 64

图 65

用抖音话题增加曝光率

什么是话题

在抖音视频标题中，# 符号后面的文字被称为话题，其作用是便于抖音归类视频，观众在点击话题后，可浏览同类话题视频，如图 66 所示的标题中有健身话题。

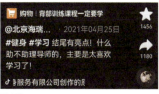

▲ 图 66

为什么要添加话题

添加话题有以下 2 个好处。

1. 便于抖音精准推送视频，由于话题是较重要的关键词，因此，当抖音会依据视频标题中的话题，将其推送给浏览过此类话题的人群。

2. 便于获得搜索浏览，当观众在抖音搜索某一个话题时，添加此话题的视频均会显示的视频列表中，如图 67 所示。

如何添加话题

在手机端与电脑端均可以添加话题。两者的区别是，在电脑端添加话题时，系统推荐的话题更多、信息更全面，这与手机屏幕较小，显示太多信息会干扰发布视频的操作有一定关系。

▲ 图 67

在电脑端抖音创作服务 平台上传一个视频后，抖音会根据视频中的字幕与声音自动推荐若干个标题。由于推荐的话题大多数情况下不够精准，所以，可以输入视频的关键词，以查看更多多推荐话题。

话题选择技巧

在添加时，不建议选择播放量已经十分巨大的话题。除非对自己的视频质量有十足信息。播放量巨大的话题，意味着与此相关的视频数量极为庞大，即使有观众通过搜索找到了话题，看到自己视频的概率也比较小。与其如此，不如选择播放量级还在数十万或数万的同类话题，既能够起到为视频分类的目的，还可以增加曝光概率。

话题创建技巧

虽然，抖音上的内容已经极其丰富，但仍然存在大量空白话题，所以，可以创建与自己视频内容相关的话题。

例如，笔者创建了一个"相机视频说明书"的话题，并在每次发布相关视频时，都添加此话题，经过半个月运营，话题播放量达到了近 140 万，如图 68 所示。

与此原理相同，还可以通过地域 + 行业的形式创建话题，并通过不断发布视频，使话题成为当地用户的一个搜索入口。

▲ 图 68

让背景音乐匹配视频的 4 个关键点

情绪匹配

如果视频主题是气氛轻松愉快的朋友聚会，背景的音乐显然不应该是比较悲伤或者太过激昂的音乐，而应该是轻松愉快的钢琴曲或者是流行音乐，如图 69 所示。在情绪的匹配方面，大部分创作者其实都不会出现明显的失误。

这里的误区在于有一些音乐具有多重情绪，至于会激发听众哪一种情绪，取决于听众当时的心情。所以对于这一类音乐，如果没有明确的把握，应该避免使用，应该多使用那种情绪倾向非常明确的背景音乐。

▲ 图 69

节奏匹配

所有的音乐都有非常明显的节奏和旋律，在为视频匹配音乐的时候，最好通过选择或者后期剪辑的技术，使音乐的节奏与视频画面的运镜或镜头切换节奏相匹配。

这方面最典型的案例就是在抖音上火爆的卡点短视频。所有能够火爆的卡点短视频，都能够使视频画面完美匹配音乐节奏，随着音乐变化切换视频画面，图 70 所示为可以直接使用的剪映卡点模板视频。

▲ 图 70

高潮匹配

几乎每一首音乐都有旋律上的高潮部分，在选择背景音乐时，如果音乐时长超过了视频时长。那么，如果从头播放音乐，则音乐还没有到最好听的高潮部分，视频就已经结束了。这样显然起不到用背景音乐为视频增光添彩的作用，所以在这种情况下要在后期编辑软件中对音乐进行截取，使音乐高潮部分与视频的画面或情绪、动作、情节等转折部分相匹配。

风格匹配

简单来说就是背景音乐的风格匹配视频的时代感，例如一个无论是场景还是出镜人物都非常时尚的短视频，显然不应该用古风背景音乐。

古风类视频与古风背景音乐显然更加协调，如图 71 所示。

▲ 图 71

制作视频封面的 5 个关键点

充分认识封面作用

如前所述,一个典型粉丝的关注路径是,看到视频——点击头像打开主页——查看账号简介——查看视频列表——点击关注。

在这个操作路径中,主页装修质量在很大程度上决定了粉丝是否要关注此账号,因此,每一个创作者都必须格外注意自己视频的封面在主页上的呈现效果。

整洁美观是最低要求,如图 72 所示,如果能够给人个性化的独特感受则更是加分项。

▲ 图 72

抖音封面的尺寸

如果视频是横画幅,则对应的封面尺寸最好是 1920 像素 ×1080 像素。如果是竖画幅,则应该是 1080 像素 ×1920 像素。

封面的动静类型

抖音视频的封面有动态与静止两种类型。

- 动态封面,如果在手机端发布短视频,点击"编辑封面"选项后,可以在视频现有画面中进行选择,如图 73 所示,生成动态封面。这种封面会使主页显得非常零乱,不推荐使用。

▲ 图 73

- 静止封面,如果通过电脑端的"抖音创作服务平台"进行视频上传,则可以通过上传封面的方法制作出风格独特或、有个人头像的封面,这样的封面有利于塑造个人 IP 形象,如图 74 所示。

封面的文字标题

在上面的示例中,封面均有整齐的文字标题,但实际上,并不是所有抖音视频都需要在封面上设计标题。对于一些记录生活搞笑片断式内容的账号,或以直播片断为主要内容的抖音账号,主页的视频大多数都没有也不必有文字标题。

如何制作个性封面

有设计能力的创作者,除可使用 PS 外,还可以考虑使用类似稿定设计 https://www.gaoding.com/,创客贴 https://www.chuangkit.com/,包图网 https://ibaotu.com/ 等,可提供设计源文件的网站,通过修改设计源文件制作出个性封面。

▲ 图 74

第 5 章

快速成长——通过运营实现短视频流量高速增长

理解短视频平台的推荐算法

有些人做了很多短视频，突然有一天出现了一条观看量上千万的爆款。当按照同样的思路再去做短视频时，却没有爆款出现。这时就会产生一个疑问："为什么爆款无法进行批量复制？"

要回答这个问题，就必须从短视频平台的推荐算法说起。

当你发布一条短视频以后，首先平台会按照这条短视频的分类，将其推送给可能会对这条短视频感兴趣的一部分人。例如，一个人发布了一条搞笑带货短视频，此时平台就会从他的用户库随机找到 500 个对搞笑短视频感兴趣的人群进行推送。如果这 500 个用户对这条搞笑短视频都非常感兴趣，不仅看完了整条短视频，而且还会与短视频的发布者进行热烈的讨论、互动，并进行点赞和转发。此时，平台就会认为这是一条优质的短视频，从而把它推送到下一个流量池，这个流量池可能就是 3000 个对搞笑短视频感兴趣的人，如图 1 所示。

此时会出现两种情况，一种是这 3000 个人中的大部分不仅看完了整条短视频，而且还与短视频的发布者进行热烈讨论，并进行点赞、转发和收藏，那么这条短视频将会被推荐到下一个更大的流量池，比如说 5 万这样的级别，并且按照同样的逻辑进行下一次的分发，最终可能出现一个流量达到数千万级别的爆款短视频；但如果在 3000 人的流量池中，大部分人没有看完这条短视频，而且不会与短视频的发布者产生互动，并进行转发和收藏，那么这条短视频就不会被再次推送，因此它的浏览量也就止步于 3000。

当然，这里只是简单地模拟了各个短视频平台的推荐流程。实际上，在这个推荐流程中，还涉及很多技术性参数和操作技巧。但是，通过这个流程我们基本上能够明白，一条短视频在发布初期，用户的观看操作，如是否看完、是否点赞、是否转发、是否评论、是否收藏等，直接关系到这条短视频能否成为一个爆款，如图 2 所示。因此，短视频能否成为爆款是存在一定偶然性的。

比如，精心制作了一条短视频，在刚发布时，由于时间点选择得不太好，大家都在忙别的事情，导致没有时间去仔细观看而匆匆划过。那么即便内容再好，也不会成为爆款。

▲图 1 随着流量池的不断扩大，就可能出现点赞百万级的视频

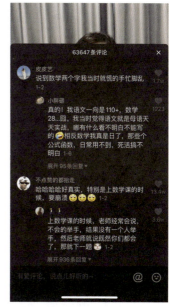

▲图 2 大量的评论也可以为视频带来更高的推荐量

理解短视频上热门的核心逻辑

很多短视频高手都明白一个道理,那就是如果希望自己的短视频获得更多的点赞、收藏及转发,所拍摄的短视频必须是优质的。

给予用户价值的才是优质的短视频

什么样的短视频才算是优质的短视频,是画面足够好看?颜色足够漂亮?还是短视频中的主角颜值足够高?其实这些都不是。

优质短视频的核心要点是能给予用户价值,甚至是超预期的价值。比如图3所示的内容就满足了观众的猎奇心理,拓宽了知识面。

从本质上说,所有自媒体存在的基础其实都是一种价值交换,无论是文章还是视频,作者给予的是有价值的信息,用户给出的是自己的关注度及阅读时长,也就是他们的关注、阅读、点赞、收藏等操作,这些操作本身就已经形成了一种价值。

这是所有自媒体变现的基础。

▲图3

换位思考判断内容是否有价值

所谓"换位思考",就是将自己当成一个粉丝。如果这个问题的答案不能够说服自己,则建议不要创作这条短视频。

这种换位思考的方法其实非常重要,否则创作短视频就是一种自嗨的过程,自以为创作的短视频非常棒,应该有很多人点赞、收藏和关注,但是发布出去以后却数据惨淡。

这个道理不仅适用于短视频创作,还适用于所有的产品创意、设计与制作。

例如,笔者曾经推出过一个用Photoshop对照片进行加工处理的课程,虽然在开发时大家感觉这个课程效果丰富、技术巧妙,一定会叫好又叫座。但推出市场后反响却很一般,这就属于典型的自嗨式开发,没有站在用户的角度去考虑。

所以,从某种角度上说,能否站在用户的角度考虑问题,也是产品设计、创作人员功力的体现。有人曾经说自己7秒能够变成一个小白,以小白的角度去看的设计是否合理。

因此,与其去学习那些花哨的镜头运用技巧、转场技巧、特效技巧,不如真真正正、踏踏实实地研究一下,自己创作的短视频能够为粉丝带来什么样的核心价值,并且采用换位思考的方法,想一想这个价值是否是目标群体所需要的。

在垂直分类下不断创新

一些内容创作者会遇到明明能够给予用户价值，但短视频却依然反响平平的情况。这种情况出现的原因往往是抖音系统没有对短视频进行有效推送。

需要强调的是，一旦你发布了短视频，抖音会通过人工智能模型自动识别短视频的画面、标题及关键词，判断内容是否违规，以及所属的类别，并与大数据库中的内容进行匹配消重。

在此阶段，无论是内容违规还是内容与账号标签不符，或者内容与大数据库中的内容重复，都会导致短视频被限流甚至被禁止发布，如图4所示。

因此，即便短视频能够给予用户价值，在抖音自动检测时没有"过关"，别说高流

▲ 图 4

量了，哪怕是正常流量（200~300播放量）都无法达到。

为了让视频能够正常进入流量池，并且保有成为爆款的"资格"，就必须在垂直分类下不断寻求内容上的创新。这样，在抖音自动检测时，才会准确定位短视频的内容，推送给目标人群。同时，由于内容上的创新，以及不错的质量，可以获得较高的基础分，得到较高的初始流量，因此上热门的机会更大。

用这3个方法提升短视频完播率

认识短视频完播率

一条短视频要想获得更多流量，完播率是非常重要的，这是内容创作者必须关注的一个数据指标。那么，什么是完播率呢？

如果直接说某条短视频的完播率，就是指"看完"这个视频的人，占所有"看到"这条短视频的人的比值。但随着短视频运营的精细化，关注不同时间点的完播率其实更为重要，比如"5秒完播率""10秒完播率"等。

当将一条短视频所有时间点的完播率汇总起来后，就会形成一条曲线，即完播率曲线。点击曲线上的不同位置，就可以显示出当前时间点的完播率，即"该时间点的观众占所有观众的百分比"，如图5所示。

如果该视条短视频的完播率曲线整体处于同时长热门短视频的完播率曲线（蓝色）上方，则证明这条短视频比大多数热门短视频都更受欢迎，自然也会获得更多的流量倾斜。相反，如果该曲线处于蓝色曲线下方，则证明完播率较低，需要找到完播率大幅降低的时间点，并对内容进行改良，争取留住观众，整体提升完播率曲线。

值得一提的是，完播率曲线会根据短视频的播放量进行更

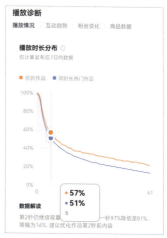

▲ 图 5

新，尤其是刚发布短视频时，因为播放量增长非常迅速，所以完播率曲线的变化幅度可能较大，但当流量稳定后，完播率曲线就基本稳定了。

方法一：尽量缩短视频时长

可以想象一下，一条 10 分钟的视频和一条 10 秒钟的视频，哪一条视频的完播率更高呢？很显然是 10 秒钟的视频。

对于平台而言，时间的长短并不是判断一条视频是否优质的指标，长视频也可能是注了水的，而短视频也可能是满满的干货，所以长短对于平台来说没有任何意义，完播率对平台来说才是比较重要的判断依据。

在创作视频时，10 秒钟能够讲清楚的事情，能够表现清楚的情节，绝对不要拖成 12 秒，哪怕多一秒钟，完播率就可能下降 1/100。

抖音刚刚上线时，视频最长只有 15 秒，但即使只有 15 秒，也成就了许多视频大号，因此 15 秒其实就是许多视频的最长时长，甚至很多爆款视频的时长只有 7～8 秒。

如图 6 所示是通过吸引观众玩游戏来获得收益的视频，其时长只有 8 秒，力求通过最短的时间展现游戏的趣味。当然，对于很多类型的视频，如教程类或知识分享类，可能无法让人在 1 分钟之内完成整个教学，那么提升完播率对于这样的视频来说，可能相对困难一些。但是，也并不是完全没有方法。比如，很多视频会采取这样的方法，即在视频的开始，采用口头表达的方法告诉观看的粉丝，在视频的中间及最后会有一些福利赠送给大家，这些福利基本上都是一些可以在网上搜索到的资料，也就是说是零成本，用这个方法吸引粉丝看到最后。

图 6

也可以将长视频分剪成 2～3 段，在剪映中通过"分割"工具即可实现，如图 7 所示。当然，每一段都要增加前情回顾或未完待续。

另一个方法就是在开头告诉大家，一共要讲几个点，如果的确是干货，大家就会等着把你的内容全部看完。

同时，在画面中也可以有数据体现，比如一共要分享 6 个点，就在屏幕上面分成 6 行，然后数字从 1 写到 6。每讲一个点，就把内容填充到对应的数字后面。

方法二：因果倒置

所谓因果倒置，其实就是倒叙的方法。这种表述方法无论是在短视频创作中还是在电影的创作过程中都十分常见。

图 7

例如，我们经常在电影中看到，刚开始就是一个非常紧张的情节，比如某个人被袭击，然后采取字幕的方法，将时间向回调几年或某一段时间，再从头开始讲述这件事情的来龙去脉。

在创作短视频时，其实可以使用相同办法，短视频刚开始时，首先抛出结果。比如图8所示的，"一条视频卖出快200万的货，抖音电商太强大了"。把这个结果（或效果）表述清楚以后，充分调动粉丝的好奇心，然后再从头讲述。

因此，在创作短视频时，抓住"生死4秒钟"。也就是说，在4秒钟之内，如果你没有抓住粉丝的关注力，没有吸引到他的注意力，那么粉丝就会向上或者向下滑屏，跳转到另外一条短视频。

在4秒钟之内一定要把结果抛出来，或者提出一个问题。比如，大家在炒鸡蛋的时候，鸡蛋总是有股腥味，怎样才能用最简单的方法去除这股腥味？这就是一个悬疑式的问题，如果观众对这个话题比较感兴趣，就一定会继续往下观看。

图8

方法三：表现新颖

无论现在正在听的故事还是正在看的电影，其中发生的事情在其他的短视频或电影中都已经看过了。那么，为什么人们还会去听、去看呢？就是因为他们表现的画面和风格是新颖的。

在创作一条短视频时，一定要想一想是否能够运用更新鲜的表现手法或者创意来提高短视频的完播率。

如图9所示就是通过一种新奇的方式来自拍的，自然会吸引观众进行观看。

当然，也不要将注意力完全聚焦在画面的表现形式上，有时使用当前火爆的背景音乐也能提高短视频的完播率。

在这方面电影行业已经有非常典型的案例，就是《满城尽带黄金甲》。这部电影的片尾曲用的是周杰伦演唱的《菊花台》，以往当电影结束时，只要字幕开始上升，大部分观众基本上就会离开观众席。但是，这部电影片尾曲响起来时，绝大部分观众还安静地坐在观众席上，直到播放完这首歌曲。

在这里需要对新手特别强调一下，当你在大号上发布一条短视频以后，许多新手的固定动作是发布一段时间后，用自己的小号去查看一下整条短视频的展现效果。

这个时候，用小号观看自己的短视频时，一定要看完，尤其是用自己的两个甚至是3个小号去观看时，而且进行点赞、转发和评论。因为当一你发布一条短视频以后，每个用户的操作对这条短视频是否能够进入到下一季流量池，实际上都是有比较大的影响的。

图9

用 3 个方法提升短视频互动率

认识短视频互动率

短视频的互动率就是指当发布短视频以后，有多少粉丝愿意在评论区进行评论交流。

很显然，一条好的短视频往往能够引起观众或者粉丝的共鸣，因此一条短视频的互动率越高，也从一个层面上表示这条短视频的质量比较高。从平台这个层面来看，互动率越高的视频粉丝的黏性也越高，因此这样的短视频就会被平台推荐给更多的粉丝。

那么，如何提高短视频的互动率呢？这里分享 3 个方法。

方法一：用观点引发讨论

这个方法是指在视频里提出观点，引导粉丝进行评论。比如，可以在短视频中这样说："关于×××问题，我的看法是这样的。不知道大家有没有别的看法，欢迎在评论区与我进行互动交流。"

在这里，要衡量自己的观点或者自己准备的那些评论，是否能够引起讨论。例如，在摄影行业里，大家经常会争论摄影前期和后期哪个更重要，以此为主题策划一期视频，定然会有很多观众进行评论，如图 10 所示。

又比如，佳能相机是否比尼康相机好，索尼的摄影功能是否比佳能的强大？去亲戚家拜访能否空着手？女方是否应该收彩礼钱？结婚是不是一定要先有房子？中美基础教育哪个更强？这些问题首先是关注度很高，其次本身也没有什么特别标准的答案，因此能够引起大家的讨论。

▲图 10

方法二：利用神评论引发讨论

首先自己准备几条神评论。当你发布短视频一段时间之后，利用自己的小号发布这些神评论，引导其他粉丝在这些评论下进行跟帖交流。这个操作就好像在观看一些现场的综艺节目时，观众在什么时候应该鼓掌，实际上都是有一些工作人员进行指导的。所以，只要所准备的评论足够有料，其他愿意分享和交流的粉丝就会在评论底下进行回复或者跟帖。实际上，大家也能够从很多视频的评论区看到，有的视频评论区甚至比视频还精彩，如图 11 所示。而有关神评论的素材，则可以在抖音中进行搜索，如图 12 和图 13 所示。

▲ 图 11

▲ 图 12

方法三：卖个破绽诱发讨论

另外，也可以在短视频中故意留下一些破绽。比如，故意拿错什么、故意说错什么或者故意做错什么，从而留下一些能够吐槽的点。

因为绝大部分粉丝都以能够为视频纠错而感到自豪，这是证明他们能力的一个好机会，因此绝不会错过在评论区留下一些评论。当然，这些破绽不能影响短视频整体质量，包括 IP 人设，必须是一些无伤大雅的小破绽。

如图 14 所示为教大家画立体五角星的视频。由于其中透视有些问题，导致线条连不起来，引起了很多观众的讨论。这些讨论对该条短视频能否成为爆款起到了至关重要的作用。

▲ 图 14

用 3 个方法提高短视频点赞量

认识短视频点赞量

在抖音中，所有被点赞的短视频，都可以通过点击右下角的"我"，然后点击"喜欢"重新找到它并再次观看。也就是说，点赞起到了一个收藏的作用，如图 15 和图 16 所示。

对于平台而言，点赞量越高代表这条短视频的价值越大，值得向更多的人推荐。

要提高短视频的点赞量，需要从用户的角度去分析点赞行为背后的原因，并由此出发调整短视频的创作方向、细节及运营的方案。

从大的层面去分析，点赞背后基本有 3 大原因，下面一一分析。

▲ 图 15

▲ 图 16

方法一：让观众有"反复观看"的需求

正如刚才所说的，点赞这种行为有可能是为了方便自己再次观看，此时，点赞起到了收藏的作用。

那么，什么样的短视频才值得被收藏呢？一定是对自己有用的。

这类短视频往往是干货类，其中的内容能够告诉大家一个道理，或者说介绍了一种技术、一种诀窍、一种知识，能够解决大家已经碰到的问题或者可能会碰到的问题。比如，笔者专注的领域是自媒体运营、视频拍摄、摄影及后期制作，因此在这些领域收集了很多小诀窍，如图 17 所示的短视频介绍了后期处理技巧。

要想提高短视频的点赞率，所拍摄的短视频必须解决问题，而且要解决的是大家可能都会碰到的共性问题。比如，北方人都非常喜欢吃面食，在很多美食大号里，制作香辣可口的重庆小面的短视频点赞率都非常高，就是因为这类短视频解决了北方人吃面遇到的一个问题。

在创作视频之初，一定要将每一条短视频的核心点提炼出来，写到纸上并围绕着这个点来拍摄。也就是说，在创作短视频之前，一定要问自己一个问题，创作这条短视频要解决哪些人的什么问题。

▲ 图 17

方法二：认可与鼓励

点赞这种行为，除了为自己收藏那些自己现在或者以后可能用到的知识、素材，也是大家对短视频内容的认可与鼓励。

这种短视频往往是弘扬正能量的。比如，2020年面对新型冠状病毒肺炎疫情，全国各地涌现出了一批可歌可泣、感人至深的英雄事迹。

以钟南山院士为例，只要短视频中涉及钟南山院士，点赞量都非常高，所以这其实是一种态度，是一种认可。

这就提示人们在创作这类短视频时，一定要问自己一个问题，就是这条短视频弘扬的是什么样的正能量。

方法三：情感认同

▲ 图 18

最后一种点赞行为产生的原因是情感认同。无论这条短视频表现出来的情绪是慷慨激昂、热血沸腾，还是低沉忧郁、孤独寂寞，只要观看这条短视频的粉丝的心情恰好与你的短视频要表现的基本相同，那么这个粉丝自然会点赞。

所以，应该在每一个节日、每一个重大事件出现时，发布那些与节日气氛情绪相契合的短视频。

例如，在春节要发布那些喜庆的，在清明节要发布那些缠绵的、阴郁的，在情人节要发布甜蜜的，而在儿童节要发布活泼欢快的。

最后，每一条短视频的最后一句话都应该提醒粉丝，要关注、留言、转发、点赞。实践证明，有这句话比没有这句话的点赞量和关注率会提高很多，如图18所示。

发布短视频也有大学问

短视频制作完成后，就可以发布了。作为短视频制作的最后一个环节，千万不要以为点击"发布视频"按钮后就可以了。发布短视频的时间、发布规律，都对短视频的热度有很大影响。

高流量短视频往往具备天时、地利、人和

抖音上之所以很多人都在说发第二遍会火，其实就是在赌概率。有些人甚至会在发布一个短视频后不火的情况下，把这条短视频删掉（删除操作如图19和图20所示）或者隐藏，然后进行非常小的修改后，再次发布。如果仍然不火，再次修改，再次发布，这种操作可能重复3~4次甚至4~5次。

实际上，从一个娱乐圈的事件就能够看出来，发布时间节点对于短视频是否火爆会产生的影响。经常看娱乐新闻的人可能经常会看到汪峰抢头条这样的新闻。作为知名歌手，汪峰的名气不可谓不大，尤其是他的爱人还是章子怡这样的国际明星。但是，很多次关于他的新闻都没有办法获得娱乐头条，或者说是新闻头

条。就是因为每次出现他的新闻时，总是被一些关注度更大的事件抢占头条，大家的注意力会直接转向那个新闻。

这也提醒内容创作者一定要通过数据分析弄清楚，关注你的短视频的这批人，什么时间会观看你的短视频。

以笔者为例，有一次编辑误操作，将发布时间修改到了下午3点半，结果发现阅读量比平时高。通过一段时间的测试后，我们的推送基本被固定在下午2点至4点，而不是大家通常以为的中午12点或早上8点半。

关于发布时间，还要强调一点，以很高成本精心创作的内容，一定要放在最有可能被自己粉丝用心浏览的时间段发布。例如，从一周时间来看，通常在周一发布任何休闲娱乐类内容，其阅读量和观看量都不会太高；反之，周五、周六则是发布此类内容的更好时机，如图21所示。而在一天之内，也有不同的适合发布短视频的时间段。

另外，还必须调整好心态，当所制作的短视频出现一个或者多个爆款以后，不要指望能够通过同样的操作批量产生爆款，有很大概率，在一个爆款出现之后，第2条、第3条甚至往后若干条短视频的浏览量会急剧下降，这反而是一个非常正常的曲线。

▲ 图19

▲ 图20

▲ 图21

发布短视频时"蹭热点"的两个技巧

不仅制作短视频要紧贴热点，并且在发布短视频时也有两个蹭热点的小技巧。

1. @ 与热点相关的人或官方账号

前面已经提到，@ 抖音小助手可以参与每周热点短视频的评选，一旦被选中即可增加流量。类似的，如果为某条短视频投放了 DOU+，还可以 @DOU+ 小助手。如果短视频足够精彩，还有可能获得额外流量，如图 22 所示。

虽然在大多数情况下，@ 某个人主要是提醒其观看这条短视频。但当 @ 了一位热点人物时，证明该短视频与这位热点人物是相关的，从而借用人物的热度来提高视频的流量，也是一种常用方法。

2. 参与相关话题

所有短视频都有所属的领域，因此参与相关话题的操作几乎是每个短视频创作者在发布短视频时必做的操作。

比如一条山地车速降的短视频，其参与的话题可以是"山地车""速降""极限运动"等，如图 23 所示；而一个做摄影教学短视频的抖音号，其参与的话题可以是"摄影""手机摄影""摄影教学"等，如图 24 所示。

如果不知道自己的短视频参与什么话题能够吸引更多的流量，可以参考同类高点赞短视频参与的话题。

参与话题的方式也非常简单，只需在标题撰写界面点击"#话题"选项，然后输入所要参与的话题即可。

当然，话题也可以更具体一些。比如，最近人们比较关注的"北京新发地"就可以作为一个话题。同时，在界面下方还会出现相似的话题，以及各个话题的热度，如图 25 所示。

图 22

图 23

图 24

图 25

两个技巧找到发布短视频的最佳时间

相信各位读者已经发现，同一类短视频，质量差不多，在不同时间发布时，其播放量、点赞量、评论数等数据均会有明显差异。这也从侧面证明了，发布时间对于一条短视频的流量是有较大影响的。那么，何时发布才能获得更高的流量呢？下面将从周发布时间和日发布时间这两方面进行分析。

从每周发布短视频的时间进行分析

如果可以保证稳定的短视频输出，当然最好从周一到周日，每天都能发布一条甚至两条。但作为个人短视频创作者而言，这个量是很难实现的。那么，就要在一周的时间中有所取舍，在一周中流量较低的那一天就可以选择不发或者少发。

笔者研究了一下粉丝数量在百万以上的抖音号，其在一周中发布短视频的规律，总结出以下3点经验。

（1）周一发布视频频率较低。

究其原因，是由于周一大多数人刚开始一周的新工作，经过周末的放松后，对于娱乐消遣需求降低。

这也是许多公园、博物馆、展馆在周一闭馆的原因。

（2）周六、周日发布短视频的频率较高。

周六、周日这两天，大多数抖音大号的短视频发布频率都比较高。其原因可能在于这两天，大家有更多的时间去消遣，所以打开抖音的概率也会相对较高。

（3）意外发现——周三也适合发布短视频。

经过对大量抖音号的发布频率进行整理后，笔者意外发现很多大号也喜欢在周三发布短视频。这可能是因为周三作为工作日和休息日的中间点，很多人觉得过了周三离休息日就不远了，导致流量也会升高。

但需要特别指出的是，这一规律只适合于大部分粉丝定位于上班族的账号，如果账号定位地退休人员、全职宝妈、务农人员，则需要按本章后面讲解的视频分析方法，具体分析自己在哪一天发布视频会得到得多播放量。

如图26所示为抖音某大号在一周之中各天发布短视频的数量柱形图，部分印证了笔者的分析。

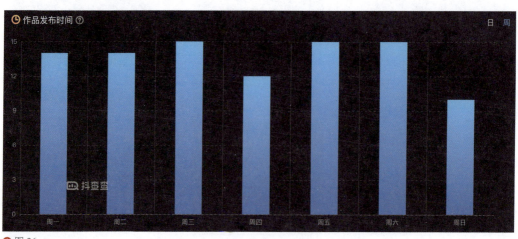

▲图26

从每天发布短视频的时间进行分析

相比每周发布短视频的时间，每天发布的时间其实更为重要。因为在一天的不同时段，用手机刷短视频的人数会有很大区别。最简单的例子，夜间 12 点以后，绝大多数人都已经睡觉了，如果此时发布短视频，肯定是没有什么流量的。

经过笔者对大量头部账号发布短视频的时间进行分析，总结了以下几点经验。

（1）发布短视频的时间主要集中在 17 点~19 点。

大多数头部抖音号都集中在 17 点~19 点这一时间段发布短视频。其原因在于，抖音中的大部分用户都是上班族。而上班族每天最放松的时间应该就是下班后，在地铁上或者公交车上的时间。此时很多人都会刷一刷抖音上那些有趣的短视频，缓解一天的疲劳。比如，搞笑类头部账号"papi 酱"就是在此时段发布短视频的，如图 27 所示。

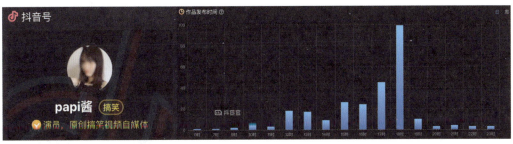

△ 图 27

（2）11 点~13 点也是不错的发布时间。

首先强调一点，抖音上大部分的短视频都是在 17 点~19 点发布的，所以相对来说，其他时间段的视频发布量都比较少。但中午 11 点~13 点这个时间段也算是一个小高峰，会有一些账号选择在这个时间段发布短视频。在这个时间段，同样是上班族休息的时间，可能会利用碎片时间刷一刷短视频。

（3）20 点~22 点更适合教育类、情感类、美食类账号发布视频，如图 28 所示。

17 点~19 点虽然看视频的人多，但大多数都是为了休闲放松一下。而当吃过晚饭后，一些上班族为了提升自己，就会花一些时间看一些教育类的内容；而且在家中的环境也比较安静，更适合学习。晚上也是很好的个人情绪整理时间，因此对于情感类账号非常适合。至于美食类账号，特别适合于在 22 点左右发布，是因为这是大家都认可的宵夜时间。

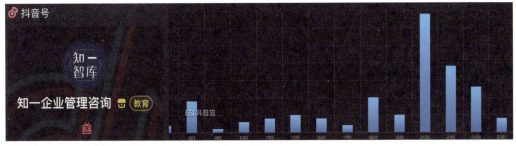

△ 图 28

3 个方法让短视频发布具有规律性

如果想从零起步经营一个抖音号或者快手号,那么持续、有规律地发布短视频是一个基本要求。因为连续、有规律地发布视频有 3 个好处。

1. 培养观众黏性

当每天下午 5 点准时发布短视频时,持续 1 个月左右,你的粉丝就会养成习惯,每天 5 点准时来等着观看最新的短视频。

这也是为何很多短视频大号都会有催更或者抢楼层的留言,就是因为观众对你制作的短视频内容产生了依赖。每天的这个时候就等着你更新,抢先评论,如图 29 所示。如果没有看到你的短视频就觉得好像少了点什么。而这种黏性就是靠规律地、持续地发布优质短视频形成的。

一旦账号具有了这种黏性,即便内容质量有所起伏,也可以在较长一段时间内获得稳定的流量。

▲ 图 29

2. 获得平台推荐

一些账号经营者在最初的一两个星期劲头儿比较足,可能保证每天发布短视频,并且获得不错的流量。但也许因为各种原因,导致内容无法持续输出,当一个月后再发布短视频时,也许流量就会严重降低。

除了在这一个月时间内,粉丝有所流失,更重要的原因在于,当平台监测到你无法稳定地提供内容后,推荐优先级就会降低,导致再发布短视频时的流量不理想。

所以,持续、有规律地发布短视频也有利于获得平台的推荐,提高短视频的流量。

3. 受众特点突出

发布短视频的规律性,指除了发布时间具有一定的规律,发布的内容也要具有一定的规律。短视频经营最忌讳的就是"东一锄头,西一棒子"。要让每一次发布的短视频都属于统一垂直领域,这样所获得的粉丝或者经常看你短视频的观众就会具有鲜明的特点,有着很强的共性。比如,一个美妆类抖音号,每次都发送美妆类的短视频,那么其受众就会主要集中在 20 ~ 40 岁的女性,从而为今后的短视频变现打基础。比如图 30 所示的抖音号"深夜徐老师",不仅其内容垂直度非常高,相似的封面设计也让观众感觉到其风格的突出与统一。

▲ 图 30

短视频发布小技巧

在发布短视频时还有一些小技巧，可以帮助读者获得更多的流量，或者避免一些额外的成本支出。

1. 利用其他平台预告下期短视频内容

前面已经提到过，通过在短视频结尾增加"下集预告"可以获得更多的关注。因为关注以后才能随时查看该账号的最新内容，否则以抖音的推送机制，下次就不一定还能遇见这个账号了。

除此之外，还可以利用微博、微信等平台，对下期短视频内容进行预告。既宣传了自己的账号和短视频，又可以顺势与粉丝进行互动，可谓一举两得。

为了让更多的观众观看短视频，还可以搞一些福利。比如，"今晚更新第23期，视频末尾有神秘礼物等着大家！"

2. 发布短视频前一定记得保存到本地

将短视频保存到本地主要有 3 个好处。

（1）防止丢失。

每一条短视频都是自己劳动的成果，也许在其他地方还会用到，所以要将其保存到本地，可以防止手机上的视频文件因各种原因丢失。

最好将视频文件按照发布时间和标题进行命名再保存。这样当制作了大量短视频后，可以方便搜索、寻找之前录制过的视频。

（2）方便转发到其他平台。

为了让更多的观众看到自己发布的短视频，通常需要将同样的短视频发布在不同的平台上。这时直接将已经保存到本地的短视频上传即可。在计算机中上传视频文件，画质会更高，但需要注意将不同平台的 LOGO 去掉，以免出现无法通过审核的情况。

（3）宣传自己的短视频账号。

以上提到的"保存到本地"是指将制作好的原短视频进行保存、备份。其实将短视频上传到抖音后，可以在抖音界面将其保存到手机。这样做的好处是，短视频左上角会出现抖音号，如图 31 所示。因此，如果将短视频分享到微博或者朋友圈这些平台，还可以宣传一下自己的短视频账号。

▲图 31

3. 在抖音中上传风格统一的封面

一个好看的封面势必会吸引更多观众欣赏自己制作的短视频。为了让自己的短视频更有辨识度，很多创作者都希望使用风格相对统一的封面。但如果是在手机端发布短视频，点击"编辑封面"选项后，只能在短视频现有画面中进行选择，如图 32 所示。这就需要在剪辑短视频时，在其中加入封面所用的图片，但会对内容的连贯性有影响。

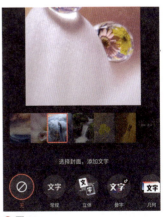

▲图 32

因此，笔者建议通过"抖音创作服务平台"进行上传短视频。具体操作方法如下：

❶ 打开抖音官方网站并登录后，单击界面右上方的"发布视频"按钮，如图33所示。

❷ 上传视频后进入如图34所示的界面，并点击"编辑封面"按钮。

❸ 选择界面上方的"上传封面"按钮，然后上传已经准备好的封面即可，如图35所示。

▲ 图33

▲ 图34

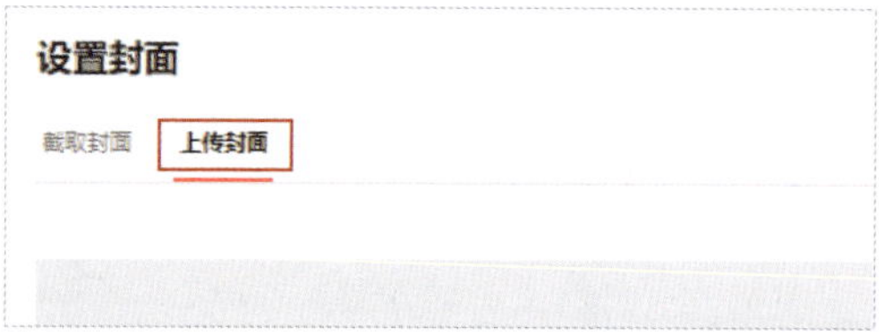

▲ 图35

在抖音官方后台进行基本运营操作

对于自己账号的情况，通过计算机端抖音官方后台即可进行详细数据的查看，从而对目前视频的内容、宣传效果及目标受众具有一定的了解。同时，还可以对账号进行管理。下面首先向各位介绍如何通过抖音官方后台对短视频进行的基本操作。

进入计算机端后台的方法

❶ 打开百度，搜索"抖音"，单击带有官方标志的超链接即可进入抖音官网，如图36所示。

❷ 单击抖音官网首页上方的"创作服务平台"选项，如图37所示。

❸ 登录个人账号后，即可直接进入计算机端后台。默认打开的界面为后台首页，通过左侧选项栏即可选择各个项目进行查看，如图38所示。

▲ 图36

▲ 图37

▲ 图38

了解账号基础数据

在首页中的"数据总览"一栏，可以查看昨日的视频相关数据，包括播放总量、主页访问数、视频点赞数、新增粉丝数、视频评论数、视频分享数 6 大数据，如图 39 所示。

通过这些数据，可以快速了解昨日所发布的短视频的质量。如果昨日没有发布短视频，则可以了解到已发布的短视频带来的持续播放与粉丝转化等情况。

▲ 图 39

对短视频内容进行管理

通过计算机端后台不仅可以发布短视频，还可以单击右侧的"内容管理"选项对短视频进行管理。在该界面中，可以查看所有在抖音发布的商品，并且当将鼠标指针移动到某条具体的短视频上时，可以对该条短视频进行"设置权限""视频指定""删除视频"这 3 种操作，如图 40 所示。

▲ 图 40

设置权限

通过"设置权限"选项可以控制哪些人能够看到这条短视频，以及是否允许观众将这条短视频保存在自己手机中。

一般而言，为了达到流量最大化，"谁可以看"一栏建议设置为"公开"。而对于只为起到备份、保存作用的私密短视频，建议设置为"仅自己可见"。而在"允许他人保存视频"一栏中，考虑到对版权的保护，建议设置为"不允许"，如图 41 所示。需要强调的是，对于爆款短视频而言，设置为"允许"可以让短视频得到更快速、更广泛的传播。

▲ 图 41

视频置顶

将高流量作品进行置顶，可以让进入主页的观众第一时间看到这条短视频，从而以最优质的内容抓住观众，进而让其产生关注该账号的想法。

需要注意的是，抖音可以同时置顶 3 条短视频，并且最后设置为"置顶"的短视频将成为主页的第一条短视频，另外两条短视频则根据置顶顺序依次排列。在计算机端设置 3 条短视频置顶后，手机端显示如图 42 所示。

如果需要取消置顶短视频，在计算机端抖音后台，同样将鼠标指针悬停于这条短视频上，然后点击下方的"取消置顶"按钮即可，如图 43 所示。

图 43

图 42

删除视频

对于一些在发布后引起了较大争议，并出现掉粉现象的短视频要及时删除，避免账号权重降低，影响未来的发展。

对互动进行管理

互动管理包括关注管理、粉丝管理和评论管理。在"关注管理"中，可以查看该账号已关注的所有用户，并可以直接在该页面取消关注，如图 44 所示。

通过"粉丝管理"选项可以查看所有关注自己账号的粉丝，并在该页面可快速回关各粉丝，如图 45 所示。

"评论管理"界面稍微复杂一些。首先要点单右上角的"选择视频"按钮，查看某一条短视频下的评论，如图 46 所示。

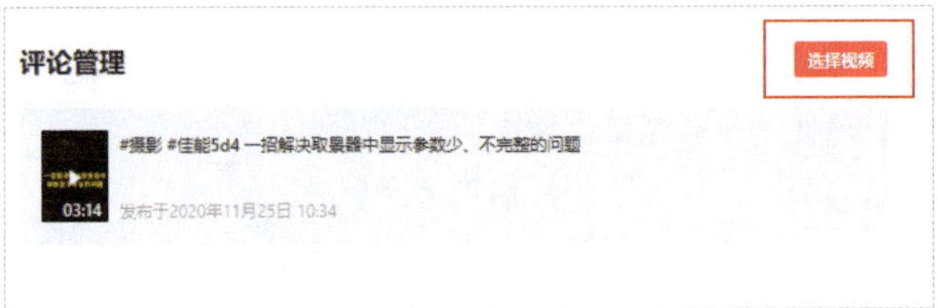

图 44

图 45

图 46

在弹出的列表中，不仅可以看到短视频的封面及标题，还可以直观地看到各条短视频的评论数量，方便选择有评论或者评论数量较多的商品进行查看，如图47所示。

在选择某条短视频后，即在界面下方显示评论，可以对其进行点赞、评论或者删除操作，如图48所示。

▲ 图 48

▲ 图 47

在"数据总览"界面查看详细数据

在计算机端抖音后台左侧边栏选择"视频数据"选项，可以获取更多反映视频热度及目标群体的数据，其中就包括"数据总览"。在"数据总览"界面，可以查看播放数据、互动数据、粉丝数据及收益数据。

分析播放数据

在"播放数据"界面不仅能够查看昨日播放总量，还能够分别查看7天、15天和30天的播放量曲线图。通过该曲线图可以直观地看到该账号在一定时间范围内播放量的发展趋势。如图49所示即为某账号30天的播放量曲线图。

如果视频播放量曲线整体呈上升趋势，则证明目前视频内容及形式符合部分观众的需求。只要不断地提高短视频的质量，则很有可能出现爆款短视频。

如果短视频播放量曲线整体呈下降趋势，则有3种可能。一种可能是短视频质量较低，导致播放量逐渐下降；一种可能是短视频内容的呈现方式有问题，无法提起观众的兴趣；还有一种则是短视频质量及内容呈现方式都有问题，需要多学习相似领域头部账号的内容制作方式，并在此基础上寻求自己的特点。

分析互动数据

在"互动数据"选项卡中可以查看昨日主页访问数、视频点赞数、视频评论数及视频分享数，从而客观地了解观众对新发布的短视频的评价。另外，也可以查看某种互动指标在7天、15天或者30天的变化情况，从而起到辅助判断短视频质量的目的，如图50所示。

通过"互动数据"对内容优劣进行判断要比利用播放量进行判断更有前瞻性。比如，一个抖音号的短视频播放量一直很高，内容也很好，可最近几期短视频质量却比较低。由于观众的浏览习惯会有一定惯性，所以即便短视频质量降低了，播放量很有可能依旧很高，这就对短视频制作者产生了误导，认为观众依然认可自己的短视频。但随着时间的推移，播放量定然会出现下降趋势，此时再发现，损失就会比较大。而"视频点赞数""视频分享数"等互动数据的相比播放量则会更加迅速。只要观众不喜欢当期的短视频，那么在这两个指标上的下降就会迅速表现出来，从而让短视频创作者更快提高警惕，寻找问题所在。

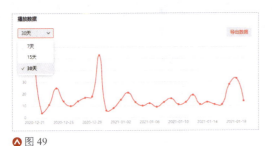

▲ 图 49

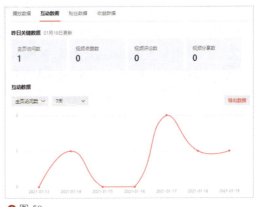

▲ 图 50

分析粉丝数据及收益数据

通过粉丝数据可以查看总粉丝数，以及昨日新增粉丝数。同样，在界面下方也可生成总粉丝数及新增粉丝数在 7 天、15 天、30 天的数据曲线，如图 51 所示。

总粉丝数与新增粉丝数都能反映出短视频内容是否符合观众的胃口。但相对而言，新增粉丝数这一指标的趋势更为关键。

因为只要有新增粉丝，总粉丝数就处于增长的趋势。如果新增粉丝数逐渐降低，总有一天，总粉丝数会出现降低或者维持不变的情况。

所以，一旦新增粉丝数逐渐下降，短视频创作者就要注意。因为这证明内容对观众的吸引力正在逐渐下降。对于刚刚起步的账号而言，出现新增粉丝下降的情况往往是因为内容过时或者呈现方式不够新颖、无新意、质量较低等。此时，建议利用第三方数据平台，找到同领域增粉速度呈上升趋势的账号，找到之间的差距，并根据自己的优势进一步提升短视频质量。

当然，如果自认为短视频内容没有问题，也可以尝试进行 DOU+ 推广，在短时间内积累更多的粉丝，不要因为推广不足导致优质的内容被埋没。

在"收益数据"选项卡中，各位可以查看在抖音平台及西瓜视频平台的收益。单击右侧

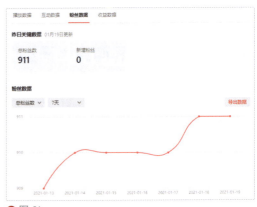

▲ 图 51

▲ 图 52

的"查看补贴明细"选项后，即可进入收益的详细分析界面，如图 52 所示。

如果查看的是西瓜视频平台收益，即可自动跳转到头条号，并显示详细的收入来源。此处的图表相比其他指标要更为全面，不仅能够以天、周、月 3 种时间单位查看收益，同时还显示折线图与柱状图。其中，折线图更有利于

对收益趋势进行分析，而柱状图则能够更直观地体现出哪些时间所发短视频的收益更高，而哪些更低，从而方便我们不断改善内容，提高收益，如图53所示。

▲ 图53

利用作品数据剖析单一短视频

单一短视频数据分析

如果说"数据总览"重在分析短视频内容的整体趋势，那么"作品数据"就是用来对单一短视频进行深度分析的。因此，各位需要首先单击界面右侧的"选择视频"来确定需要查看详细数据的短视频，如图54所示。需要注意的是，该列表中只包含近30天发布的短视频。所以，30天以前发布的短视频就无法通过后台查看详细数据了。

▲ 图54

正如上文所说，作品数据与数据总览的区别在于"个别"与"整体"，所以在该选项卡中，同样包含播放量、互动量等指标，其中的相似之处就不再赘述。需要重点关注的是其独有的完播率与平均播放时长，如图55所示。

通过播放完成率（完播率）可以分析出当前短视频的内容是否紧凑，是否可以一直吸引观众看完。需要注意的是，由于抖音平台主打短视频，所以绝大部分受众都是利用碎片时间浏览的，那么时长较长的短视频往往完播率会很低。这就需要短视频创作者对症下药，在提高短视频趣味性的同时，还要注意控制单条短视频的时长。对于时长较长的短视频，则建议分段上传，以符合受众需求。

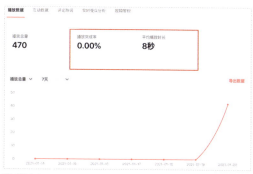
▲ 图55

而"平均播放时长"这一指标则在很大程度上说明了短视频开头最重要的5秒能否抓住观众。同样以图55中的数据为例，其平均播放时间仅有8秒，证明短视频的开头并没有引起观众的兴趣。

通过"粉丝画像"更有针对性地制作内容

作为短视频创作者，除了需要了解内容是否吸引人，还需要了解吸引到了哪些人，从而根据主要目标受众，有针对性地改良短视频的创作。而"粉丝画像"其实就是对观众的性别、年龄、所在地域及观看设备等指标进行统计，从而让短视频创作者了解粉丝都是哪些人。

性别与年龄数据

通过"粉丝画像"中展示的性别分布及年龄分布，就可以大致判断出受众人群的特点。比如，在图56和图57分别展示的性别分布和年龄分布中可以得出该账号的受众主要为中老年男性。因为在性别分布中，男性观众占据了67%，这个数据很直观，无须过多分析。

在年龄分布中，31~40岁、41~50岁及50岁以上的观众加在一起，其数量接近70%，所以能够得出中老年是该账号的主要受众。

根据此点，在制作短视频时，就要避免过于流行、新潮的元素。因为中老年人往往对这些事物不感兴趣，甚至有些排斥。

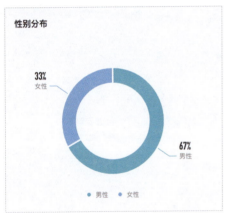

▲ 图56

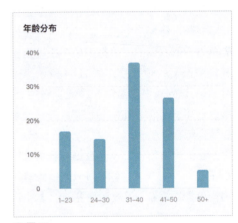

▲ 图57

地域分布数据

通过地域分布数据，可以了解到粉丝大多处于哪些省份（如图23所示），从而避免在制作的短视频中出现主要受众完全不了解或者没兴趣的事物。

比如，在地域分布中发现大多数观众都处于我国南部，那么作为一个摄影类账号，在介绍雪景拍摄的相关内容时，其播放量势必会有所下降。

以图58为例，当发现相当多的粉丝集中在广东、山东、江苏、浙江等沿海省份时，作为摄影号，在介绍海景摄影相关内容时，其播放量表现就会相对更好。

其他数据

在“粉丝画像”这一栏中还有设备分布、粉丝兴趣分布、粉丝关注热词等数据统计。各位可以从中更全面地了解受众，并制订内容录制计划。

需要注意的是，一些数据看似意义不大，其实可以从中挖掘出更多潜在的突破口。就以“粉丝兴趣分布”为例，如图 59 所示的是一个摄影账号的粉丝兴趣分布，其中对拍摄感兴趣的粉丝达到了 78.18%，这个数据其实就没有太大的作用。因为作为摄影类账号，其观众大部分对拍摄感兴趣是理所当然的。但重点在于有近 35% 的观众对“生活”感兴趣。

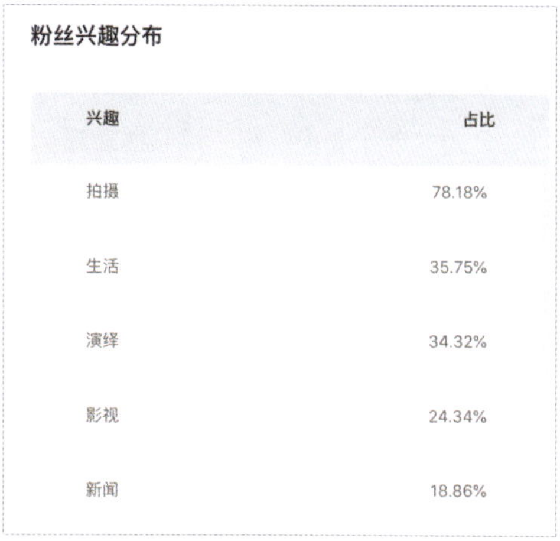
粉丝兴趣分布

兴趣	占比
拍摄	78.18%
生活	35.75%
演绎	34.32%
影视	24.34%
新闻	18.86%

图 59

从这一点就可以发现，热爱摄影的人，往往也热爱生活。那么，在制作摄影类短视频时，建议多介绍与生活相关的拍摄题材，比如人像摄影、静物摄影、花卉摄影等。因为这些题材都是在生活中人们经常拍摄的。如果你介绍商业摄影、介绍棚拍、介绍新闻摄影，那么很有可能没有很高的播放量。

其余可在“粉丝画像”一栏中查看的数据如图 60 ~ 图 62 所示。

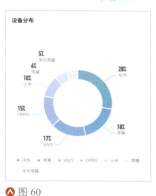

图 60

粉丝关注热词

兴趣	占比
助手	4.54%
抖音	4.18%
视频	1.49%
喜欢	1.42%
孩子	1.35%

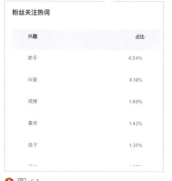

图 61

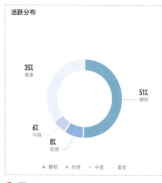

图 62

利用“创作周报”激励自己不断进步

“创作周报”就好像是抖音为你自动生成的“工作总结”，从而让你每周都能了解目前账号的成长情况。需要注意的是，平台只会为你保留近两个月的创作周报，超过时限的周报将无法查看。点击图 63 右侧的“立即查看”按钮即可浏览周报的详细内容。

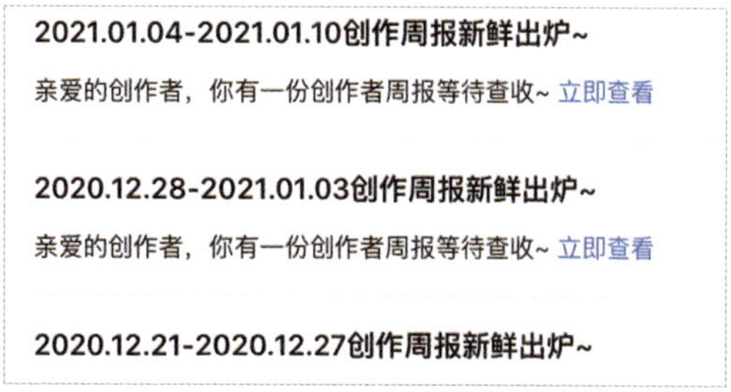

图 63

上周创作排名

在周报中,最醒目的就是"上周创作排名"。排名分为"创作表现"和"视频播放量",如图64所示。通过这两个排名可以看出账号的"相对"成长趋势。所谓"相对",就是与别的账号相比,创作量及播放量是加速增长还是减速增长。

当这两个数据低于50%时,就说明更多的账号成长速度比你的账号快。久而久之,你的账号就会被别人甩开,不具备竞争力。

当这两个数据均高于50%的时候,说明你的账号处于中上游的成长速度,只要保持下去,

▲图 64

就能够超越更多的人,逐渐成长为头部账号。这也是为何说"创作周报"可以激励创作者不断进步。因为在与别人的竞争、比较当中,一旦松懈,原地踏步,就会在数据上直观呈现出一个事实——你在被更多的人超越。

上周关键数据

"上周创作排名"是与别人比,而"上周关键数据"则是和自己比。

上周关键数据各个数值右下角显示了增加或减少的百分比,代表的是上周该数据与上上周的该数据相比增加或减少了多少。如图65所示,其数值均为红色,证明该账号的"增长速度"处于上升趋势。如图66所示,其数值为绿色,不代表上周没有增长,而是指"增长速度"与上上周相比下降了。长此以往,总有一天会出现零增长的情况。这些数据相当于为视频创作者敲响了警钟。

▲图 65

▲图 66

上周表现最佳视频

在"创作周报"界面中,抖音平台会根据点赞、播放、分享、评论等指标综合判断出上周所发视频中表现最佳的一个,如图67所示。从而让视频创作者以最优质视频为基础,确定今后视频内容的发展方向,并继续打磨,呈现更高质量的内容。

▲图 67

利用“重点关注”向别人学习

对于刚刚起步的抖音账号，有很多地方都需要向同领域的头部账号学习。虽然在这一点上，抖音官方后台的功能比较薄弱，但却可以通过“重点关注”一栏，添加关注的账号，并快速浏览刚刚发布的，与自己领域相同的视频。

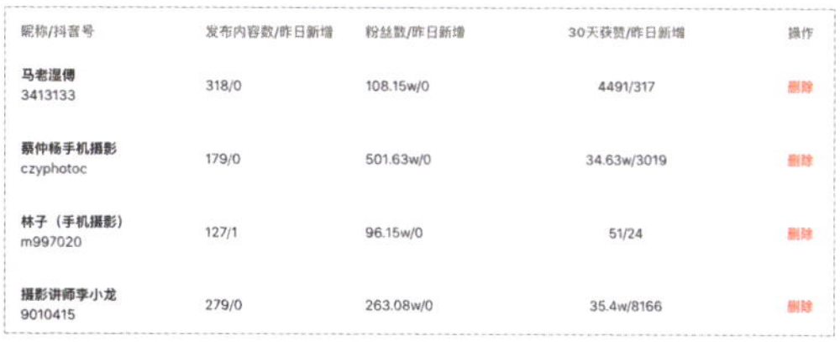

昵称/抖音号	发布内容数/昨日新增	粉丝数/昨日新增	30天获赞/昨日新增	操作
马老湿傅 3413133	318/0	108.15w/0	4491/317	删除
蔡仲畅手机摄影 czyphotoc	179/0	501.63w/0	34.63w/3019	删除
林子（手机摄影） m997020	127/1	96.15w/0	51/24	删除
摄影讲师李小龙 9010415	279/0	263.08w/0	35.4w/8166	删除

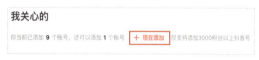

图 68

利用“我关心的”添加头部账号

点击“重点关注”一栏中“我关心的”选项，在该界面中可以看到已关注账号的相关数据，如图 68 所示。对于一些昨日新增特别高的账号，大家可以在手机端看一看什么内容如此受欢迎，从而第一时间抓住领域内的热点。

图 69

通过点击界面上方的“现在添加”字样，如图 69 所示，即可添加希望关注的账号。

在添加账号时需要注意两点：

（1）一共只能添加 10 个关注的账号，尽量选择添加那些头部大号。

（2）添加关注的账号需要知道其“抖音号”，不是“昵称”。可以在手机端的关注列表中点击某账号后，在其昵称下方可以查看抖音号。如图 70 所示，“某带货主播”下方的“166902759”即为抖音号。

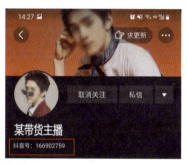

图 70

通过“与我相关”浏览最新视频

点击“重点关注”一栏中的“与我相关”选项，即可在该界面中查看与自己所发视频领域相近的、最新发布的视频。如图 71 所示为一摄影类抖音号在“与我相关”界面中接收到的视频，通过此图可以发现其中几乎都有“手机摄影”关键词。点击右侧红框内的视频，即可观看视频内容。

头像	用户名称/发布时间	标题	相关视频
	军军（摄影达人） 2021年1月21日 13:31:04	你喜欢那个赛罗奥特曼形态呢？#学生党 #手机摄影 #00后 #创作灵感 #奥特曼 @DOU+小助手	
	没没萝了卜 2021年1月21日 12:54:04	“煲仔饭到底煲的哪个仔 怎么这么好吃？”#plog #记录生活 #手机摄影	
	微机数码 2021年1月21日 12:14:51	这一波库ke表现优秀吗？你给他打多少分#苹果手机 #苹果新功能 #数码科技	
	安稳（手机摄影） 2021年1月21日 11:46:08	#轻而易剪 @剪映 智能扣像、学会了嘛#手机摄影 #教程 #是时候牛气一回 #10后 #创作灵感	

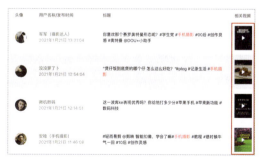

图 71

通过手机端后台进行数据分析

除了可以在计算机端看到一系列视频数据,其实在手机端,抖音也为用户准备了丰富的视频数据,甚至一些数据在计算机端后台是看不到的,以供内容创作者、运营者找到视频存在的问题,并有针对性地在运营上寻求改变。

找到手机端的视频数据

在手机端查看视频数据的方法非常简单,只需以下两步:

❶ 浏览想要查看数据的视频,点击界面右下角的"图标"图标,如图72所示。

❷ 在弹出的界面中点击"数据分析",即可查看数据,如图73所示。

△ 图 72

△ 图 73

找到与同类热门视频的差距

进入到数据界面后,首先看到的是该视频与热门视频不同时间观众留存的曲线对比,如图74所示。通过该对比图可以直观地看出自己的视频与同类热门视频相比,是更优秀,还是相差不多,抑或是有一定差距。

如果红色曲线整体在蓝色曲线之上,则证明该视频比同类热门视频更受欢迎。接下来只要总结出该视频的优势,在之后拍摄的视频中继续发扬,则账号的成长速度非常快,如图74所示。

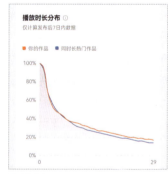
△ 图 74

如果红色曲线与蓝色曲线基本重合,则证明该视频与同类热门视频质量相当,如图75所示。接下来要做的就是继续精进作品。至于如何精进,下文会教大家通过"点赞分析"找到精进的方向。

如果红色曲线在蓝色曲线之下,则证明内容与热门视频有一定差距,同样需要对视频进行进一步打磨,如图76所示。

具体来说,曲线线型不同,产生差距的原因也有区别。以图76为例,在视频开始的第4秒,观众留存率就已经低于热门视频,则证明视频开头没有足够的吸引力。此时可以通过快速

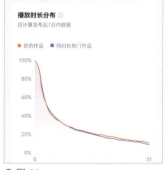
△ 图 75

抛出视频能够解决的问题，或者指出观众痛点来增加开头的吸引力，进而提升观众留存率。

如果曲线在视频中段或者中后段开始低于热门视频的观众留存，则证明观众虽然对视频选择的话题感兴趣，但是因为干货不足，或者没有击中问题核心，导致观众流失，如图77所示。

通过"视频数据分析"准确地找到问题所在

根据不同时间观众留存的曲线对比图只能找到视频在哪一方面出现了问题，导致其不如热门视频受欢迎，要想明确视频中存在的具体问题，还要通过更多的数据进行分析。

点击图76中的"查看视频数据分析"，即可进入图78所示的界面。在该界面中，可以通过拖动下方的滑动条，将"观众留存"及"观众点赞"与视频内容直观地联系起来。从而准确到哪个画面、哪句话更受欢迎，以及哪些内容不受欢迎。

通过"观看分析"找到问题内容

"观看分析"曲线其实就是"观众留存"曲线。通过该曲线与视频内容的联系，可以准确找到让观众大量流失的内容。

如图78中的"观看分析"曲线，观众在视频开始阶段便迅速流失。而同长度的热门视频的曲线如图79所示，可以看到流失是比较平缓的。

接下来就需要重点分析，自己拍的视频为何在开头就导致观众如此迅速地流失？根据曲线，可以将问题内容定位到视频的前20秒。所以只需反复观看前20秒的内容，并找到导致观众流失的原因即可。

该视频在前20秒的时间内，只是向观众传达了"这是一个讲解对焦追踪灵敏度设置"的视频。除此之外，就没有有用的信息了。对于短视频而言，开头5秒，甚至现在强调开头3秒一定要吸引住观众。那么，对于一个开头20秒都没有能够触动观众的视频而言，为何在开头便流失大量观众也就不言而喻了。

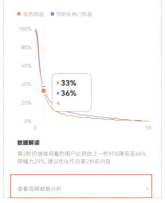

▲ 图76

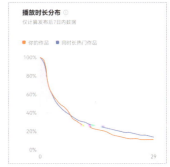

▲ 图77

▲ 图78

▲ 图79

分析视频存在的问题找到解决方法

在找到视频存在问题后，就要寻求解决方法。如果想快速抓住观众，一定要第一时间抛出观众痛点，或者告诉观众能解决什么问题。

比如，讲解"对焦追踪灵敏度设置"的视频，第一个画面直接放出一张遮挡物清晰而主体模糊的照片，并配上文案"你是不是也会拍出这种模糊的照片？学会设置对焦追踪灵敏度，解决你的问题。一句话，语速稍微快点，4秒就可以完成。

在这4秒内，既通过画面直击那些拍过这种模糊照片观众的痛点，又通过语言告诉观众，"对焦追踪灵敏度设置"可以解决这个问题。4秒就可以让拍过这种"废片"的观众对"对焦追踪灵敏度设置"产生兴趣，进而继续看下去，了解详细的设置方法。

通过"视频数据分析"找到视频内容的闪光点

通过"视频数据分析"不仅能找到视频存在的问题，还可以找到视频中的闪光点，进而发现观众喜欢什么内容。

同样以讲解"对焦追踪灵敏度设置"这一视频为例，虽然在开头有大量观众流失，但依然有部分观众继续观看了之后的内容，并且该视频也获得了155赞。通过图80所示的"点赞分析"，即可定位获得观众点赞更多的视频内容，进而为今后的视频创作提供指导。

将时间轴移动到"点赞曲线"的第一个波峰位置，发现是在实景讲解的部分，如图80所示。由此可以分析出，对相机功能的讲解，观众更喜欢通过实拍进行讲解的形式。

可能有的读者认为，只靠一个"点赞波峰"就做此推断过于草率。现在将时间轴移动到了第二个明显的"点赞波峰"上，发现同样为场景实拍部分，如图81所示，由此可以证实之前的分析是可靠的。

因此，在今后继续进行相机功能讲解视频的制作时，就可以采用场景实拍的方式，以此迎合观众的需求，让视频更受欢迎。当通过此种方法不断地对视频进行打磨，以观众的"点赞"作为内容创作指导方向时，总有一天，可以创作出观众的点赞均匀分布在视频的任意时刻，也就是说，几乎每一个画面都让观众感觉满意，如图82所示。

▲ 图 80

▲ 图 81

▲ 图 82

通过"播放趋势"确定视频最佳发布时间

前面通过对不同领域头部大号的视频时间进行分析，已经得出其视频发布相对合理的时间。但每位内容创作者录制的视频，哪怕是相同领域的内容，其受众也会有一定差异。所以，相对较优的视频发布时间，依然要由自己的视频数据进行确定。

进入"视频数据分析"界面，向下滑动界面，即可看到"播放趋势"图表，如图83所示。

在分析该曲线图时，先不要看占画面比例较大的曲线，而是先看界面下方长条的小曲线。因为在该曲线中，可以完整查看在视频发布后的72小时内，何时的播放量是最高的。

移动小曲线上的滑动条至波峰位置，即可通过大曲线图，详细查看在细分时间内的具体播放量，而播放量最高的时间就是相对更理想的视频发布时间。

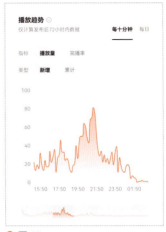
▲ 图83

当然，只通过一个视频的"播放趋势"曲线不足以找到真正理想的视频发布时间。尽量在多个相对合理的时间点发布视频，然后统计其播放量波峰出现的位置，以及波峰具体能达到的高度，最后确定一个更合理的视频发布时间。

通过其余图表感受"流量"的重要性

在进入"数据分析"界面后，除了可以看到"播放量"数据，还可以通过点击右侧的"互动趋势""粉丝变化""商品数据"分别查看点赞、粉丝和商品销售情况。

在查看大量视频的图表后，你会发现，无论是互动趋势，还是粉丝变化、商品数据，与播放量的趋势基本相同。这也证明了，对于同一个视频而言，流量高的时段，往往就是点赞多、转化粉丝多、卖出商品多的时段。

因此，作为视频创作者和运营者，应该将提高视频播放量视为终极目标。

比如"6招拍出漂亮花卉"这一视频的播放量，除刚发布时的播放量处于峰值外，第二天的21点30分左右出现了第二个峰值，如图84所示。

再查看其"互动趋势"图表，可以看到其点赞的第二个峰值出现在20点10分左右，两者只差1个小时左右，如图85所示；在"粉丝变化"图表中，同样在20点10分左右出现波峰，如图86所示。

这个案例可以说是笔者查看的大量视频数据的一个缩影，也就是在播放量高的时间点，其他数据往往也比较高。通过数据，证明了视频流量的重要性。这些数据本身对于运营的参考意义，其实与"播放量"相对比是雷同的，所以此处不再赘述。

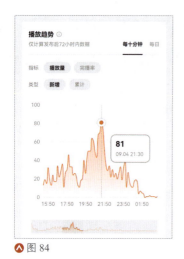
▲ 图 84

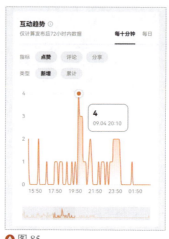
▲ 图 85

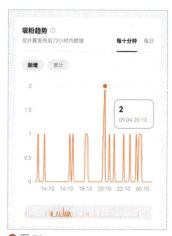
▲ 图 86

除此之外，点击"数据分析"界面的"受众人群"选项卡，如图 87 所示，还可查看该视频的粉丝画像，其分析方法与上文的"粉丝画像"相关内容类似；若点击界面下方的"查看更多数据分析"按钮，则可以掌握账号整体数据，如图 88 所示。其数据与上文介绍的计算机端后台数据相同。基于此，这两部分数据分析均不再赘述，大家参考上文内容即可。

▲ 图 87

通过 18 个抖音官方账号不断提高自己

▲ 图 88

从官方账号上学习短视频玩法，可以避免被网络上鱼龙混杂的各种教学内容带偏。毕竟是官方账号，其权威性和专业性是可以保证的。

除此之外，抖音的官方账号不仅有账号运营教学，还有视频制作、广告投放等相关内容，比如"抖音创作者学习中心""抖音服务中心""创作灵感小助手""DOU+ 电商助手"等。笔者搜集了 18 个抖音官方账号，读者可以在视频页面搜索，并关注这些官方账号。

这些官方账号中不仅有大量短视频教学，其中绝大多数还会以直播的形式讲授运营、创作技巧，对于短视频行业新手非常有帮助。在直播过程中，还经常会有活动，也算是抖音官方对内容创作者的一种回馈和鼓励。

内容创作类官方账号

内容创作类官方账号包括"巨量商家创作助手""创作灵感小助手""抖音创作者学习中心""巨量创意"等，如图89～图92所示。

▲ 图89　　　　▲ 图90　　　　▲ 图91　　　　▲ 图92

账号运营类官方账号

账号运营类官方账号包括"巨量学""抖音安全中心""抖音服务中心""企业号小助手"等，如图93～图98所示。

▲ 图93　　　　▲ 图94

▲ 图95　　　　▲ 图96　　　　▲ 图97　　　　▲ 图98

电商带货类官方账号

电商带货类官方账号包括"巨量星图小助手""抖音电商""企业号电商助手""电商小助手"等，如图99～图102所示。

▲ 图99　　　　▲ 图100　　　　▲ 图101　　　　▲ 图102

DOU+广告及推广类官方账号

DOU+广告及推广类官方账号包括"巨量公开课""巨量推广小助手""小店随心推""DOU+电商助手""DOU+小助手"等，如图103～图106所示。

▲ 图103　　　　▲ 图104　　　　▲ 图105　　　　▲ 图106

第6章

点燃流量的导火索——
短视频 DOU+ 玩法

什么是DOU+？

前面已经提到，抖音或者快手这样的平台都有"流量池"的概念。以抖音为例，最小的流量池为300次播放量。当这300次完播率、点赞数和评论数达到要求后，才会将该视频放入3000次播放的流量池。

于是就有可能出现这样的情况，自己认为做得还不错的视频，播放量却始终上不去，抖音也不会再给这个视频提供流量。此时就可以花钱买流量，让更多的人看到自己的视频，这项花钱买流量的服务就是DOU+，当然除此之外，还有其他更多功能，下面一一进行讲解。

DOU+ 的十大功能

内容测试

有时花费了大量人力、物力制作的视频，发布后却只有几百的播放量。这时创作者会充满疑问，不清楚是因为视频内容不被接受，还是因为播放量不够，导致评论、点赞太少，甚至会怀疑自己的账号被限流了。

此时可以通过投放DOU+，花钱购买稳定的流量，并通过点赞、关注的转化率，来测试内容是否满足观众的口味。

如果转化率很低，也就是在播放量达到要求后，点赞、评论的人仍然很少，那么就需要考虑自己的内容是不是有问题了。反之，则可以确定内容方向没有问题，全心投入去制作更精彩的内容。

另外，使用DOU+进行内容测试还有一个小技巧。当创作者有一个新的想法，希望在市场上得到一些反馈时，就可以建立一个小号。先制作稍微粗糙一些的视频并发布到小号上，然后分批为其投500元左右的DOU+。如果市场反馈还不错，再对视频进行精细化制作，并投放到大号上。

一旦发布的视频有要火的迹象，再加上之前已经进行了测试，这时再投DOU+就可以大胆一些，将视频推起来。

有不少如图1所示的过百万点赞短视频，是经过DOU+付费流量进行"加热"后才火爆起来的。

▲ 图 1

解除限流

首先强调一下，并不是被限流的账号使用DOU+后就一定能解除限流，而且官方也没有明确说明DOU+有这项功能。但确实有一些账号，明明已经被限流了，可在投DOU+后还能出爆款视频。所以虽然不能百分之百保证投DOU+有解除限流的功能，但如果遇到被限流的情况，可以尝试投一投DOU+。

选品测试

使用 DOU+ 进行选品测试的思路与进行内容测试的思路相似,都是通过稳定的播放量来获取目标观众的反馈。

内容测试与选品测试的区别则在于关注的"反馈"不同。内容测试关注的是点赞、评论、关注数量的"反馈",而选品测试关注的则是收益的"反馈"。

比如为一条带货视频投了 100 元 DOU+,所得佣金是否能把这 100 元赚回来?一般来讲,投 100 元 DOU+,佣金收益如果能达到 120 元,那么这条带货视频就值得继续投下去,至于视频点赞和关注数量,则不是关键指标。

值得一提的是,在进行选品测试时还要注意测试一下热门评论。首先带货短视频的前几条热门评论基本上都是自己做的,因此在投 DOU+ 时,还要注意你的评论是否被很多人点赞和讨论,如图 2 所示。

毕竟在决定是否购买时,很多人会习惯性地点开评论看一下,对产品的正面评价对于提高转化率非常有帮助。

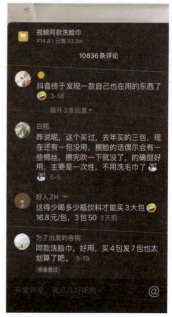

▲图 2

带货推广

带货广告功能是 DOU+ 主要功能之一,使用此功能可以在短时间内使带货视频获得巨量传播,此类广告视频的下方通常有广告两字,如图 3 所示。

常用方法是,批量制作出风格与内容不同的若干条视频,同时进行付费推广,选出效果好的视频,再以较大金额对其进行付费推广。

被推广的视频可以采取挂小黄车的方式,直接引导观众下单,也可以引导观众留下联系方式,由客服一对一进行精准引导转化。前者适用于推广低值小额产品,后者适用于推广金额较大的产品,还可以通过引导观众玩游戏的方式推广产品,如图 4 所示。

▲图 3

▲图 4

助力直播带货

直播间有若干种流量来源，其中比较稳定就是付费流量，只要通过DOU+为直播间投放广告，就可以将直播间推送给目标受众。

在直播间场景设计与互动转化做好的前提下，就能够以成本较低的粉丝福利、奖品吸引潜在客户，获得源源不断的免费自然流量，从而获得很好的收益，类似图5和图6所示直播间。

▲ 图5

▲ 图6

快速涨粉

粉丝量是一个抖音账号的硬性评价标准，也几乎是众多商家在寻找带货达人时的唯一选择标准。由于整个短视频领域内卷严重，竞争十分激烈，所以对新手来说，涨粉并不是一件很容易的事儿。想快速涨粉，除了尽快提高自己的短视频制作水准，还有个更有效的方法，就是利用DOU+买粉丝。

从如图7所示的订单上面可以看出，100元投放涨粉72个，平均每个粉丝的成本是1.39元，而图8所示的订单100元涨粉371个。所以，只要投放得当，涨粉速度就会比较快。

▲ 图7

▲ 图8

为账号做冷启动

通过学习前面各个章节，相信各位读者都应该了解账号标签的重要性。

对于新手账号来说，要通过不断发布优质视频，才能够使账号的标签不断精准，最终实现每次发布视频时，抖音就能够将其推送给创作者规划中的精准粉丝。

但这一过程，的确比较漫长。所以，如果新账号需要快速打上精准标签，可以使用与 DOU+ 的投放相似达人功能，如图 9 所示。

▲ 图 9

利用付费流量撬动自然流量

通过为优质视频精准投放 DOU+，可以快速大量点赞与评论，而这些点赞与评论，可以提高的视频互动数据，当这数据达到推送至下一级流量池的标准时，则可以带来较大的自然流量。

为线下店面引流

如果投放 DOU+ 时，将目标选择为"按商圈"或"按附近区域"，如图 10 所示，则可以使指定区域的人看到视频，从而通过视频将目标客户精准引流到线下实体店。

▲ 图 10

获得潜在客户线索

对于蓝 V 账号，如果在投放 DOU+ 时，将目标选择为"线索量"，如图 11 所示，则可以通过精心设计的页面，引导潜在客户留下联系方式，然后通过一对一电话或微信沟通，来做成交转化。

▲ 图 11

DOU+ 优点总结

通过前面的讲述，各位读者都应该了解了 DOU+ 的功能，下面根据笔者的投放经验，对 DOU+ 的优点做一个简单总结，以便于各位读者快速理解。

门槛低

目前对于广告投放行业的资质要求不高，只要不是特殊行业都可以投放。这一点区别于百度只允许以公司为主体进行投放，抖音上的大量创作者可以用自然人的身份投放，因此抖音的广告收入能够高速增长。这对于广大创作者来说也是一个弯道超车的机会。

费用低

普通订单 100 元即可起投，对于苹果端新用户起投金额甚至可以低到 50 元，而安卓新用户可以低到 30 元。相对比百度推方开户都要最低预存 6000 元，DOU+ 起点费用可以说很低了。

目的多

可以选择多种投放目标，可以通过广告拉动主页浏览，同时也可以提高粉丝数量或商品销售，如果升级 DOU+ 账户投放方式还可以更灵活。

可衡量

每一次投放，都可以通过数据来判断广告投放的效果，以考量是要停止投放还是要追加投放。

见效快

以推广直播间为例，可以通过设置广告投放的时间，使创作者在最短半小时内获得广告投放效果，见效不可谓不快。如果是常规视频推广，可以将时间设置为 6 小时，这意味着早上开始推广，下午就可以见到效果。创作者根据效果进行创作内容、产品、推广方向调整，这无疑大大缩短了试错的时间成本。

收益高

通过 DOU+ 投放，可以用付费流量撬动自然流量，例如，在平均情况下，为视频投放 100 元 DOU+，可涨粉 100 个左右，合计单个有效精准粉丝的购买成本是 1 元；而如果投放的是优质视频，则有可能通过 100 元投放获得上千个粉丝，这样的投放产出比例，在其他平台很难实现。

以微信公众号为例，在付费推广的情况下，平均一个粉丝的获得成本在 10 元左右。而如果是京东、天猫等电商平台，一个优质潜在客户的获得成本普遍高于 100 元，甚至有可能达到 500 元、600 元左右。但如果在抖音上获得这样的粉丝，则便宜很多。

可升级

如果通过投放 DOU+ 获得了不错的收益，创作者还可以开通千川，获得更灵活的投放方式与最高的投产比，而且投放 DOU+ 的经验与技巧，可以完全移植到千川投放平台。

综上所述，笔者建议每一位创作者不要过于信赖自然流量，优质视频一定要投放 DOU+。

在抖音中找到 DOU+

在开始投放之前，首先要找到 DOU+，并了解其基本投放模式。

从视频投放 DOU+

在观看自己账号的视频时，单击界面右侧的三个黑点图标，如图 12 所示。

在打开的菜单中点击"上热门"图标，即可进入 DOU+ 投放页面，如图 13 所示。

如果需要为其他账号的视频投放 DOU+，可以点击视频右下角箭头分享按钮，如图 14 所示。

在打开的菜单中点击"帮上热门"图标，即可进入 DOU+ 投放页面，如图 15 所示。

图 12

图 13

图 14

图 15

从创作中心投放 DOU+

除上述方法外，还可以按以下方法找到 DOU+ 投放页面。

1. 单击抖音 APP 右下角"我"，进入新的界面后，再单击右上角三条杠，如图 16 所示。

2. 选择"创作者服务中心"菜单命令，如图 17 所示。如果是企业蓝 V 账号，此处显示的是"企业服务中心"。

3. 单击"上热门"按钮，如图 18 所示。如果要投放带有购物车的视频，则点击"小店随心推"按钮。

4. 在如图 19 所示的广告投放页面，设置所需要的参数。

关于各个参数的含义及使用技巧，在后面的章节中一一讲解。

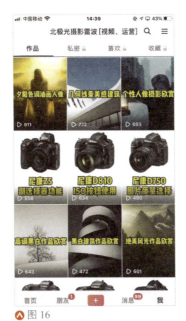

图 16

图 17

图 18

图 19

如何中止 DOU+

要立即中止投放的情况

在投放 DOU+ 后，对于新手创作者来说，应每小时观测一次投放数据，如果投放数据非常不理想，在金额还没有完全消耗之前，都可以通过终止投放来挽回损失。

例如对于如图 20 所示的一个订单，金额消耗已经达到了 45.73 元，但是粉丝量只增长了 16 个，此时应立即终止订单。

中止投放后如何退款

订单终止后，没有消耗的金额会在 4~48 小时内，返回到创作者的 DOU+ 账户，可以在以后的订单中使用。

如果是用微信进行支付，可在微信钱包账单里看到退款金额，如图 21 所示。

单视频投放终止方法

只需要将投放视频设置成为"私密"状态，DOU+ 投放将立即停止。DOU+ 停止后，可以再次将视频设置成为公开可见状态。

批量视频投放终止方法

要终止批量投放 DOU+ 视频，可以直接联系 DOU+ 客服并提供订单号，由客服来快速终止。

注意，这里联系的是 DOU+ 客服，而不是抖音客服。

联系方式是在"上热门"的页面，点击右下角的小人图标进入"我的 DOU+"页面，如图 22 所示，然后点击右上角的客服小图标，咨询客服。

▲ 图 20

▲ 图 21

▲ 图 22

单视频投放和批量投放

当按前文所述"从视频投放 DOU+"的方法进入 DOU+ 投放页面时，可以看到有两种投放方式可供选择，即单视频投放及批量视频投放，下面分别讲解。

单视频投放 DOU+

单视频投放页面如图 23 所示，在此需要重点选择的是"投放目标""投放时长""把视频推荐给潜在兴趣用户"等选项。

这些选项的具体含义与选择思路，将会在后面的章节中一一讲解。

批量视频投放 DOU+

批量投放界面如图 24 所示，可以同时对最多 5 个视频进行 DOU+ 投放，此外，可以选择为其他账号投放 DOU+，除此之外，其他选项几乎完全相同。

两种投放方式的异同

单视频 DOU+ 投放的针对性明显更强。

批量 DOU+ 投放的优势则在于，当不知道哪个视频更有潜力时，可以通过较低金额的 DOU+ 投放进行检验。

此外，如果有经营矩阵账号，可以非常方便地对其他账号内的视频进行广告投放。

另外，选择批量投放的时候，可以选择"直播加热"标签，通过投放提升直播间人气，如图 25 所示。

▲ 图 23

▲ 图 24

▲ 图 25

如何选择投放 DOU+ 的视频

选择哪一个视频

投放 DOU+ 的根本目的是撬动自然流量，所以正确的选择方式是，择优投放。只有优质短视频才能通过 DOU+ 获得更高的播放量，从而使账号的粉丝量以及带货数据得到提升。

这里有一个非常关键的问题，既短视频并不是创作者认为好，通过投放 DOU+ 就能够获得很好的播放量。同理，有些创作者可能并不看好的短视频通过投放 DOU+，反而有可能获得不错的播放量。这种"看走眼"挑错视频的情况，对于新手创作再来说尤其普遍。要解决这个问题，除了看播放、互动数据外，一个比较好的方法是使用批量投放工具，对 5 个视频进行测试，从而找到对平台来说是优质短视频的其中一个，然后进行单视频投放。如果对一次检测并不是很放心，还可以将第一次挑出来的优质视频与下一组四个视频，组成一个新的批量投放订单进行测试。

图 26 和图 27 所示为笔者分两次投放的订单，可以看出来两次批量投放，都有同一个视频取得最高播放量，这意味着这个视频在下一次投放就应该当成为重点。

选择什么时间对发布的视频投放

在通常情况下，应该选择发布时间在一周内，最好是在三天内的视频，因为这样的视频有抖音推送的自然流量，广告投放应该在视频尚且有自然流量的情况下进行，从而使两种流量相互叠加。但这并不意味着老的视频不值得投放 DOU+，只要视频质量好，没有自然流量的老视频，也比有自然流量的劣质视频投放效果好。

选择投放几次

如果 DOU+ 投放效果不错，预算允许的情况下，可以对短视频进行第二轮、第三轮的 DOU+ 投放，直至投放效果降低于投入产出平衡线以下。

选择什么时间投放

选择投放时间的思路，与选择发布视频的时间是一样的。都应该在自己的粉丝活跃时间里，以笔者运营的账号为例，发布的时间通常是周一到周五的晚上的八九点、中午午休时间和周末的白天。

▲ 图 26

▲ 图 27

选择老视频进行投放的注意事项

投放目标受限

对于 90 天内的视频，可投放的目标如图 28 所示，可以看出来可供选择的是 5 个选项。

如果是选择对 90 天前的视频进行投放，则选择"投放目标"选项如图 29 所示，可以看到在最下面有 DOU+ 的明确提示：当前视频超过 90 天，只允许投放部分转化目标。

图 28

图 29

可选视频受限

在做单视频投放时，可以选择 90 天前的老视频，但如果按批量投放，则只能够选择 3 个月内发布的视频。

图 30 所示为笔者做批量投放的页面，在视频底部可以看到"没有更多视频啦"的提示，发布日期至批量投放的日期刚好是 3 个月。

这意味着，对于优质的视频，要尽早尽快投放 DOU+，免得以后在投放时受到限制。

图 30

深入了解"投放目标"选项

在确定 DOU+ 投放视频后,接下来需要进行各项参数的详细设置。首先要考虑的就是"投放目标"。

"投放目标"选项分类

对于不同的视频,在"投放目标"选项中提供的选择绝大部分是相同的,都有主页浏览量、点赞评论量、粉丝量等选项,但根据视频的内容也还会有细微的区别。

例如,如果在发布视频的页面,选择了位置选项,那么在"投放目标"选项中就会出现"位置点击"选项,如图 31 所示。

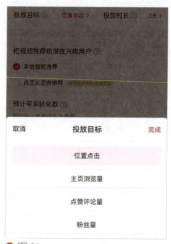

▲ 图 31

如果短视频中包含"购物车",那么在"投放目标"选项中就会出现"商品购买"选项,如图 32 所示。

▲ 图 32

如果在发布视频的页面,选择了具体的商家店址选项,那么在"投放目标"选项中就会出现"门店曝光"选项,如图 33 所示。

这些投放目标选项,都非常容易理解,比如选择"位置点击"选项后,系统会将视频推送给链接位置附近的用户,以增加其点击位置链接,查看商户详细信息的概率。

当选择"主页浏览量"选项后,抖音会推送给喜欢在同一账号主页中选择不同视频浏览的人群。

当选择"点赞评论量"选项后,系统会将视频推送给那些喜欢浏览此类视频,并且会经常点赞或者评论的观众。

▲ 图 33

如何选择"投放目标"选项

根据账号当前的状态、投放的目的，在这里选择的选项也并不相同，下面一一分析。

商品购买

当选择推广的视频有购物车，且选择小店随心推后选择"商品购买"选项时，将显示"小店随心推"页面。

此界面较为复杂，在后面的章节将有详细讲解。

粉丝量

对于新手账号建议选择"粉丝量"选项。

一来通过不断增长的粉丝提高自己的信心，并让账号"门面"好看一些。

二来只有粉丝量增长到一定程度，自己的视频才有基础播放量。

主页浏览量

如果账号主页已经积累了很多优质内容，并且运营初期优质内容还没有完全体现其应有的价值，可以选择提高"主页浏览量"，让观众有机会发现该账号以前发布的优质内容，进一步成为该账号的粉丝，或者进入账号的店铺产生购买。

点赞评论量

如果想让自己的视频被更多人看到，比如制作的是带货视频，建议选择"点赞评论量"选项。这时有些朋友可能会有疑问，投DOU+的播放量不是根据花钱多少决定的吗？为何还与选择哪一种"投放目标"有关？

不要忘记，在花钱买流量的同时，如果这条视频的点赞和评论数量够多，系统则会将该视频放入播放次数更多的流量池中。

比如投了100元DOU+，增加了5000次播放量，在这5000次播放中如果获得了几百次点赞或者几十条评论，那么系统就很有可能将这条视频放入下一级流量池，从而让播放量进一步增长。

而且对于带货类短视频，关键在于让更多的人看到，提高成交单数。至于看过视频的人会不会成为你的粉丝，其实并不重要。

"投放目标"与视频内容的关系

在投放 DOU+ 时,很多人会发现,不同的视频,其"投放目标"中的选项会有些区别。那么期望提高的选项与视频内容有何关系?不同的"投放目标"选项又有何作用,下面将进行详细讲解。

常规的"投放目标"选项

在对任何视频投 DOU+ 时,点击"投放目标",都会有"主页浏览量""点赞评论量"和"粉丝量"3 个选项。所以,这 3 个选项也被称为"投放目标"中的常规选项。

提高播放量选"点赞评论量"

如果想提高视频的播放量,让更多的观众看到这条短视频,那么投"点赞评论量"是最有用的。因为当点赞和评论数量提高后,视频很有可能进入到一个更大的流量池,从而让播放量进一步提高。

提高关注选"粉丝量"

在选择"粉丝量"后,系统会将视频推送给喜欢关注该账号的观众,从而让视频创作者建立起粉丝群体,为将来的变现做好准备。

提高其他视频播放量选"主页浏览量"

如果账号已经发布了很多视频,并且绝大多数的浏览量都比较一般。此时就可以为爆款短视频投放"主页浏览量"DOU+,让更多的观众进入到主页中,从而有机会看到账号中的其他视频,全面带动提高视频播放量。

"挂车"短视频与"商品购买"

所谓"挂车"短视频,其实是指包含"购物车链接"的短视频。只有在对此类短视频投放 DOU+ 时,点击"投放目标"才会出现"商品购买"选项,如图 34 所示。

"挂车"短视频的考核维度与常规短视频不同,常规短视频只看点赞和评论量来确定是否可以进入下一个流量池,而"挂车"短视频还要看购物车的点击次数。因此,提高"商品购买"也意味着可以提高视频中购物车链接的点击次数,从而间接提升视频进入下一个流量池的概率。

需要强调的是,在为"挂车"短视频投 DOU+ 时,会进入"小店随心推"页面,这与上文介绍的,点击"DOU+ 小店"进入的是同一个页面。因此,即便没有开通"小店",但只要开通橱窗,并且在视频中加上"购物车",也可以进行商品推广。

▲ 图 34

POI 与"门店加热"

POI 是 Point Of Interest 的缩写,翻译成中文即"兴趣点"的意思。在几乎所有探店类短视频的左下角,都会看到门店名称,其实就是添加的 POI,如图 35 所示。点击之后,还能看到包括地址在内的该门店的详细信息,从而高效、快捷地为门店引流。

在为有 POI 组件的短视频投放 DOU+ 时,在"投放目标"中就会出现"门店加热"选项。当选择该选项进行投放时,系统会将该视频推送给距门店 6km 范围内的观众,从而增加成功引流的概率。

▲ 图 35

逐渐边缘化的"位置点击"

当短视频中加入了"位置信息"时,就可以在"投放目标"中选择"位置点击"选项。

由于"位置信息"只是一个位置,并没有表明一个具体的门店或者旅游景点等,与"门店加热"相比,几乎起不到变现作用,因此是一个被边缘化的选项,如图 36 所示。

▲ 图 36

带有小程序的短视频与"小程序互动"

一些短视频的主要目的是为了推广界面左下角添加的小程序,如游戏类短视频,通过介绍游戏让观众产生兴趣,然后直接点击左下角就可以游玩,如图 37 所示。而视频创作者将通过该视频中小程序被点击的数量进行变现。

因此,当对该类视频投 DOU+ 时,即可在"投放目标"中选择"小程序互动"选项,增加小程序点击量,提高推广效果,也可以在一定程度上增加游戏类内容创作者的收入,如图 38 所示。

▲ 图 37

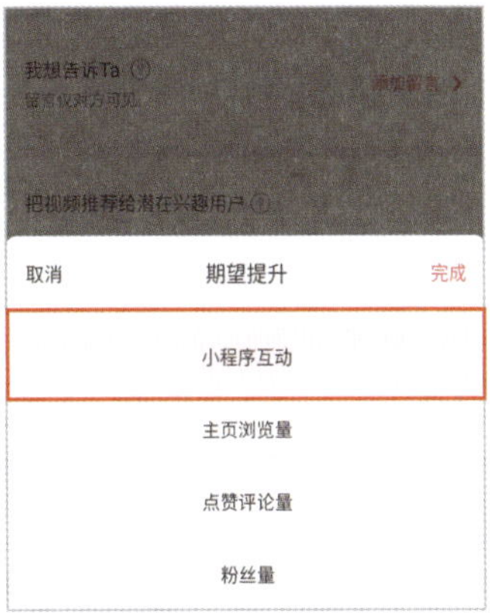

▲ 图 38

"投放时长"选项设置思路

了解起投金额

在"投放时长"选项中可选投放时间最短为 2 小时,最长为 30 天,如图 39 和图 40 所示。

但选择不同的时间时,起投的金额也并不相同。

如果投放时长选择的是 2 小时至 3 天,则最低投放金额为 100 元。但如果选择的是 4 天或 5 天,则起投金额为 300 元。

如果选择的是 6 天至 10 天,则每天起投金额上涨 60 元,即选择 10 天时,最低起投金额为 600 元。

从第 11 天开始,起投金额变化为 770 元,并每天上涨 70 元,直至 30 天时,最低起投金额上涨至 2100 元。

▲ 图 39

设置投放时间思路

选择投放时间的主要思路与广告投放目的、与视频类型有很大关系。

例如,一条新闻类的视频,那么自然要在短时间内大面积推送,这样才能获得最佳的推广效果,所以要选择较短的时间。

而如果所做的视频主要面向的是上班族,而他们刷抖音的时间集中在下午 5 ~ 7 点这段在公交或者地铁上的时间,或者是晚上 9 点以后这段睡前时间,那么就要考虑所设置的投放时长能否覆盖这些高流量时间段。

如果要投放的视频是带货视频,则要考虑大家的下单购买习惯,例如,对于宝妈来说,下午 2 点至 4 点、晚上 9 点后是宝宝睡觉的时间,也是宝妈集中采购的时间,投放广告时则一定要覆盖这一时间段。

在通常情况下,笔者建议至少将投放时间选择为 24 小时,以便于广告投放系统将广告视频精准地推送给目标人群。

时间设置越短,流量越不精准,广告真实获益也越低,例如,图 41 所示为笔者投放的一个定时为 2 小时的订单,虽然,播放量超出预期,但投放目标并没有达到。

▲ 图 40

▲ 图 41

如何确定潜在兴趣用户

"潜在兴趣用户"选项中包含 2 种模式,分别为系统智能推荐、自定义定向推荐。

系统智能推荐

若选择"系统智能推荐"选项,则系统会根据视频的画面、标题、字幕、账号标签等数据,查找并推送此视频给有可能对此视频感兴趣的用户,然后根据互动与观看数据反馈判断是否要进行更大规模地推送。

这一选项,适合于新手,以及使用其他方式粉丝增长缓慢的创作者。

选择此选项后,DOU+ 系统会根据"投放目标""投放时长",以及投放金额,推测出一个预估转化数字,如图 42 所示,但此数据仅具有参考意义。

另外,如果没有升级 DOU+ 账号,则显示预计播放量提升数值,如图 43 所示。

如果视频质量较好,则最终获得的转化数据和播放数据,会比预计的要高,图 44 与图 45 所示为两个订单,可以看出来最终获得的播放量均比预计数量高。

超出的这一部分可以简单理解为 DOU+ 对于优质视频的奖励。

这也印证了前文曾经讲过的,要选择优质视频投放 DOU+。

▲ 图 42

▲ 图 43

▲ 图 44

▲ 图 45

自定义定向推荐

如果创作者对于视频的目标观看人群有明确定位,可以选择"自定义定向推荐"选项,如图 46 所示,从而详细设置视频推送的目标人群类型。

其中包含对性别、年龄、地域和兴趣标签共 4 种细分设置,基本可以满足精确推送视频的需求。

以美妆类带货视频为例,如果希望通过 DOU+ 获得更高的收益,可以将"性别"设置为"女";"年龄"设置在 18-30 岁(可多选);"地域"设置为"全国";"兴趣标签"可以设置"美妆""娱乐""服饰"等。

此外,如果视频所售产品价格较高,还可以将"地域"设置为一线大城市。

▲ 图 46

如果,对自己的粉丝有更充分的了解,知道他们经常去的一些地方,可以选择"按附近区域"进行投放。

例如,在图 47 所示的示例中,由于笔者投放的是高价格产品广告,因此,选择的是一些比较高端的消费场所,如北京的 SKP 商场附近、顺义别墅区的祥云小镇附近等。这里的区域不仅仅可以是当地的,也可以是全国范围的,而且可以添加的数量能够达到几十个,这样可以避免锁定区域过小,人群过小的问题。

通过限定性别、年龄、地域,则可以较为精准地锁定目标人群,但这里也需要注意,由于人群定位非常精准,意味着基数也会减少不少,此时,会出现在规定的投放时间内,预算无法全部花完的情况。

如果希望为自己的线下店面引流,也可以"按商圈"进行设置,或"按附近区域"设置半径为 10 公里,就可以让附近的 5000 个潜在客户,看到引流视频。

▲ 图 47

需要注意的是，增加限制条件后，流量的购买价格也会上升。

比如所有选项均为"不限"，则100元可以获得5000次播放量，如图48所示。

而在限制"性别"和"年龄"后，100元只能获得4000次左右播放量，如图49所示。

▲ 图 48

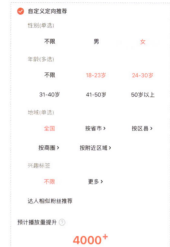

▲ 图 49

当对"兴趣标签"进行限制后，100元就只能获得2500次播放量，如图50所示。

所以，如果只是为了涨粉，不建议做过多限制。

如果是为了销售产品，而且对产品潜在客户有充分了解，可以做各项限制，以追求更加精准地投放。

另外，读者也可以选择不同模式分别投100元，然后计算一下不同方式的回报率，即可确定最优设置。

包括DOU+在内的抖音广告投放是一个相对专业的技能，因此许多公司会招聘专业的投手来负责广告投放。

投手的投放的经验与技巧，都是使用大量资金不断尝试、不断学习获得的，所以，薪资待遇也通常不低。

▲ 图 50

深入理解"达人相似粉丝"推荐选项

"达人相似粉丝"实际上只是"自定义定向推荐"中的一个选项,如图 51 所示,但由于功能强大,且新手按此选项投放时容易出现问题,因此,单独进行重点讲解。

▲ 图 51

利用"达人相似粉丝"为新账号打标签

新手账号的一大成长障碍就是没有标签,但如果通过每天发视频,使账号标签逐渐精准起来,这个过程会比较漫长。

所以,可以借助投"达人相似粉丝"的方式为新账号快速打上标签。

只需要找到若干个与自己的账号赛道相同、变现方式相近、粉丝群体类似的账号,分批、分时间段,投放 500 元至 1000 元 DOU+,则可以快速使自己的账号标签精准起来。

同样道理,对于一个老账号,如果经营非常不理想,又由于种种原因不能放弃,则也可以按此方法强行纠正账号的标签,但代价会比给新账号打标签大不少。

利用"达人相似粉丝"查找头部账号

"达人相似粉丝"推荐这一选项还有一个妙用,即可以通过该功能得知各个垂直领域的头部大号。

选择其中一些与自己视频内容接近的大号并关注他们,可以学到很多内容创作的方式和方法。

点击"更多"后,在图 52 所示的界面中点击"添加",即可在列表中选择各个垂直领域,并在右侧出现该领域的达人。

▲ 图 52

利用"达人相似粉丝"精准推送视频

将自己创作的视频,推送给同类账号的受众,从而快速获得精准粉丝,或提升视频互动数据,是该功能最重要的作用。

在选择达人时,除了选择官方推荐的账号,更主要的方式是输入达人账号名称进行搜索,从而找到没有在页面没有列出的达人,如图 53 所示。

但并不是所有抖音账号都可以作为相似达人账号被选择,如果搜索不到,证明该账号的粉丝互动数据较差。

▲ 图 53

"达人相似粉丝"投放 4 大误区

依据粉丝数量判断误区

许多新手投达人相似都会走入一个误区,以为选择对标的达人粉丝越多越好,这绝对是一大误区。

这里有 3 个问题,首先不知道这个达人的粉是不是刷过来的,如果是刷过来的那投放效果就会大打折扣。其次,不知道这个达人的粉是否精准。最后一点是,由于粉丝积累可能有一个长期的过程,那么以前的老粉丝没准兴趣已经发生了变化,虽然没取关,但兴趣点转移了。

所以不能完全依据粉丝量来投达人,一定要找近期起号的相似达人。

在投之前,要查看达人账号最近有没有更新作品,如果更新了,下面的评论是什么的,有些达人的评论是一堆互粉留言,这样的达人是肯定不可以对标投放的。

账号类型选择误区

新手在选择投放相似达人时,都会以为只能够找与自己相同赛道完全相同的达人进行投放,例如,做女装的找女装相似达人账号,做汽车的找汽车相似达人账号。

其实,这是一个误区。女装账号完全可以找美妆、亲子类达人账号做投放,因为关注女装、美妆、亲子类的账号的人群基本上相同。同样道理,做汽车账号完全可以寻找旅游、摄影、数码类达人账号进行投放,因为,关注这些账号的其实也是同一批人。

账号质量选择误区

新手投放达人相似时,通常会认为选择的相似达人账号越优质,投放效果越好。

但实际上,恰恰相反,由于新手账号的质量通常低于优质同类账号,因此,除非新手账号特色十分鲜明,且无可替代。

否则,关注同类优质大号的粉丝,不太可能愿意再关注一个内容一般的新手账号。

所以,选择相似达人账号时,应该选择与自己的账号质量相差不多,或者还不如自己的账号,从而通过 DOU+ 投放产生虹吸效应,将相似达人账号的粉丝吸引到自己的账号上来。

时间选择误区

如果仔细观察如图 54 所示的达人相似粉丝的选择页面,会发现,上方有一排容易被新手忽略的小字,即"此视频会在 6 小时内出现在粉丝的推荐页面",这里的 6 小时至关重要。

因为,投放 DOU+ 的时间如果不能覆盖目标粉丝活跃时间,那么,投放的效果就会大打折扣。所以,在投放前一定要做好时间规划。

另外,可以将投放时间设置为 24 小时,前 6 小时过后,如果投放的效果没有达到令人满意的效果,可以直接中止投放。

图 54

利用账号速推涨粉

账号速推操作方法

账号速推是一种更直接的付费涨粉功能，开启方式如下所述。

1. 选择任一视频，点击右下角三个黑点，然后点击"上热门"按钮，如图55所示。

2. 点击如图56所示页面右上方的账户管理小图标，显示如图所示的页面。

▲ 图 55

▲ 图 56

3. 点击页面下方"投放管理"小图标，如图57所示。然后选择"投放工具"中的"账号速推"功能，如图58所示。

▲ 图 57

▲ 图 58

4. 在投放金额选择金额，此时就会显示预计涨粉量，如图 59 所示。

5. 点击"切换为高级版"，可以修改粉丝出价，以及粉丝筛选条件，如图 60 所示。出价最低设置是 0.8 元。

图 59

图 60

不同粉丝出价区别

在前面的操作，有一个非常关键的参数，即"单个粉丝出价"，很明显在总金额不变的情况下出价越高获得的粉丝越少，所以，创作者可以尝试填写最低出价。

例如，在图 61 所示的推广订单中，笔者设置的单个粉丝出价为 1 元 / 个，推广结束后获得 100 个粉丝。

在图 62 所示的推广订单中出价为 0.8 元 / 个，推广结束后获得 128 个粉丝，充分证明了最低出价的可行性。

需要指出的是，在竞争激烈的领域，较低的出价有在指定推广时间内，费用无法完全消耗，涨粉低于预期的可能性。

图 61

图 62

查看推广成果

如果需要查看某一个账号速推订单的具体数据，可以通过进入前面曾经讲过的"投放管理"页面，再点击此订单。

例如，点击涨粉量旁边的三角，可以看到本次推广到底新增了哪些粉丝，如图63所示。

在页面下方的互动数据和持续收益中，可以看到具体的点赞量，播放量，分享量，评论量和主页浏览量，如图64所示，便于创作者对每一个订单进行数据化分析。

▲ 图 63

▲ 图 64

账号速推与视频付费涨粉的区别

使用账号速推与选择视频上热门，并将投放目标选择为"粉丝量"，虽然都可以涨粉，两者之间还是有区别的。

简单来说，前者的涨粉有确定性，而后者是不确定的。

同样都是100元的广告投放费用，使用账号速推所获得的粉丝最大值是确定的，如果没有调整最低出价，最多获得100个粉丝。

但通过将投放目标选择为"粉丝量"，抖音给定的是播放量，在给定的播放量中，创作者有可能获得的粉丝高于100，也可能低于100。

通过如图65所示的四个广告投放案例，可以看出来，同样都是100元，其中最低的一单只获得了65个粉丝，最高的一单获得了371个粉丝，所以这种投放方式与视频投放的时机有很大的关系，对于新手来说是一个挑战。

▲ 图 65

DOU+ 小店随心推广告投放

DOU+ 小店随心推与 DOU+ 上热门属于 DOU+ 广告投放体系，两者的区别是，当选择投放 DOU+ 的视频有购物车，则显示 DOU+ 小店随心推，如图 66 所示，否则，显示 DOU+ 上热门。

△ 图 66

DOU+ 小店的优化目标

"DOU+ 小店随心推"页面与前面介绍的"DOU+ 上热门"投放界面区别在于"投放目标"选项变为"优化目标"选项，并且在该选项中增加了"商品购买"选项，如图 67 所示。

△ 图 67

选择该选项后，系统会将该视频向更可能产生购买的观众推送。并在选择"商品购买"优化目标后，界面下方会相应地变更为预计产生购买的数量，如图 68 所示。

需要注意的是，虽然优化目标选择"商品购买"选项可以增加成交量，实打实地增加收益。

但如果视频的播放量较低，证明宣传效果较差，所以建议"商品购买"和"粉丝提升""点赞评论"混合投放，从而在促进成交的同时，进一步增加宣传效果。

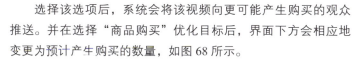

△ 图 68

达人相似粉丝推荐

"达人相似粉丝推荐"是"DOU+ 小店随心推"与"DOU+ 上热门"的第二个重要区别。

在"DOU+ 上热门"页面中"达人相似粉丝推荐"选项是被包含在"自定义定向推荐"内的。

而在"DOU+ 小店随心推"界面中，"达人相似粉丝推荐"是一个单独选项，无法与性别、年龄、地域、爱好等选项相互配合使用，如图 69 所示。

△ 图 69

推广效果

选择"DOU+ 小店随心推"时，页面会显示预计下单量，但这个数值没有太多参数价值，笔者投放过数次，没有任何一次数值与预付数值相近。

另外，由于这是一条带货视频，因此，即便考核播放量也与没有带货的视频有一定差距，因此，不能指望通过投放"DOU+ 小店随心推"带来大量粉丝。

DOU+ 投放管理

无论投放的是"DOU+ 小店随心推"还是"DOU+ 上热门"都可以按下面的方法进入管理中心，以对既往投放的订单，以及当前投放的订单进行管理，包括中止当前订单、查看既往订单的数据、投放新广告等。

点击抖音 APP 右下角"我"，点击右上角三条杠，点击"创作者服务中心"（企业用户点击"企业服务中心"），进入如图 70 所示的页面。

△ 图 70

点击"上热门"图标进入"DOU+ 上热门"页面，点击下方中间的"投放管理"即可进入管理中心。

在"投放工具"区域，可以选择"批量投放""直播托管""账号速推""素材管理""数据授权"等功能，如图 71 所示。

在"我的订单"区域，可以找到既往已经投放过的订单以及正在进行中的订单，如图 72 所示。

△ 图 71

△ 图 72

点击"小店随心推"图标进入"DOU+ 小店随心推"管理中心，在这个页面中即可直接点击红色的"去推广"按钮，针对某一个视频进行推广，如图 73 所示。

或者在页面下方通过点击"发票中心"开具发票，点击"运营学院"学习关于广告投放的课程，订单问题可以点击"帮助与客服"进行咨询。

也可以在"我的视频订单"区域查看到所有订单，如图 74 所示。

△ 图 73

△ 图 74

用 DOU+ 推广直播

直播间的流量来源有若干种，其中最稳定的流量来源就是通过 DOU+ 推广获得的付费流量。下面讲解两种操作方法。

用"DOU+ 上热门"推广直播间

点击抖音 APP 右下角"我"，点击右上角三条杠，点击"创作者服务中心"（企业用户点击"企业服务中心"），点击"上热门"图标进入"DOU+ 上热门"页面。

在此页面的"我想要"区域，选择"直播间推广"图标，如图 75 所示。

在"更想获得什么"区域，可以从"直播间人气""直播间涨粉""观众打赏""观众互动"四个选项中选择一个。在此，建议新手主播选择"观众互动"，因为，只有直播间的互动率提高了，才有可能利用付费的 DOU+ 流量来带动免费的自然流量。如果选择"直播间人气"，有可能出现人气比较高，但由于新手主播控场能力较弱，无法承接较高人气，导致付费流量快速进入直播间，然后，快速撤出直播间的情况。

在"选择推广直播间的方式"区域，可以选择两个选项。

如果选择"直播加热直播间"，则 DOU+ 会将直播间加入推广流，这意味着目标粉丝在刷直播间时，有可能会直接刷到创作者正在推广的直播间，此时，如果直播间的场景美观程度高，则粉丝有可能在直播间停留，否则，则会划向下一个直播间。

如果选择"选择视频加热直播间"，则 DOU+ 会推广在下方选中的一条视频，这种推广与前面曾经讲解过的 DOU+ 推广视频没有区别。当这条视频被粉丝刷到时，会看到头像上的"直播"字样，如图 76 所示，如果视频足够吸引人，粉丝就会通过点击头像，进入直播间。在"我想选择的套餐是"区域，可以点击"切换至自定义推广"，获得更多关于推广的参数设置，如图 77 所示，这些参数与前面讲解过意义相似，在此不再赘述。

△ 图 75

△ 图 76

△ 图 77

用"DOU+ 小店随心推"推广直播间

点击抖音 APP 右下角"我",点击右上角三条杠,点击"创作者服务中心"(企业用户点击"企业服务中心"),点击"小店随心推"图标,进入"DOU+ 小店随心推"管理中心。

点击"直播推广"按钮,在"更多推广"页面,选择要推广的直播间右侧的"去推广"按钮,进入如图 78 所示的直播推广详细设置页面。

从设置可以看出来,虽然,同样是推广直播间,但用"DOU+ 小店随心推"推广直播间与用"DOU+ 上热门"推广直播间选项相似,这可能是由于这两项功能是由两个部门分别设计的原因。

在此页面的"直播间优化目标"区域中的选项与用"DOU+ 上热门"页面中的"更想获得什么"区域中的"直播间人气""直播间涨粉""观众打赏""观众互动"四个选项基本相似,其中:

进入直播间 = 直播间人气

粉丝提升 = 直播间涨粉

评论 = 观众互动

但如果直播间更追求售卖商品,则"DOU+ 小店随心推"推广直播间中的"商品点击""下单""成交"无疑更直接有效,因此,秀场类直播间,建议用"DOU+ 上热门"推广,而卖场类直播间建议用"DOU+ 小店随心推"推广。

在"你想吸引的观众类型"区域,可以选择一个选项,以精准推广直播间,这三个选项与使用"DOU+ 上热门"推广直播间时在"我想选择的套餐是"区域点击"切换至自定义推广",获得的更多参数设置基本相似。

如果对自己的直播间内容比较有信心,建议选择"达人相似观众",在如图 79 所示的界面中选择对标达人,并在"选择互动行为"区域,选择"观看过直播""种草过商品"选项,以获得更好的推广效果。

在"选择加热方式"区域,可以选择的选项虽然与用"DOU+ 上热门"推广直播页面的选项相似,但不同之处在于,在此仅可以选择一种加热方式,而如果使用"DOU+ 上热门"推广直播,可以同时选择两个选项,这一点值得主播注意,并区别使用。

在"期望曝光时长"区域,可以从 0.5 小时选择至 24 小时,一般来说,投放的时长应该比直播时间长半小时,并提前半小时投放,以获得提前审核。

另外,即使提前推广直播,投放的金额也只会在开播后消耗,所以,不必担心金额花费到了不当的地方。

图 78

图 79

直播托管

使用直播托管功能，可以实现开播自动推广直播间的效果，这对于每次直播都需要依靠付费推才能获得一定流量的直播间来说，能提高工作效率。

下面是具体操作步骤。

1. 点击抖音APP右下角"我"，点击右上角三条杠，点击"创作者服务中心"（企业用户点击"企业服务中心"），点击"上热门"图标。显示界面如图80所示。

2. 点击下方的"投放管理"图标，点击"直播托管"图标，进入如图81所示页面。

 图80

 图81

3. 在图81所示的页面点击"立即添加"按钮。

4. 在图82所示的"添加规则"页面，设置各个参数，并点击"确定"按钮。

5. 按同样方法添加多个规则。对于矩阵化运营的MCN机构，可以添加不同直播账号，做统一管理，如图83所示。

 图82

 图83

6. 如果在直播时需要某一个规则生效，则可以关闭其他规则，如图84所示。

 图84

利用DOU+涨粉的辩证思考

通过前面的学习，大多数新手都掌握了利用DOU+涨粉的正常思路与操作方法，但同时也会有部分新手发现，虽然粉丝量大了，但似乎发布新视频后基础播放量没有太大改观，这就涉及到了利用DOU+买来的粉丝质量的问题了。

如何验证DOU+买到的粉丝的质量

如果使用"账号速推"功能，验证粉丝质量的方法如下。

1. 按前面学习过的方法进入DOU+管理中心，找到相应的"账号速推"订单，如图85所示。

2. 点进订单后，点击"涨粉量"右侧的数字，显示此订单买到的粉丝，如图86所示。

3. 分别点击各个头像查看其主页，例如，图87所示为笔者分别点击N个头像后的粉丝主页，可以看出来这些粉丝关注量均高达数千，这证明此粉丝的兴趣非常分散，之所以成为你的粉丝，是由于视频被推送给他（她）后，他（她）会习惯性关注，这样的粉丝均属于低质量粉丝。

如果采用其他投DOU+的方法涨粉，验证粉丝质量的方法较为复杂，需要先记录投放前的粉丝状态，再进入粉丝列表中查看新粉丝的主页头像，但根据笔者的经验，除了使用对标达人及自定义推荐获得精准粉丝，利用智能推荐获得的粉丝质量均不会太高。

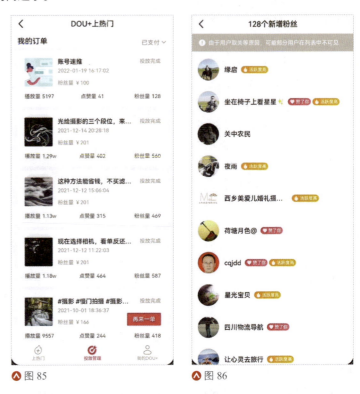

▲ 图85　　　　　▲ 图86

▲ 图87

如何辩证思考涨粉利弊

通过前面的学习我们已经知道，利用买粉丝的方法获得的粉丝质量不会太高。那么，是不是就不应该涨粉了呢？

答案是否定的，道理也比较简单。

买来的粉丝，虽然可能无法大幅度帮助创作者提高视频基础播放量，但能够起到"装点门面"的作用。因为，通过自然流量吸引的观众，在关注一个账号之前，通常都会进入创作者主页进行查看，如果一个创作者的主页显示的粉丝数量比较少，观众是否关注账号会很犹豫，但如果创作者主页显示的粉丝数量较多，观众则由于从众的心理会马上关注创作者。

因此，对于新手来说，涨粉很重要，但更重要的是涨精准粉丝，前者可以通过投DOU+快速获得，后者需要源源不断地产出优质视频，两者相辅相成，才可以更快成为一个大号。

同一视频是否可以多次投DOU+

对于优质视频，虽然可以多次反复投放DOU+，但为了获得更好的投放质量，仍然有必要控制投放的次数，下面笔者利用自己投放的实际案例来说明这一问题。

图88所示为笔者投放的一个24小时订单，可以看出来截止笔者截图时，此订单已经投放了24.5小时，而且金额并没达到额定投放的100元。

点击下方的"不符合预期？"蓝色文字，则会显示如图89所示的提示文字，考虑到此视频已经做过多次投放，且使用的不是自定义选项，而是系统智能推荐，因此没有按时按量完成投放的原因就只有一个，即投放次数过多。

从这样的订单可以总结出来的投放经验的是，即便优质视频也不能多次频繁投放，否则可能导致投产比明显下降，甚至无法顺利完成投放。

▲图88

▲图89

解决的方法是改变投放的方式，例如，笔者针对此视频采取选择对标达人的形式进行了再次投放，获得了较高投产比。但投放时选择的对标达人与视频本身的摄影内容不相关，反而是与数码科技、旅游、金融相关，由此可以推断出喜欢摄影的人群大部分也关心数码科技、旅游、金融。这个投放经验，有助于新手打开自己的流量池，使自己的粉丝来源更加多元化，有效拓展粉丝来源。

新账号 DOU+ 起号法

对于算法来说,由于新账号没有历史数据可参考,账号没有什么标签,所以创作者发布的视频被推送的人群肯定不精准,坚持发布 20 至 40 条作品后,推送人群才会慢慢变得精准,但这个过程比较花时间,所以,新账号如果要快速起号,减少试错时间成本,可使用下面的起号方法。

1. 按前面章节讲述的思路做主页装修,这是基础工作,主页装修效果不好,会直接影响转粉率。

2. 通过寻找对标账号,确定账号定位与作品创作方向。

3. 通过分析对标账号的成品作品,进行模仿式创作,发布 25 条以上优质作品,以丰富主页内容。

4. 选择 5 条相对优质的视频,按批量投放的形式,投 100 元系统智能推荐,目标选择涨粉。

注意:这一步骤的目的是要在投放结束后,通过粉丝数据来验证获得的粉丝是不是目标粉。如果是,可以重复以上步骤。如果不是,要按下面的步骤操作。

5. 选择 5 条相对优质的视频,按批量投放的形式,投 100 元达人相似,目标选择涨粉。

注意:不要投大 V,要投近新起号的达人,因为观众对某一类的账号,感兴趣的时间可能是有限的,三个月之前对短视频运营感兴趣的,现在不一定感兴趣,而新起号的达人的粉丝相对更精准,投放的效果好。另外,不要投放内容质量比你优质太多的相似达人,因为,关注这样达人的粉丝不太可能关注一个内容质量低的同类账号,除非你有明显差异化定位。

6. 分析批量投放的效果,此时 DOU+ 已经从这一批视频中找到了最优质的视频,如图 90 所示。

7. 针对优质视频再次投放 100 元 DOU+,仍然按达人相似进行投放。

8. 投放结束以后,上传 5 个新作品。5 天后进行数据分析。首先,查看播放数据,如果播放数据超出 1000 次,则初步证明推送的人群已经精准了。其次,要分析投放 DOU+ 的视频受众人群画像与这些新视频的受众人群画像是否重叠,如图 91 所示,方法可参考前面有关视频数据分析的章节,如果两者重合度很高,才能证明新账号已经有标签了,暂时不用再投放 DOU+。

9. 如果上传的新视频的播放量不高,分析数据后发现当前粉丝与目标粉丝重合度低,可以重复第 5 至 8 步。

建议用这种方法同时对 2 个甚至多个账号进行操作,最终哪一个账号的数据表现最好,就在这个账号上进行持续投入。

▲ 图 90

▲ 图 91

DOU+ 投放速率的问题

通常情况下如果以 24 小时投放 100 块钱为例，在选择智能推荐的情况下，获得的是 5000 次播放量。如果 DOU+ 投放是匀速的，每个小时投放的播放量就是 208 次。

那么 DOU+ 到底是不是匀速投放呢？下面笔者通过几个订单来展示并分析一下。

第一个订单是在 2 月 19 号的 0 点 25 分开始投放的，到第二天的 10 点 42 分投放效果如图 92 所示，可以看到投放出去的是 1614 次播放量，当 12 点 06 分笔者再次截图时，投放的播放量达到 2003 次，如图 93 所示。

这证明在非热门时间段，由于抖音没有太多投放目标用户，所以投放速度比较慢。所以，DOU+ 的投放不是匀速的。

▲ 图 92

▲ 图 93

下面再分析笔者投放的另外两个案例，展示并分析投放速度的不均衡性及关注 DOU+ 投放速度的意义。

如图 94 所示的第一个订单投放至 1.4 小时，花费是 10.75 元，播放量是 480 次。

如图 95 所示的第二个订单在同样是 1.4 小时的时候，播放量是 248 次，花费是 6.34 元。

此时，两者的播放量相差并不大。

但接下来，两者的数据却发生了很大的变化。

正是由于这样的变化，使笔者意识到关注订单投放速率的重要性。

▲ 图 94

▲ 图 95

如图 96 所示为第二个订单投放至 4.7 小时的时候，播放量达到 1076，共费金额是 23 元。

但第一个订单却在此时花费达到了 70.01 元，播放量已经达到了 3231 次，如图 97。

在两个视频质量相当，投放目标相同的情况下，播放量及花费却出现了较大的区别。

在投放至 5.8 小时的时候，第二个订单播放量为 1425 次，花费为 30.53 元，如图 98。而第一个订单的播放量与花费出现了断崖式下跌，播放量为 3301 次，花费为 71.2 元，如图 99，这是由于在前期投放的速度过快，导致播放量与订单余额不足，因此投放速度大大放缓。

当投放时间达到 6.8 小时，第二个订单的花费是 35.87 元，如图 100，第一个订单花费是 72.46 元，如图 101。

通过对比这两个订单，可以看出来，DOU+ 投放非但不是匀速的，而且速率变化幅度非常大。

了解这一点的意义在于，指导创作者要根据情况监测投放数据，以及时止损。

对于非热门时间段投出去的 DOU+，数据监测的时长可能是两三个小时一次，但是在热门时间段，投出去的 DOU+ 就一定要及时频繁监测。

因为订单有可能在短时间之内迅速放量，如果过 4 小时

▲ 图 96

▲ 图 97

▲ 图 98

▲ 图 99

▲ 图 100

▲ 图 101

再去观测，有可能遇到订单放量已经完成的情况。

这个时候终止 DOU+ 已经没有什么太多的意义了，因为订单金额已经花出去了。

不同粉丝量账号投 DOU+ 的策略

千粉以下账号

如果要在抖音平台上变现，1000 粉丝是一个基础门槛，低于 1000 粉丝无法开通带货橱窗与团购达人。

所以，1000 粉丝以下账号不用考虑太多，DOU+ 投放全部选择投粉丝量，快速涨到 1000 粉，然后开通橱窗，开始带货。

这样可以形成一个正向反馈，比如创作者在带货后，哪怕只是收到了很少的佣金，都会坚定创作者的信心，投入更多的时间与精力在抖音平台上，确立这个正向反馈是很重要的。

万粉账号

对于 1000 粉丝到 1 万粉丝的账号，要分析一下粉丝构成。

首先，要查看一下账号的铁粉到底有多少，查看的方法如下。

1. 在抖音中点击"我"，点右上角的三条杠，然后，点击"创<!--点-->击企业服务中心"）。

2. 点击"近 7 日数据概览"右侧的"查看更多"，如图 102 所示。

▲图 102

3. 在"数据中心"页面，点击"粉丝数据"，如图 103 所示，则可以看到铁粉的数量。

4. 点击"了解更多"，可以在如图 104 所示的铁粉介绍页面，详细了解铁粉对于账号的重要性。

通常情况下，铁粉占总粉丝的比例不能低于 10%，最好在 35% 左右。

如果铁粉特别少，证明前期涨粉丝时泛粉过多，所以，下一个阶段在投放 DOU+ 时，主要目的就是要把铁粉量增上去。

这个阶段投 DOU+ 时要做两种投放。

第一种投放还是涨粉丝，目的是增加视频基础播放量并让账号的"门面"好看一些。

第二种投放，是必须投一些精准粉丝，即使用 DOU+ 投放中的自定义功能，精确定义粉丝的年龄、性别、兴趣爱好以及地域等，并同时增加一些相似达人投放。

通过这样两种相互叠加的方式，你投下来以后的话，铁粉数量也会增长，粉丝数量也会增长，达到一个良性循环。

▲图 103

▲图 104

5 万粉账号

对于 1 万粉到 5 万粉的账号来说，要通过分析变现的情况来投放 DOU+。

如果变现情况特别差，这个时候可能需要投一些以促成交、促转化为目的订单，即小店随心推订单。

目的是测一测是粉丝画像出了问题，还是主推的货品出了问题，如果通过自然流量变现情况始终很差，那么，只有通过 DOU+ 的自定义粉丝选项，通过广告的形式将货品硬推给目标粉丝的方式，来检测是不是商品问题，在这个阶段投放 1、2 次是没有效果的，至少要投放 7、8 次才有可能检测出来。

笔者在运营时也会投放多次 DOU+ 用于做数据测试，如图 105 所示。

检测后如果成交量尚可，就需要优化视频的内容，提升视频的自然流量。

如果按这种投放成交仍然无法成交，这意味着货品与粉丝无法匹配，要么按当前粉丝购买偏好调整货品，要么按货品重新调整粉丝结构。

调整货品的操作较为简单，再次增加对标账号分析范围，按对标账号调整货品即可。

如果要调整粉丝结构，可以按下面的思路操作。

首先，找到成交量可观，且主推同类货品的带货达人。

然后，在投放 DOU+ 时，要选择自定义选项再叠加对标达人的方式进行投放，目的是增加账号中的付费意愿强的粉丝。这个操作的前提是自己主推的货品具备一定的价格优势，在实际操作中，有些达人甚至以成本价出售货品，目的就是以价格优势将对标账号的粉丝"强拉"到自己的账号中。

这样的操作，虽然成本较高，但实际上如果有传统电商运营经验的卖家都知道，这其实就是做基础销量，即用正规手段提升店铺口碑分及付费铁粉。

在这个阶段涨粉的投放操作仍然不能停，因为，粉丝只会越来越贵，目前抖音还处于红利期，发展粉丝的价格一定会越来越贵。所以说趁着现在还不是特别高的情况下，先把粉丝数涨上去很重要。

▲ 图 105

10 万粉账号

当账号有 5 万甚至 10 万以上粉丝时，基础播放量已经很好了。投放 DOU+ 的时候就应该分散一些，比如点赞、主页浏览、商品成交、直播间，都可以视情况投放。

无法投 DOU+ 的 8 个原因

很多朋友会遇到投放 DOU+ 的视频无法通过审核的情况。虽然官方会给出视频没有通过审核的原因，但这个原因往往模糊不清，导致很多用户不知道自己的视频不能投 DOU+ 的原因究竟在哪里，也不知道从哪些方面进行修改，如图 106 所示。

笔者根据自身几千次 DOU+ 投放经验，总结出了以下 8 种可能会导致审核不通过的情况。

视频质量差

视频内容不完整、画面模糊、破坏景物正常比例、3 秒及 3 秒以下的视频、观看后让人感到极度不适的视频，这些都是"质量差的视频"，也就不会允许投放 DOU+。

非原创视频

如果所发布的视频是从其他平台上搬运过来的，非原创的，也不会通过审核。其判定方法通常为：视频中有其他平台水印、视频中的 ID 与上传者的 ID 不一致、账号被打上"搬运号"标签、录屏视频等。

视频内容负面

如果视频内容传递了一种非正向的价值观，并且含有色情、暴力等会引起观众不适的画面，同样不会通过审核。

隐性风险

当视频内容涉嫌欺诈，或者是标题党（标题与视频内容明显不符），以及出现广告、医疗养生、珠宝、保险销售等内容时，将很难通过审核。

广告营销

视频内容中含有明显的品牌定帧、品牌词字幕、品牌水印和口播等，甚至是视频背景中出现品牌词都将无法通过审核。

▲ 图 106

未授权明星 / 影视 / 赛事类视频

尤其是一些刚刚上映的影视剧，一旦在非授权的情况下利用这些素材，将大概率无法通过审核。

视频购物车商品异常

如果视频中的商品购物车链接无法打开，或者商品的链接名称中包含违规信息，均无法通过审核。

视频标题和描述异常

视频标题和描述不能出现以下信息，否则将无法使用 DOU+。

① 联系方式：电话、微信号、QQ 号、二维码、微信公众号和地址等。

② 招揽信息：标题招揽、视频口播招揽、视频海报或传单招揽、价格信息和标题产品功效介绍等。

③ 曝光商标：品牌定帧、商业字幕和非官方入库的商业贴纸等。

第7章

DOU+ 实战数据分析与投放建议

通过实战了解 DOU+ 的高性价比投放方式

正所谓"实践出真知",只有真正尝试不同的 DOU+ 投放方法,并通过单一变量进行对比,才能够相对客观地总结出性价比更高的 DOU+ 投放方式。

提出问题、解决问题的思路更重要

DOU+ 的推荐算法是在不断更新迭代的,短视频领域的大环境也在不断发生变化。所以"今天"总结出来的任何经验、规律,在"明天"可能就不再适用了。

因此,虽然本章通过 DOU+ 实战的方式,探究或者验证了部分 DOU+ 投放的经验,但各位学习的重点,应该放在如何发现问题、设计对比投放方案,以及通过数据分析解决问题的方法。这样,无论 DOU+ 如何变化,都能够即时总结出新的经验,做到与时俱进,立于短视频领域的不败之地。

理想中的"单一变量"

为了得到相对客观的结论,本章中的 DOU+ 实战案例均采用"单一变量"的分析方法。对于 DOU+ 而言,所谓"单一变量",其实就是从众多投放选项中选择一个进行不同的设置,其他设置均相同。然后根据投放效果来分析那个唯一不同的选项对投放效果的影响。

DOU+ 投放选项包括:
· 批量投放
· 单视频投放
· 投放目标
· 投放时长
· 系统智能推荐
· 自定义定向推荐
· 投放金额

以"投放目标"为例,可以设置为粉丝增长或者点赞、评论等,那么通过对该选项进行不同的设置,并投放 DOU+,根据投放效果,即可判断出如何设置更能满足投放需求。

从理论上来说,通过对"单一变量"实验进行分析,可以准确分析出该变量与最终结果之间的关系。因为当只有一个变量发生变化时,结果的变化一定是由于该变量的变化导致的。问题是,DOU+ 真的能实现"单一变量"吗?

事实上,DOU+ 的投放,其变量绝不仅仅是上文提到的那几个可以设置的选项,其中涉及太多不可控的变量。比如,不同短视频的质量,观众对短视频的认可程度,DOU+ 推广人群与短视频内容的匹配度,以及不透明的 DOU+ 推荐算法等。这些都导致即便在投放 DOU+ 时只有一个选项不同,但其实不同的绝不仅仅是这一个选项而已。因此,不只是本章,其实所有 DOU+ 投放的经验都是推测。只不过因为具有一定的数据基础,从而在大多数情况下,经验都是正确且实用的。

不可重复的 DOU+ 投放效果

正是因为 DOU+ 投放的很多变量是不可控的，所以哪怕投放设置相同，投放效果也会有变化。因此，DOU+ 的投放效果是不可重复的。正因为其不可重复性，所以对于不同的 DOU+ 投放设置对投放效果影响的分析，其主要价值在于推理、解释数据产生差异的原因。并根据该原因，得出优化 DOU+ 投放方式的建议。

实战 1："投放时长"对 DOU+ 投放效果的影响

从理论上分析，"投放时长"数值越大，则越有利于抖音从海量用户中，通过标签筛选找到更精准的潜在粉丝；反之，则用户越不精准，从而导致转粉率下降，ROI 走低。

为验证这一理论，笔者设计了一个投放实验，即对两个内容质量相近的短视频分别进行 DOU+ 投放。除投放时长分别为 12 小时和 6 小时外，其余设置完全相同。

由于投放目标均为"粉丝提升"，故以投放后的粉丝提升效果来对比分析上述理论。

实战投放关键数据获取

该案例中的关键数据为"投放时长"和"新增粉丝数"，从图 1~图 3 中可提取出表 1 中的数据。

表 1

投放金额	100 元	100 元
投放时长	12 小时	6 小时
新增粉丝数	29 人	18 人

图 1

图 2

图 3

数据计算与分析

数据计算

投放 12 小时比投放 6 小时多增长粉丝百分比 =（29 – 18）/18*100% ≈ 61%；

投放 12 小时粉丝转化成本 =100/29 ≈ 3.45 元 / 个粉丝；

投放 6 小时粉丝转化成本可直接从图 2 得到：5.56 元 / 个粉丝；

投放 12 小时比投放 6 小时的转化成本降低百分比 =（5.56 – 3.45）/5.56*100% ≈ 38%。

数据分析

在不考虑内容对 DOU+ 投放效果的影响下，投放时长为 12 小时比投放时长为 6 小时的粉丝增量高出 61%，粉丝转化成本低 38%。

故以此推断，较短的投放时长可能导致系统将短视频推送给匹配度稍差一些的观众，从而在指定时间内完成推广。而较长的投放时长可以让系统有更长的时间搜索匹配度更高的观众，进而使投放更精准，有效提高粉丝转化率。

投放建议

基于以上分析，建议对时效性较差的短视频，比如美食类、探店类、科普类等，选择较长的投放时长其性价比会更高。

对于时效性很强的短视频，比如蹭热点或者时事类短视频，则应该选择较短的投放时间，充分发挥话题热度的优势，在短时间内让更多的观众看到该短视频。

实战 2：投放"点赞评论"和"粉丝提升"对播放量的影响

从抖音的推荐逻辑推测，由于"点赞和评论"与短视频能否进入下一级流量池的关系密切，所以投放"点赞评论"应该更有利于提高播放量。

为验证这一推测，该实战案例将分别进行投放目标为"点赞评论"和"粉丝提升"的 DOU+ 投放，并对比"播放量"——这一短视频流量的核心指标。

需要强调的是，DOU+ 提供的播放量数据是付费购买的，所以这部分播放量的多少完全由投放金额来决定，不具备分析价值。而我们更关注的，是通过付费流量带来的自然流量，以此判断当需要提高短视频播放量时，投放"点赞评论"和"粉丝提升"中的哪个更合适。

实战投放关键数据获取

该案例中的关键数据为短视频总播放量、付费播放量、投放 DOU+ 之前的播放量（起始播放量）。由于"粉丝增长"DOU+ 是对 3 条短视频进行批量投放，所以需要分别获取以上数据。从图 4~ 图 10 获取的关键数据如表 2 所示。

表 2

	投放点赞和评论	投放粉丝提升		
总播放量	7100	2590	1600	2300
起始播放量	800	300	290	150
付费播放量	5468	5723		

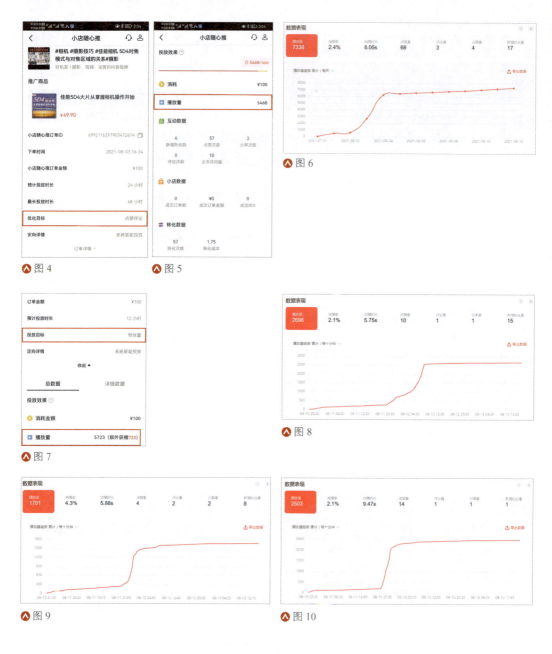

▲ 图4　▲ 图5　▲ 图6

▲ 图7　▲ 图8

▲ 图9　▲ 图10

数据计算与分析

数据计算

投放"点赞评论"获得的自然流量 =7100 － 800 － 5468=832

投放"粉丝提升"获得的自然流量 =（2590+1600+2300）－（300+290+150）－ 5723=27

投放"点赞评论"比投粉丝提升获得的自然流量增长倍数 =（832 － 27）/27 ≈ 30 倍

数据分析

在忽略投放时长影响的情况下，以相同金额投放"点赞评论"和"粉丝"提升，虽然付费流量几乎相同，但通过付费流量激活的自然流量，投放"点赞评论"要比投放"粉丝提升"提高近30倍。

当然，该数据在一定程度上仅代表个例，但与抖音的推送机制进行联合分析，基本可以说明，点赞和评论的增加，对于提升自然流量的促进作用要比粉丝增加明显得多。

投放建议

对于需要增加播放量的短视频而言，比如带货短视频，提高播放量可以增加产品曝光，进而提高订单转化率。在为商家打广告时，短视频有一定的播放量及成交要求时，可以适当投放"点赞和评论"DOU+，性价比较高。

而对于新账号而言，单条短视频的高流量其实对今后账号的发展影响不大，所以首要任务依然是涨粉。这种情况下，投放"粉丝增长"DOU+ 其实更合适。

实战3：投"粉丝提升"和"主页浏览"对粉丝数量的影响

由于在DOU+的投放目标中包含"粉丝提升"这一选项，所以从理论上来说，投放"粉丝提升"DOU+ 应该是增加粉丝效果最好的方法。但考虑到很多观众在决定是否关注一个账号时，会看一下主页，所以"主页浏览"也有可能成为提升粉丝数量的较优选择。

为了验证"粉丝提升"这一DOU+ 选项比其他选项可以更有效地增加粉丝数量，故通过"粉丝提升"和"主页浏览"这两种DOU+ 投放的数据进行分析。

实战投放关键数据获取

该案例中的关键数据为"付费播放量""新增粉丝数""投放金额"，从图11~图14可提取出表3中的数据。

表3

	投粉丝提升	投主页浏览量
付费播放量	1447	2603
新增粉丝数	115	16
投放金额	50	45

▲ 图11

▲ 图12

▲ 图13

▲ 图14

数据计算与分析

数据计算

投放"粉丝提升"比投放"主页浏览"的付费流量降低百分比 =（2603 − 1447）/2603*100% ≈ 44%；

投放"粉丝提升"比投放"主页浏览"的粉丝增长提高倍数 =（115 − 16）/16 ≈ 6 倍；

投放"粉丝提升"的粉丝转化成本 =50/115 ≈ 0.43 元/个粉丝；

投放"主页浏览"的粉丝转化成本 =45/16 ≈ 2.81 元/个粉丝；

投放"粉丝提升"比投放"主页浏览"降低粉丝转化成本百分比 =（2.81 − 0.43）/2.81*100% ≈ 85%。

数据分析

对同一条短视频分别进行增加粉丝量和主页浏览量的投放,在前者付费流量比后者低44%的情况下,前者的粉丝增长量比后者高6倍。从这一数据可以看出,在以增加粉丝为目的的情况下,投放"粉丝提升"具有绝对的优势。这与抖音会通过收集观众观看习惯,将短视频推送给"点击关注"概率较高的观众有很大关系。

投放建议

在账号起步初期,粉丝的积累至关重要。因为只有粉丝足够,才会让每条短视频的流量具有保障。另外,粉丝数量也是很多"正常"观众决定是否关注该账号的依据之一。粉丝数量越多的账号,观众越会觉得这个账号发布的短视频中一定有干货、有内容,否则也不会有这么多的粉丝,从而大大提高关注的概率。

但是,投放"粉丝提升"DOU+也有弊端。原因在于抖音会将付费流量推送给一些"喜欢点关注"的观众,以此达到明显提升粉丝量的目的。而这些"喜欢点关注"的观众,不一定是"正常"粉丝,其中一部分是兴趣很分散广泛的账号。而这些账号即便关注了你,起到的作用也仅仅是让粉丝的数量"更好看"而已。这些粉丝在关注你的账号之后不会与你的短视频进行互动,更不要提变现。

所以,在账号粉丝5万或申请了黄v认证后,建议不要过多地投放"粉丝提升"了,因为不可避免地会造成花钱买"死粉"。不如多投一投"点赞评论",既能增加流量,又能吸引"活粉"关注。

实战4:智能投放与定向投放对增加粉丝的影响

通过该实战案例发现,在设置为"粉丝提升"投放时,定向投放比智能投放效果更好。

为了得到这一结论,笔者对两条内容相似的短视频,一条选择"智能投放",另一条根据当前粉丝画像,限定"男性"进行投放,并对比其粉丝增长效果。

实战投放关键数据获取

该案例中的关键数据为"付费播放量""新增粉丝数""投放金额",从图15~图18可提取出表4中的数据。

表4

	智能投放	定向投放
付费流量	5530	1447
新增粉丝数	72	115
投放金额	100	50

▲ 图15

▲ 图16

▲ 图17

▲ 图18

数据计算与分析

数据计算

投放"智能投放"比投放"定向投放"提高的付费流量倍数 =(5530 − 1447)/1447 ≈ 3 倍;

投放"智能投放"比投放"定向投放"降低的增粉数量百分比 =(115 − 72)/115*100% ≈ 37%;

投放"智能投放"的粉丝转化成本 =100/72 ≈ 1.39 元 / 个粉丝;

投放"定向投放"的粉丝转化成本 =50/115 ≈ 0.43 元 / 个粉丝;

投放"智能投放"比投放"定向投放"增加的粉丝转化成本倍数 =(1.39 − 0.43)/0.43 ≈ 2 倍。

数据分析

在忽略投放时长对投放效果影响的情况下，当分别以"智能投放"和"定向投放"投DOU+时，虽然前者的付费流量比后者高出3倍，但增粉效果却要低37%，粉丝转化成本高2倍。

由此可见，一旦账号的粉丝画像基本成形，通过粉丝画像进行定向投放，虽然付费流量单价较高，但粉丝转化效果却会更好，转化成本也会更低。

投放建议

需要强调的是，之所以"定向投放"的性价比更高，是因为有粉丝画像作为依据。因此，在没有形成稳定的粉丝画像之前，没有依据，或者凭借主观臆断进行"定向投放"的效果是没有保证的，可能比智能投放的效果还要差。

那么，如何形成稳定、客观的粉丝画像呢？

常规情况下，需要至少20条拥有正常自然流量短视频的观众数据基础。而如果想缩短形成粉丝画像的时间，可以通过"智能投放"DOU+，并选择"点赞评论"作为投放目标，从而获得更多的观看数据，并得到更客观的"活粉"数据，打下进行"定向投放"的基础。

实战 5：批量投放 DOU+ 与单视频投放 DOU+ 对投放效果的影响

批量投放 DOU+ 可以实现 100 元为最多 5 条短视频投放 DOU+ 而单视频投放只能实现最低 50 元投放 DOU+，如果要为 5 条短视频投放 DOU+，则需要高达 250 元。看似批量投放 DOU+ 的性价比更高，但根据该实战案例的数据得出，单视频投放 DOU+ 的效果更好。

为了得到这一结论，笔者以几乎完全相同的设置进行批量投放 DOU+ 和单视频投放 DOU+，并通过播放量和粉丝增长两个方面，分析出哪种投放方式具有更高的性价比。

实战投放关键数据获取

该案例中的关键数据为"投放金额""新增粉丝数""投放 DOU+ 前播放量""投放 DOU+ 后播放量"，从图 19~图 25 可提取表 5 中的数据。

表 5

	单视频投放 DOU+	多视频投放 DOU+		
投放金额	100	100		
新增粉丝数	71	29		
投放 DOU+ 前播放量	2877	365	297	203
投放 DOU+ 后播放量	6210	2696	1701	2503
付费播放量	3261	5723		

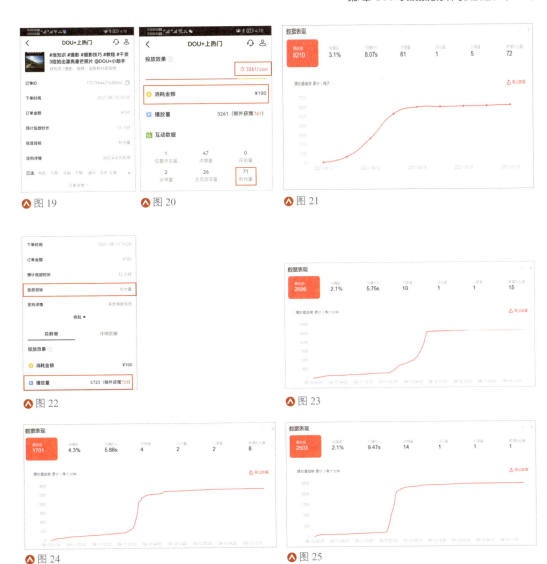

▲ 图 19

▲ 图 20

▲ 图 21

▲ 图 22

▲ 图 23

▲ 图 24

▲ 图 25

数据计算与分析

数据计算

单视频投放粉丝转化成本 =100/71 ≈ 1.41 元 / 个粉丝

多视频投放粉丝转化成本 =100/29 ≈ 3.45 元 / 个粉丝

单视频投放比多视频投放的粉丝转化成本降低百分比 =（3.45 − 1.41）/3.45*100% ≈ 59%

单视频投放播放量增长 =6210 − 2877=3333

多视频投放播放量增长 =（2696+1701+2503）−（365+297+203）=6035

单视频投放比多视频投放的播放量增长降低百分比 =（6035 − 3333）/6035*100% ≈ 45%

数据分析

在不考虑 DOU+ 投放区域的影响下，单视频投放 DOU+ 比多视频投放 DOU+ 的粉丝转化成本低 59%。由于投放目标均为粉丝转化，因此在转化成本相差如此悬殊的情况下，可以确定单视频投放比多视频投放效果更佳。

另外，虽然单视频投放的总播放量增长比多视频投放低 45%，但是其多出的播放量主要来源于付费流量。而之所以单视频投放的付费流量价格较高，是因为其增加了"定向地点"投放的限定条件。因此，在播放量增长方面，如果不考虑付费流量的差异，二者的数据是基本持平的。

投放建议

当自然流量跑完后，选择流量较高的短视频进行单视频投放，相当于将全部投放金额花在了质量最优的短视频上，所以获得的投放效果更好，也是笔者建议的投放方式。

但多视频投放也不是没有价值。当多条短视频的自然流量相当，无法确定哪一个投放 DOU+ 效果最佳时，即可通过多视频投放进行检验。虽然看似多投了一次 DOU+，多花了钱，但在通过该方法筛选出反馈最好的短视频后，即可让之后的投入性价比更高。综合考虑，这种投放方式要比盲目选择短视频投放 DOU+ 更合理，正所谓"磨刀不误砍柴工"。

实战 6：投放时间选择对投放效果的影响

想必大家都会在休息时间、空闲时间、娱乐时间刷短视频。当自己心情好时，也更喜欢对短视频进行点赞、评论等，这都是人之常情。据此推断，如果在一些人们大多都在休息、进行放松的时间投放 DOU+，其投放效果应该会比在工作时间投放好一些。

为了验证这一推测，笔者分别在周五和周六进行 DOU+ 投放，并以粉丝转化效果作为比较目标，以此判断哪个投放时间是更优选择。

实战投放关键数据获取

该案例中的关键数据为"投放金额"和"新增粉丝数"，从图 26~ 图 29 可提取表 6 中的数据。

表 6

	周五投放	周六投放
投放金额	100	100
新增粉丝数	71	241

▲图 26　　▲图 27　　▲图 28　　▲图 29

数据计算与分析

数据计算

周五投放 DOU+ 的粉丝转化成本 =100/71≈1.41 元/个粉丝；

周六投放 DOU+ 的粉丝转化成本 =100/241≈0.41 元/个粉丝；

周六投放比周五投放的粉丝转化成本降低百分比=（1.41-0.41）/1.41*100%≈71%。

数据分析

在不考虑投放时间和定向投放的情况下，在周六投放的转化成本比周五投放低了71%。这个数据虽然无法代表周六投放 DOU+ 更具优势，但在一定程度上反映出投放时间的选择对于最终投放效果是有直接影响的。证明在观众比较休闲、心情比较好的时间段进行 DOU+ 投放，其看到短视频进行点赞、关注或者评论的概率确实会更高。尤其是生活节奏比较快的一线城市，时间段的选择对最终投放效果的影响可能更大。

投放建议

虽然理论上，以及数据上都表明，人们在休闲时间更愿意观看短视频，也更愿意与短视频进行互动，但却并不能说明，在日常工作时间投放 DOU+ 就一定比休闲时间投放 DOU+ 的效果差，尤其是一些刚刚起步的新号。

因为在所谓的"热门时间段"，是各领域头部大号的短视频发布时间。这时大家都会去看那些大号的短视频，作为新号，自然不会获得太多的流量。

这与综艺节目安排播放时间相似。一些小众综艺，一定会与大牌综艺的播放时间错开。而大牌综艺的播放时间当然都是热门时间，那么小众综艺就只能是小众时间了。但是，由于小众时间的竞争压力小，所以反而会获得更多的流量。

因此，建议在起号阶段，尝试在各个时间段进行 DOU+ 投放，然后根据自身情况进行对比，分析出最佳的投放时间。

实战7：DOU+ 及时止损策略

由于 DOU+ 可以在投放过程中被终止，并且剩余未投放的 DOU+ 金额将被全部退回到账户。因此在理论上，如果投放时间与粉丝增长的关系成正比，那么就可以通过前期投放 DOU+ 的效果来判断全部金额投放完毕的效果。问题的关键就在于，投放时间与粉丝增长的关系是不是正比。

为了验证这一点，笔者设计了一个投放实验。投放 50 元 DOU+，在 9 个时间点记录粉丝增长情况，并制作折线图，根据线形来判断投放时间与粉丝增长的关系。

实战投放关键数据获取

该案例中的关键数据为投放时长和新增粉丝数量,从图30~图38中可提取表7中的数据。

表7

投放时长(小时)	粉丝增量
1.9	23
4.3	32
5.1	54
5.8	58
6.5	62
7.4	71
8	82
9.3	100
9.9	107

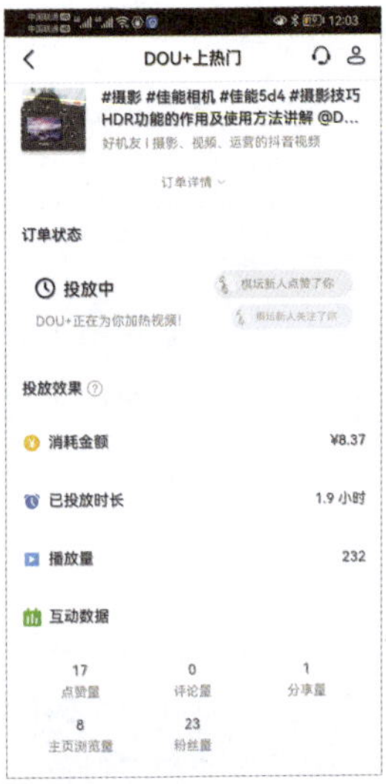

▲ 图30

▲ 图31

▲ 图32

▲ 图33

▲ 图34

▲ 图35

第7章 DOU+实战数据分析与投放建议

▲ 图36

▲ 图37

▲ 图38

数据分析

以投放时间为 X 轴，粉丝增长数量为 y 轴，根据以上数据绘制折线图，如图39所示。

从投放时长与粉丝增长折线图来看，其斜率的变化幅度并不大，粉丝增长与投放市场可以近似看作成正比关系。即便第 4h 到第 5h 的斜率相对较高，但第 5h 的粉丝数几乎正好为第 10h 粉丝数的一半，依旧证明将二者关系看作正比并不会对判断造成影响。

所以，从目前统计数据结果来看，当以粉丝增长为投放目标时，投放时长一半的粉丝增长量乘以 2，与最终投放结束时的增长量基本相当。

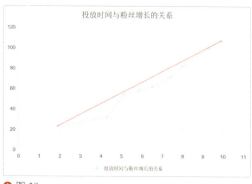

▲ 图39

投放建议

由于投放时间与投放效果几乎成正比关系，就可以在投放前期预判最终投放效果，并决定是否提前结束投放，降低投放成本。

需要注意的是，如果总投放时间较短，二者的斜率可能不会如此稳定，因此建议各位在投放时长为 12h 时，再采用此方法进行效果预测。

需要注意的是，投放的时间较长，覆盖目标粉丝的热门及非热门时间段时，要注意对数据进行区别分析。通常，在热门时间段如果都无法获得较好投放效果，在非热门时间段大概率表现会更差。另外，根据实际投放测试，有些视频投放速度是非匀速的，因此，保险起见数据监测分析频率应该更高一些。

实战 8：流量稳定前投放 DOU+ 与流量稳定后投放 DOU+ 的区别

各位在进行 DOU+ 投放时可能会有这样的感觉，如果一条短视频已经发布很久了，流量已经不再增长了，进行 DOU+ 投放的效果可能不会太好。因为以这种方式进行投放，有点重复发布相同短视频的意味。而抖音对发布重复短视频的管控是很严格的，所以大多数人都会在短视频发布后不久，甚至自然流量还没有稳定的情况下投放 DOU+。

为了验证 DOU+ 投放与短视频流量是否稳定有没有关系，笔者设计了一个投放实验。分别对发布后 25 天、发布后 16 天和发布后 1 天的短视频进行 DOU+ 投放。其中，发布 25 天及 16 天的短视频，流量已经完全稳定，而发布 1 天的短视频，流量仍在增长中。通过投放 DOU+ 后，粉丝和播放量的增长情况，来判断流量有没有稳定对 DOU+ 投放效果是否有影响。

实战投放关键数据获取

该案例中的关键数据为"投放 DOU+ 前播放量""投放 DOU+ 后播放量""付费播放量""投放 DOU+ 前粉丝量""投放 DOU+ 后粉丝量""付费增长粉丝量""投放金额"，从图 40~图 51 即可提取出表 8 中的数据：

表 8

	发布 25 天	发布 16 天	发布 1 天
投放 DOU+ 前播放量	21000	14000	13000
投放 DOU+ 后播放量	32000	23000	19000
付费播放量	2299	1266	1274
投放 DOU+ 前粉丝量	270	179	93
投放 DOU+ 后粉丝量	465	343	182
付费增长粉丝量	65	96	97
投放金额	43.43	43.76	43.96

▲ 图 40

▲ 图 41

▲ 图 42

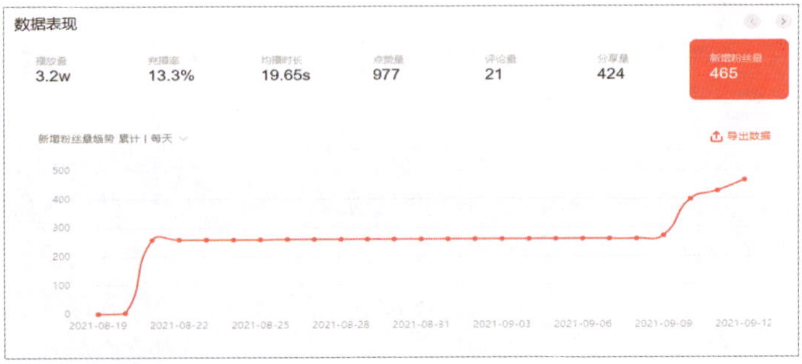

▲ 图 43

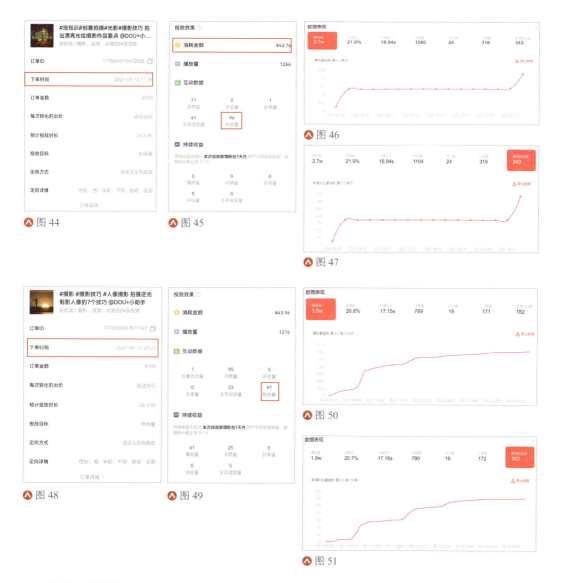

图 44　图 45　图 46　图 47　图 48　图 49　图 50　图 51

数据计算与分析

数据计算

发布 25 天投放 DOU+ 粉丝转化成本 =43.43/65 ≈ 0.67 元 / 个粉丝；

发布 16 天投放 DOU+ 粉丝转化成本 =43.76/96 ≈ 0.46 元 / 个粉丝；

发布 1 天投放 DOU+ 粉丝转化成本 =43.96/97 ≈ 0.45 元 / 个粉丝；

发布 16 天比发布 25 天投放 DOU+ 的粉丝转化成本降低百分比 =（0.67 − 0.46）/0.67*100% ≈ 31%；

发布 25 天自然粉丝增长数量 =465 − 270 − 65=130；

发布 16 天自然粉丝增长数量 =343 − 179 − 96=68；

发布 1 天自然粉丝增长数量 =182 − 93 − 97= −8。之所以出现负数，可能是抖音后台数据更新节点有略微差异，导致数据无法准确吻合。此处可以理解为，为发布 1 天的短视频投放 DOU+ 后几乎没有自然粉丝增长。也就是说，所有的粉丝增长都是通过 DOU+ 付费流量的传播产生的。

发布 25 天比发布 16 天的自然粉丝增长提高百分比 =（130 − 68）/68*100% ≈ 91%；

发布 25 天自然流量增长 =32000 − 21000 − 2299=8701；

发布 16 天自然流量增长 =23000 − 14000 − 1266=7734；

发布 1 天自然流量增长 =19000 − 13000 − 1274=4726；

发布 25 天比发布 16 天的自然流量提高百分比 =（8701 − 7734）/7734*100% ≈ 13%；

发布 25 天比发布 1 天的自然流量提高百分比 =（8701 − 4726）/4726*100% ≈ 84%。

数据分析

在该组实验中，在付费流量涨粉转化方面，每个粉丝的价格，发布 16 天与发布 1 天基本相同，比发布 25 天低 31%。乍一看，似乎真的是为已经发布很久的短视频投 DOU+ 效果不好。但是，在自然粉丝增长上，发布 25 天的短视频要比发布 16 天的高出 91%。而发布 1 天的短视频甚至没有自然粉丝增长。

从自然流量上进行数据对比，发布 25 天和发布 16 天与发布 1 天后相比，分别高出 13% 和 84%。

根据以上数据进行综合分析，DOU+ 投放效果与短视频发布后多久进行投放并没有直接关系。之所以较之前发布的短视频，其 DOU+ 付费粉丝增长较低，可能与内容有较大关系，也就是付费推广到的观众恰好对该短视频没有太大兴趣。

同样，之所以从整体粉丝增长和流量增长来看，发布 25 天的短视频明显优于发布 16 天和发布 1 天的，可能是因为发布 25 天的短视频自然流量已经充分跑完，笔者选了一条数据表现较优的短视频，所以在进行 DOU+ 投放后，即使付费增长不高，整体表现也明显优于其他短视频。而发布 1 天的短视频，其自然流量都没有跑完，根本无法判断内容是否足够优秀。所以在投放 DOU+ 后，其带动的自然流量和自然粉丝都存在很大的不确定性。

因此，投放 DOU+ 时流量是否稳定与投放效果并没有直接关系，关键还要看短视频内容本身质量是否更好，是否能够受到观众的喜爱。

投放建议

既然无论已经发布了多久的视频，只要内容受欢迎，就能获得不错的 DOU+ 投放效果，那么建议等流量稳定后，从中挑选播放量、点赞、评论较多的短视频进行投放。

需要强调的是，时效性比较强的短视频，则可以在发布后直接进行 DOU+ 投放，从而在短时间内将短视频的播放量顶上去，尽量趁着话题热度正高时，让更多的观众看到该短视频。

另外，前面谈到的流量稳定也并不是以半年、一年为单位的，因为那样的短视频自然流量比较低，所以最好是 1~2 个月的短视频。

第8章

准备直播——直播前你该了解这些

百花齐放的直播界

目前，直播界可谓是百花齐放，有直播打游戏的，有直播卖货的，有直播唱歌跳舞的，还有直播唠嗑儿的，等等。

直播内容虽然多样，归纳起来大致分为以下 5 类：游戏类、歌舞类、带货类、户外类和语言类。其中，语言类包括脱口秀、连线聊天等，是以说为主的直播。下面将分别介绍这 5 类直播的特点。

游戏类直播

游戏类直播（很多顶级游戏类主播都是职业或前职业选手）是最早兴起的直播方式，如斗鱼直播、YY 直播（现已改名为虎牙直播）等大型直播平台，均以游戏直播为主，如图 1 所示。游戏主播的特点主要有以下 4 个。

» 要求的设备简单，有一台计算机及稳定的网络就可以开播。

» 要求主播有较好的游戏技术或者幽默风趣的语言风格。

» 选择的游戏本身要相对主流，并且足够刺激。

» 既搞笑又有技术的游戏主播是最受观众欢迎的。

△ 图 1

歌舞类直播

歌舞类直播是紧随游戏直播兴起的直播类型，以表演唱歌或者跳舞来吸引观众。该类主播的特点主要有以下 4 个。

» 对设备及直播环境要求较高。

» 需要主播有较高的颜值。

» 在吸引大量粉丝后，可以从主播转型为职业歌手或舞者。

» 由于该类主播经常会受到低素质观众的恶意言论，所以需要较强的情绪控制能力及抗压能力。

带货类直播

带货类直播是近几年兴起的直播形式。正是由于其大规模出现的时间较晚，所以几乎只在新进直播平台（如淘宝直播、抖音直播、快手直播等）存在。该类主播的特点主要有以下 5 个。

» 与其他类型的主播相比，更容易获得收益，门槛也较低。

» 带货类直播以"产品"为核心竞争力。既实用又有价格优势的产品是获得收益的保证。

» 绝大多数带货类主播都依托于某个淘宝店，并且多为淘宝店的老板或员工，这类人群所带货品的种类往往比较单一。

» 还有一小部分是专职带货主播。也就是挑选那些既实用，性价比又高的产品进行售卖，然后通过佣金获得收益。头部主播一次直播的销售额甚至过亿。

» 对设备和环境的要求很低。大多数小件类商品基本上只需一部手机和一张桌子就可以开播了。

正是基于上述特点，使得带货类直播的受众更广。本章后面的内容中也会主要讲解带货类直播的相关技巧。

户外类直播

目前比较受欢迎的户外类直播（户外类直播的节奏往往比较慢，所以需要主播与观众不断进行交流）包括旅行类和猎奇类（摸鱼、捕猎、养蛇等），如图2所示。这类主播主要有以下4个特点。

» 相比其他类型的直播，户外类直播需要更强的交流能力。因为户外直播的节奏比较慢，所以需要不断地与观众交流以防冷场。

» 知识面要广。对于旅行类主播而言，在旅途中看到各种名胜古迹当然要向观众简单介绍一下，甚至有些主播会提前做功课。

» 几乎都是采用手机直播的方式。

» 需要携带大量的充电宝。曾经有一个猎奇类主播团队，自带发电机、汽油、插线板，以及十几个充电宝，在野外充电。

▲图2

语言类直播

语言类直播主要是类似脱口秀式的直播，也包含如绘画、声乐等教学类直播。虽然任何类别的直播都需要说话，但语言类直播以"说"为主。此类主播主要有以下4个特点：

» 往往具有播音、主持、教师等相关职业背景，否则很难在镜头前连续讲几个小时。

» 部分主播的生活阅历非常丰富，所以可聊的话题非常多。

» 与歌舞类直播类似，对直播设备及环境要求相对较高。一个不舒服的环境和较低的画面质量很难让观众聆听很长时间。

» 只要教的内容够专业，讲的故事够精彩，哪怕颜值比较低都没有问题。也许低颜值反而能让观众更容易记住你。

分析直播推荐的底层逻辑

直播做得好不好，关键就是看流量高不高。所谓"流量"，其实就是进入直播间观看的观众数量。所有在抖音看过直播的人都知道，抖音与斗鱼、虎牙等最早的一批直播平台在推荐方式上有很大不同。

无论是斗鱼还是虎牙，都是将很多直播间放在一个页面，然后由观众去挑选观看哪个直播间。而抖音则没有选择的过程，人们会直接进入一个直播间，如果不喜欢这个直播，滑动屏幕，就会进入下一个直播间。因此，观众进入到哪个直播间，取决于抖音官方。

所以，只有摸清、了解抖音官方是如何向观众推荐直播间的，才能有针对性地改进直播，让抖音官方愿意将我们的直播间推送给更多的观众，进而获得更高的流量，如图3所示为抖音直播逻辑图。

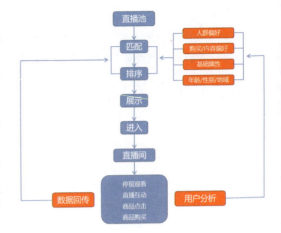

▲ 图 3

根据抖音直播推荐逻辑图，可以分析出获得更多直播流量的思路，以及如何让进入直播间的观众大多是对此类商品感兴趣的，也就是获得有效流量的方法。

思考核心消费群体的标签

当一个直播间开播后，就会进入直播池。此时，抖音会自动为该直播间分配流量，也就是让一些观众在滑动手机后，直接进入该直播间。

那么，抖音官方会选择哪些观众进入直播间呢？

这就要提到在本书第3章已经讲过的"标签"。对于一个已经有了直播标签的账号，抖音官方会选择那些具有相同标签的观众进入该直播间；如果没有直播标签，则会参考短视频标签；如果两个标签都没有，就会根据账号的基本信息，来推送可能对该直播间感兴趣的观众。但这种推送的精准度会非常差，导致直播间有流量，却留不住人，都是无效流量。

由于抖音的标签涵盖了"人群偏好""购买/内容偏好""基础属性""年龄/性别/地域"等细分指标，所以作为主播，就要思考自己的直播间希望吸引哪部分人群，也就是思考核心消费群体的标签。这样才能在某个垂直领域多次开播后，让抖音收集到更多的，你想吸引的目标群体的信息，进而为该直播间推送更精准的观众。观众精准了，直播内容再有所保证，变现自然是水到渠成的。

因此，从抖音直播推荐逻辑图中首先能总结出来的，就是在开播前，务必先通过短视频打上账号标签。另外，刚开始直播时，流量低、转化率低并不可怕。只要专注于吸引目标观众的内容，不断提高直播质量，让抖音推荐系统越来越了解你的直播间，那么流量和转化就会越来越高。

比如，你的直播间主要带货高端钢笔，那么在内容上，就要想方设法表现这支钢笔用料的考究、设计上的艺术感，以及钢笔蕴含的气质，这样才能吸引到更多目标观众。如果在宣传的时候说这支钢笔性价比高、耐用、耐磨，自然不会有什么转化，因为吸引来的观众与产品不匹配。

要有赛道思维

抖音在将直播间的标签与观众的标签进行匹配后，不可能把所有匹配到的观众都引流到一个直播间。那么，抖音是如何进行流量分配的呢？这就涉及"赛道思维"了。

所谓"赛道思维"，就是指在同一垂直领域，目标观众是同一群人的众多直播间在同一个"赛道"中。抖音会为同一"赛道"中的不同直播间进行打分、评级，也就是抖音直播推荐逻辑图中的"排序"这一环节。评级越高的直播间，获得的流量就越多。

提升直播间视觉效果

当通过上滑屏幕更换直播间时，并不存在抖音直播推荐逻辑图中"展示"这一流程。因为在上滑屏幕的同时，我们就已经进入到下一个直播间了。

"展示"这一流程主要是针对其他流量渠道的，比如直播广场、直播引流短视频等，需要观众进行"直播间搜索"或者"点击进入直播间"这样的操作。而为了提高这些渠道带来的流量，"提升直播间视觉效果"几乎是唯一的方法。因为这些渠道的观众，只能通过"封面"去判断直播质量。

动态推荐与人群修正

一场直播的流量推荐会根据直播过程中，实时回传的"停留观看""直播互动""商品点击""商品购买"数据不断进行"排序"，进而形成一种动态的、不确定的流量推荐。所以，上文所说的"评级"，在一场直播过程中是在不断变化的。从抖音流量数据更新频率来看，"评级"会在5分钟左右就进行一次变化。

只要直播间有爆点，在短时间内的互动或者商品点击高于其他同"赛道"直播间了，那么抖音就会将下一波流量更多地推送给该直播间。所以，只要你的内容比其他直播间更吸引观众，观众更愿意购买你直播间的商品，自然会获得更多的流量。

与此同时，抖音也在收集那些在你直播间中停留时间长、互动多，以及购买了商品的观众的信息。不断完善直播间受众人群的标签，进而在之后的直播中，推送更精准的流量。

0 粉能在抖音直播带货吗

首先需要明确，在抖音直播带货，必须要有一个橱窗，否则连购买的入口都没有，何谈带货呢？由于抖音要求只有 1000 粉丝以上的账号才能开启直播，所以对于没有营业执照的主播而言，0 粉是无法直播带货的。

这时肯定会有人产生疑问，每一个新号都是从 0 粉开始的，他们是如何直播带货的呢？

利用短视频积累粉丝

永远不要忘记，抖音是一个短视频平台，所以直播也好，做电商也好，搞娱乐秀也好，所有内容都是围绕短视频在转的。对于新号而言，想开直播卖货，就要首先通过短视频积累粉丝到 1000 人，开通橱窗，从而满足直播带货的基本要求，如图 4 所示。开通橱窗的具体方法请见本书第 3 章。

利用短视频为账号打上标签

对于想直播带货的主播而言，短视频就只是积累粉丝的工具吗？当然不是。在开播前，短视频还担负着为账号打上标签的重任。

一个没有标签的抖音账号，在开启直播后，官方不知道给你推送哪类人群的流量，这就导致很多观众即便进入了直播间，也会很快离开，并且不会产生任何互动、粉丝转化、订单转化等。官方由此认为你的直播间不行，从而流量越来越低，进入死循环。

如果该账号在起号阶段就通过短视频打上了标签，并且直播内容与标签相符，进入直播间的流量才是真正有效的，才有

▲ 图 4

可能形成互动及各种转化。因此，在抖音开直播，想快速进入正常的轨道，短视频必不可少。关于标签的详细讲解可到本书第 3 章查看。

企业号 0 粉也能直播带货

企业号就是大家常说的蓝 v 认证号。由于申请这种账号需要有营业执照，所以即便是"0 粉"也能开通橱窗，进而开始直播带货。但正如上文所说，如果账号没有打上标签，直播带货是非常困难的。考虑到企业号大多是团队在运营，通过强大的供应链、团队，以及长时间的直播和 DOU+ 投放，虽然艰难，但有可能打造一个成功的直播间。

综上所述，"0 粉"在抖音开带货直播，笔者是强烈不建议的。从短视频入手，为账号打上标签并积累粉丝，做短视频 + 直播的运营，才是在抖音平台获得成功的正确方式。

直播带货小白的成长之路

即便是直播带货达人,也是从直播"小白"开始的。只要不断学习、不断进步,总有一天,新手也会变大咖。

了解各个直播平台的特色

直播平台有很多,比如虎牙、斗鱼、B站、抖音、快手、淘宝直播等,但如果目标是直播带货,基本上只有3个平台可以选择,分别是淘宝直播、抖音和快手。

带货能力最强的淘宝直播

淘宝本身就是目前最大的电商平台之一,依托海量的店铺和极度完善的购买流程,可以将商品—店铺—直播完美地结合在一起,是三大直播带货平台中购物体验最好的。

另外,来看淘宝直播的观众基本上就是来购物的,可看抖音或者快手直播的观众也许并没有很强的购物欲望。因此,淘宝直播的出货量和转化率在三大平台中都处于领先地位。单日出货最高过亿的主播,均在淘宝直播平台上。

与此同时,淘宝直播的主播们竞争压力也非常大,几乎需要每天直播。就像某头部主播所说的那样,"你有一天不来,你的观众就会去看别人直播"。

极具潜力的抖音直播

抖音以短视频为主打产品,同时具有直播板块。因此在抖音上可以实现"短视频+直播"的带货方式。也就是先通过短视频去推广一件产品,一旦发现这条短视频流量不错,产品也有一定的销量,就可以立刻开启直播,并通过DOU+加大宣传力度,从而形成"爆款"。

所以相比淘宝直播,虽然看抖音直播的观众不是带着购物的目的的,但却可以利用短视频,将对产品感兴趣的观众聚集起来。

因此很多大品牌也会在抖音平台以短视频的方式推广单品。一旦销量不错,自然会有很多主播为了赚取佣金而开直播,继续助推产品热度。

之所以说抖音直播最具"潜力",主要是因为抖音也在布局独立的电商平台,目前已经可以零门槛在抖音开店。一旦电商平台成熟起来,再加上短视频领域的先天优势,很有可能成为直播带货第一平台。

而抖音平台的缺点则在于受众范围比较窄。据统计,30岁以下人群占抖音用户的77%,所以整体偏向年轻化。

老少皆宜的快手直播

与抖音直播相比,快手直播最大的优势在于用户分布范围更广、更平均。因此在快手上,一些性价比高且受众广泛的产品往往会得到惊人的销量。

值得一提的是,由于更多的中老年人在使用快手看视频、看直播,而这部分人群的购买力又很强,所以个别高端产品,如玉石、珠宝等依然有不错的销量。

带货达人主播特点

直播平台的差异性也导致了带货主播具有不同类型。比如,抖音直播是以内容为主的平台,所以其中比较火的带货主播往往属于达人主播,也就是依靠个人流量进行带货。而淘宝直播对于"主播流量"的要求比较低,只要店铺产品吸引人,主播并不需要多么有魅力(大多数淘宝主播都不出镜),也可以实现不错的销售额,这类主播称为电商主播。

选品范围更广

达人主播依靠顶级流量进行带货。对于他们而言,几乎没有选品的局限性。只要这个产品在同类产品中有优势,并且自己能够拿到一个较低的价格来吸引更多的人气,就可以选择去做。

想成为达人带货主播要先成为网红

达人带货主播是靠高流量进行卖货的,所以必须在网络上有一定的热度。这就需要通过人设或者内容来吸引观众。有观众喜欢看"你",才会有人买你推荐的产品。

因此,达人带货主播的核心其实是"人",而不是"产品"。

成为达人带货主播的难度非常高,原因很简单,想成为网红并不是一件容易的事。

达人带货主播具有更广的发展空间

与电商主播相比,达人带货主播由于吸引了大量粉丝,自带流量,所以其发展空间要比电商主播更广,甚至可以成立自己的品牌,自己做老板。而电商主播由于依托于店铺的产品及运营,所以发展空间不及达人主播。如果自己的形象与气质还不错,电商主播也可以考虑向达人主播转型。

电商主播的特点

由于"达人主播"主要依赖于个人魅力,所以想要成功比较困难。而电商主播则可以依托店铺的流量达成较高的销售额,所以要求低很多,也是目前带货直播的主要人群。

去网红化的带货模式

达人主播与电商主播最大的区别在于,达人主播是靠个人魅力引流,然后卖货;而电商主播是靠产品引流进行卖货。

造成这种差别的原因主要在于平台属性的不同。以抖音直播和淘宝直播为例,没有人会为了购买某种产品而上抖音,但所有会去看淘宝直播的人都是为了购物而去。所以,在淘宝直播中,产品好才会有人去买;而在抖音直播中,更重要的是主播吸引人,才会有观众想到去买他所介绍的产品。

做电商主播,即便不是网红,甚至在直播中不露脸,也没有认识你,依旧不妨碍获得高成交额,如图5所示。

在淘宝直播中,大部分主播都是店铺的员工转型,或者是单独招聘的只为这家店铺做直播的主播。这也是目前带货直播的主流。

不用考虑选品的问题

电商主播是依托于店铺的,所以卖什么商品,带什么货,不由主播来决定,而是由店铺的经营者决定。这也使得电商主播的工作量比达人主播要小很多,可以有更多工作之外的时间,如图6所示。

店铺是电商主播的支撑

需要强调的是，由于抖音直播、快手直播和淘宝直播中，只有淘宝直播具有完善的电商平台，所以绝大多数电商主播都在淘宝直播。只要店铺的口碑足够好，那么店铺所售卖的产品就更容易被观众接受，也会有更多的观众来看这家店铺的直播，如图7所示。

这也解释了为何一些声音粗犷、又不露脸的主播在淘宝直播中依然能有单日几十万的成交量。而在抖音或者快手平台中，这几乎是不可能的事情。

▲ 图5   ▲ 图6   ▲ 图7

找到那些带货达人的直播间

直播带货早已不是一个刚刚兴起的领域了。除了顶级带货达人，还有很多日销售额能够达到百万级的电商带货主播。只要找到这些人的直播间并关注他们，就可以在其开播时收到提醒，进入直播间学习他们的带货方式。

需要强调的是，如果希望学习带货技巧，建议先向达人主播学习。因为一些电商主播虽然成交量也很高，但却是依托店铺的积累，并不是得益于他的销售技巧。而达人主播之所以会有这么多的粉丝相信其所介绍的产品，则一定有其过人之处。

淘宝直播达人搜索方法

如果知道该直播达人的名字，按以下方法操作即可进入其直播间。

❶ 打开手机淘宝App，点击界面中间的"淘宝直播"模块。

❷ 点击界面右上角的Q图标，并搜索该达人的直播间，比如搜索"林依轮直播间"，选择粉丝数量最多的用户即可。

❸ 点击界面上方的"关注"选项。这样即可在每次点击"微淘"选项，并选择"直播"分类后，在他正在直播时直接观看了。另外，点击右侧蓝色小字"开播提醒"，可以在其开播前收到App的提醒。

如果不知道带货达人的名字，则可以前往"阿里V任务"平台进行搜索。这个平台原本是为商家寻找合适的主播推广产品而用的，但作为直播"小白"也可以在这个平台中搜索那些带货达人，学习直播带货的技巧。

并且，对于刚开始学习直播带货的"小白"而言，一些非顶级带货达人的经验反而更实用、更适用。

❶ 在百度搜索"阿里V任务"，记得单击带有官方标志的超链接，如图8所示。

❷ 选择"淘宝主播"选项，如图9所示。

❸ 在进入的界面中可以选择不同类型的主播，并以粉丝数量排序，如图10所示。可以根据自己的带货类型，选择不同的带货达人进行学习。

记下其账号名称后，即可按上文介绍的方法，前往"微淘"中关注该主播，从而可以在其开播时快速进入直播间。

另外，在淘宝直播平台，每个月都会进行一次淘宝直播排位赛，俗称"打榜"。在当天会分为绿植、数码、服饰等类别，根据成交、观看、分享、关注来对各分类下的参赛主播进行排位。打算进入直播带货领域的人，不妨看一看与自己打算经营货品相似的头部主播是如

图 8

图 9

图 10

何带货的，针对性更强。

在打榜这一天，各个主播为了吸引更多的粉丝打榜，也会准备各种各样的活动。作为新人主播，也可以学习一下各种新颖的活动形式，比如，从前慢花园的主播本身就是老板，所以总会有一些新奇的玩法，能更有效地带动销量。

抖音、快手直播带货达人搜索方法

只通过抖音、快手App搜索带货达人是比较困难的。因为与淘宝直播这种"只卖货"的平台不同，抖音和快手中还充斥着一些游戏主播、歌舞主播、户外娱乐主播等，而带货主播只是其中的一部分。所以建议使用第三方平台，如飞瓜、卡思数据、抖查查等来搜索直播带货达人。

下面以"卡思数据"为例，向读者介绍搜索方法。

❶ 在百度中搜索"卡思数据"，确认带有官方标志的超链接并单击，如图11所示。

❷ 在界面上方选择不同的平台，如图12所示。

❸ 此处以搜索抖音平台直播带货达人为例，在左侧列表的"电商带货"分类下，选择"直播达人榜"选项，如图13所示。注意，此处需要选择"直播达人榜"，而不是选择"带货达人榜"。因为在抖音中，带货主力军是短视频，而不是直播。所以如果选择了"带货达人榜"，搜索到的往往是短视频达人。

图 11

图 12

❹ 在进入的页面中可以看到排名前 5 位的直播达人，如图 14 所示。然后打开抖音 App，直接搜索名称，即可显示其直播间。

▲ 图 13

▲ 图 14

从 3 个方面学习资深带货主播

掌握了如何寻找这些达人主播或电商主播后，就要通过观看他们的直播学习直播技巧。

学习基础销售话术

观看直播时，注意他们在和观众打招呼时的用词。比如，美妆直播中女性消费者会更多，所以主播一般会将观众称为"宝宝"；而买文玩的直播中由于大多是男性观众，主播一般会将观众称为"铁子"或"老哥"等。

除了打招呼，一些介绍产品的话术也有非常多的讲究。这里建议读者多看看头部主播的直播，他们介绍产品的话术非常丰富，虽然有一定的夸大，但可以让观众产生购买欲。比如，某主播在推荐"小梅屋西梅"时，会说"喝啤酒的话放一颗，啤酒好好喝。""他家果脯一直做得非常精致。""骨头容易剔，果肉很大颗。""果肉很新鲜，不是很风干的那种，酸酸甜甜的口味。"几句话下来，就真的会让观众产生购买欲。

而有的主播话术其实没有那么有吸引力，但却透露出一种实在与真诚。比如，在推荐一款黑巧克力产品时，主播会说"怕胖又想吃的人可以吃，不怎么长胖的巧克力。""我很喜欢吃，有点苦，但很好吃，有点脆。""74%的比较合适，100%的太苦了。"就像是老朋友在向你推荐一样，而且会更多地介绍自己的试吃感受。

学习与观众的互动方式

优秀的主播一定是很有亲和力，并且懂得如何同粉丝互动的。尤其是在带货直播中，如果能跟观众聊一聊，不仅可以提高其今后进入直播间的次数，而且还很可能将其培养成为回头客。

一些懂得如何经营粉丝的主播，还会尝试记忆经常来直播间的观众的名字。当其有一段时间不来，而某一天又出现在直播间时，就会随口问一句："某某很久不见了啊，最近忙啥呢？"可以让观众觉得自己被重视，并且更愿意在这个直播间购物。

学习主播的语速与节奏

当你观看不同资深带货主播时，不妨寻找一下自己认为最舒服的语速与节奏。因为很多人自己说话不觉得快或者慢，但作为听你说话的人，有可能觉得不舒服。笔者就曾在销量还不错的直播间中遇到过语速很快的主播，会让人感觉有些烦躁。

所以通过练习，将语速和节奏调整为自己听过的最舒服的状态，可以让观众在直播间停留更长时间。

挖掘自己的特别优势

和制作短视频类似，做直播虽然可以模仿，但一定要有自己的特点，发挥出自己的优势。比如，淘宝店"仙农园艺"是一家主打售卖多肉的店铺，并且以精致为主要卖点，如图15所示，所以店主自己有时也会上直播，向观众介绍如何种植才能培育出这么精致的多肉，以此吸引了不少粉丝。

这就是一个典型的通过自身优势吸引观众的案例。

除了通过一技之长，也可以根据自身形象、声音等条件，制订可以将个人特点和优势最大化的直播方案。

吸收粉丝的良好建议

正所谓"旁观者清，当局者迷"，自己在做直播时可能察觉不到什么问题，而观众却能明显地感觉到哪里让他们觉得观看体验不太好。所以作为主播，要悉心听取观众提出的意见，并尝试改进方法，这样才能让直播间的人气越来越旺。

当然，也会有观众提出无理的要求。此时，要放平心态，权当没有看见即可。

调整好直播心态

直播过程中可能遇到粉丝责怪、批评，甚至是恶言相向。此时，主播要做的就是心平气和，继续有条不紊地将产品介绍清楚。

事实上，带货主播与其他类型的主播相比，受到的语言攻击要少很多。尤其是电商主播，因为本身并没有很高的知名度，再加上只是介绍货品，回答观众对于产品的问题，简单交流一下，起冲突的可能性并不大。

除了观众对主播的干扰，主播对自己的直播效果也要具有平常心。

除非店铺或者产品本身的口碑确实非常好，否则几乎所有的新人主播都不会一上来就获得很高的成交量。就连顶级流量罗永浩都在第一次直播后坦言，因为缺乏经验，出现了很多问题。

▲ 图15

作为一名普通带货主播就更要踏踏实实做事，完成预先制定的直播内容，并在下播后自己看一看回放，总结一下哪里做得不好，争取下次直播时改进。久而久之，就会成为一名优秀的电商主播，甚至有可能转型成为达人主播。

搭建一个自己的直播间

一个直播间主要由 6 部分组成，包括直播设备、采集卡、收声设备、灯光设备、网络设备和房间布置。

直播设备

目前主流的直播方式无非两种，一种是使用手机进行直播，另外一种是使用相机进行直播。

使用手机直播

为了保证直播质量，建议各位使用后置摄像头进行直播。但这样操作，就会导致主播无法在使用一台手机的情况下，既进行直播，又同时看到直播效果和观众的评论。

这里有一个小技巧，就是在桌面摆一面镜子，并将手机用支架固定，将后置摄像头对准镜子，如图 16 所示，即可实现既用后置摄像头直播，又可以通过该手机看到直播效果的目的。

使用相机直播

如果想获得更好的直播画质，可以用单反或微单相机进行直播。但与此同时，还需要以下设备：

（1）一台计算机。相机拍摄的画面需要实时传输到计算机中，然后通过计算机再传输到直播平台。

（2）采集卡。相机拍摄到的画面需要通过采集卡才能实时传输到计算机。

所以，使用相机直播虽然画质会更优，但搭建直播间的成本也会更高。

▲ 图 16

采集卡

正如上文所述，采集卡的作用是在使用相机直播时，将相机拍摄的画面实时传输到计算机上。但当对不同画质的内容进行采集时，需要的采集卡性能也有所区别。在采集卡的参数中，最为重要的一项为"输出画质"，也就是采集卡对视频信息进行采集后，可以输出的最高画质。一般体积较小、价格较低的采集卡（如图 17 所示的绿联价值 99 元的产品），虽然可以输入 4K/60Hz 内容，但却只能输出 1080P/30Hz 内容。

图 18 所示为绿联另一款价值 599 元的采集卡，其可以输出 4K/60Hz 的内容。同时，其具备更多接口，也让视频和音频采集可以有更多选择。另外，更高价格的采集卡，也往往具备更低的延时，防止在直接通过计算机进行采音时出现音画不同步的现象。

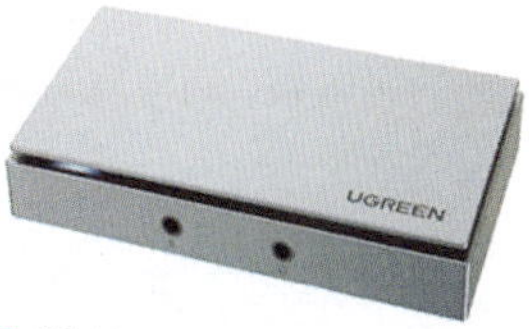

▲ 图 17

▲ 图 18

5 种常见收声设备

根据直播环境及对声音质量的要求不同，有不同的收声设备可供选择。

高性价比的带麦耳机

如果直接用手机的话筒进行收声，会出现大量的杂音。而获得相对较优的声音最简单的方法就是插上带麦耳机进行收声，如图 19 所示，可以在一定程度上提高音质并防止出现杂音。

▲图 19

室内常用的电容麦克风

如果在室内直播，并且希望获得更高的音质，那么电容麦克风是比带麦耳机更优的选择，如图 20 所示。需要注意的是，一些麦克风只能连接声卡使用。如果不打算购买声卡，则要在购买时注意区分。

室外常用的动圈麦克风

动圈麦克风的特点是浑厚、饱满、抗噪性强。因此适合高噪声的场所，比如室外直播、室外演讲等。

▲图 20

便携的"小蜜蜂"

"小蜜蜂"麦克风又被称为无线领夹麦克风。其特点在于麦克风本身的体积非常小，可以隐藏在领子下，或者直接放在桌面上，用其他道具简单遮盖下即可。

"小蜜蜂"麦克风分为接收端和发射端两部分，如图 21 所示。其中，发射端与麦克风连接，主播通常会将其别在腰间，而接收端则与手机或者计算机连接。

▲图 21

提供更高音质的声卡

如果想获得更有质感的声音，一块声卡是必不可少的。根据直播设备的不同，选择购买与手机相连的，还是与计算机相连的声卡。而声卡的另一端，则与麦克风连接，如图 22 所示。

▲图 22

3 种常见灯光设备

灯光设备与直播画质其实是息息相关的。如果一个直播间内的光线充足,那么即便是手机,也可以实现高清晰度的直播。所以,在预算不足,无法既购买灯光,又购买相机直播的相关设备时,建议优先购买灯光设备。

环境灯

即便使用专业的单反或微单相机进行直播,在仅使用室内常规灯光的情况下,也很难实现优质的直播画面。当借用自然光进行直播时,又会引起画面色彩及明暗的变化。所以,负责打亮整体环境的灯光尤为重要,而此类灯光就被称为"环境灯"。

环境灯通常以影室内亮灯来实现,如图 23 所示。通过柔和的光线让整个场景明亮起来,不会产生浓重的阴影。同时为了让光线尽可能柔和,柔光箱必不可少,还可以将光线打在屋顶或者墙壁上,利用反光来提高室内亮度。

▲ 图 23

主灯

如果整个环境足够明亮,并且主播面部光线均匀,那么其实只要有环境灯就足够了。但是,对于一些对面部有较高要求的直播,比如美妆类直播,建议增加主灯,让主播的面部表现更细腻。

主灯建议选择图 24 所示的球形灯。因为球形灯可以让主播的受光更均匀,起到美颜的效果。另外,球形灯的显色度也不错,可以让产品的色彩在直播中真实地表现出来。

另外,环形灯其实也是主灯不错的选择之一。其光线质量虽然不及球形灯,但胜在性价比较高。如果觉得一支环形灯放在正前方很晃眼,可以购买两支,放在左右两侧,同样可以实现非常均匀的光线。

▲ 图 24

辅助灯

辅助灯在直播间主要起到点缀作用。比如,在背景营造色彩对比,让直播间更有科幻感,或者通过一些小灯串,为直播间营造温暖、浪漫的氛围等。

辅助灯通常使用 RGB 补光灯来实现,可以手动调节多种不同的色彩,营造不同的氛围,如图 25 所示。

▲ 图 25

3 种网络设备配置方法

在直播过程中，如果有观众说卡顿，那么大概率是网络不稳定或者上传带宽不足造成的。因此，为了提供良好的观看体验，高速、稳定的网络必不可少。

保证上传带宽不低于 30Mbps

日常使用网络，人们大多只关注下载带宽，但如果要流畅地进行直播，则需要保证上传带宽不低于 30Mbps。

因此，在购买宽带时，要先跟运营商确定好上传带宽。待宽带安装完成后，再实际检测下，看能否满足要求。检测方法如下：

▲ 图 26

（1）在百度搜索"测速网"，单击图 26 所示的超链接。

（2）单击页面中的"测速"按钮，稍等片刻即可得到图 27 所示的测速结果。只要上传带宽不低于 30Mbps，即可满足直播需求。

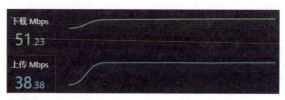

▲ 图 27

路由器

在运营商保证上传带宽足够直播使用的情况下，如果依然出现卡顿，那么问题大概率出在路由器，以及直播设备与路由器的连接方式上。

如果采用将画面传输到计算机上进行直播的方式，则建议通过网线连接计算机和路由器。因为再稳定的 WiFi，也没有直接用网线传输稳定。

如果采用手机直播，那么建议购买支持千兆，并且具有 5G 频段的路由器，如图 28 所示。这样可以确保带宽被充分利用，并且 5G 频段比常用的 2.4G 频段稳定很多。同时，路由器与手机要放在同一房间，中间不要有墙。

▲ 图 28

网卡

近两三年购买的计算机基本都是千兆网卡，所以在使用网线连接计算机后，几乎都可充分利用带宽。但如果通过 WiFi 进行直播，并且计算机没有无线网卡的情况下，就需要额外购买。购买时同样要注意选择支持千兆及 5G 频段的无线网卡，如图 29 所示。

▲ 图 29

3 种直播间布置方法

房间布置并没有什么硬性要求，只要整体看上去整洁、干净就可以了。当然，也可以布置一个充满个性的直播间，比如放很多手办、毛绒玩具等。下面介绍 3 种常见的直播间搭建方式。

通用型直播间布置

相信很多人都是在家中进行直播的，这就导致很多多余的景物出现在画面中。其实，只需购买一块儿灰色的背景布挂在身后，如图 30 所示，就可以解决所有问题。

为什么不是白色背景布而是灰色的呢？主要是因为白色背景布反光太强。再加上很多朋友不懂如何布置灯光，就会导致背景很亮而人脸很暗的情况发生。但灰色背景布就不会产生这个问题，即便只使用室内的灯光，也可以让人物从背景中凸显出来。除此之外，灰色的背景也不容易让观众产生视觉疲劳，是一种简单又通用的直播间布置方法。

▲ 图 30

主题直播间布置

为了让观众更有代入感，可以让直播间的布置与内容更匹配。比如图 31 所示的茶艺直播，就是通过古色古香的展架和其上的摆件，以及一棵绿植来营造古朴氛围的，继而与"茶艺"的悠久历史相匹配，让观众更容易融入到该直播中。

虚拟直播间布置

虚拟直播间是目前最火爆的布置方式，其关键就是一块绿幕，如图 32 所示。

将绿幕作为画面背景通过直播软件对绿幕进行抠图，并将指定的图片或者视频合成到画面中，从而实现动态的，可快速更换不同背景的虚拟直播间。如图 33 所示的直播间背景，就是通过绿幕和直播软件共同实现的。

另外，如果想在直播过程中更方便地更换背景视频或者图片，还可以配置一个图 34 所示的蓝牙键盘，并设置更换画面的热键，即可一键切换背景。

▲ 图 31

▲ 图 32

▲ 图 34

▲ 图 33

用手机开播的基本操作

如果对直播画质及画面设计要求不是非常高,以上配件准备好后即可开始直播。开播的基本操作如下:

❶ 进入个人主页,点击界面右上角的 图标,如图 35 所示。

❷ 点击"创作者服务中心"选项,如图 36 所示。

❸ 点击"全部分类"选项,如图 37 所示。

△ 图 35

△ 图 36

△ 图 37

❹ 点击界面下方的"开始直播"选项,如图 38 所示。

❺ 点击开启位置选项,设置为"显示位置",可在一定程度上增加流量,如图 39 所示。

❻ 点击图 39 所示的"选择直播内容"选项,此处以选择"民族舞"为例,如图 40 所示。

△ 图 38

△ 图 39

△ 图 40

❼ 在设置"选择直播内容"后,"话题"选项则会自动与直播内容保持一致。但也可以在点击图 40 所示的"民族舞"话题后(根据所选内容不同,此选项会有变化),选择其他话题,如图 41 所示。

❽ 点击直播界面下方的各个选项,还可以进一步对直播效果进行控制。比如图 42 所示即为点击"活动"选项后,弹出的与直播相关的活动。而图 43 所示即为点击"美化"选项后,可以进行与"美颜"相关的操作。

❾ 点击界面下方的"开始视频直播"按钮,然后点击"我已阅读并同意协议"按钮,即可开始直播,如图 44 所示。

▲ 图 41

▲ 图 42

▲ 图 43

▲ 图 44

使用计算机进行高品质直播的操作方法

使用一部手机虽然也能直播,但功能有限,而且直播稳定性也时常会出现问题,所以在有条件的情况下,建议各位使用计算机进行直播。

让拍摄的画面在计算机上显示

使用计算机进行直播首先要做的是将直播画面投屏到计算机上。而当使用相机或者手机进行直播时,其采集画面到计算机的方法有一定区别。

让相机拍摄的画面在计算机上显示

如果使用单反或者微单相机进行直播,需要购买如图 45 所示的采集器。还要将单反、微单相机通过采集器与计算机连接,即可在后续使用直播软件时,识别出相机拍摄到的画面。

▲ 图 45

将手机拍摄的画面投屏到计算机

当使用手机进行直播时,需要将手机画面投屏到计算机上,再通过直播软件识别投屏窗口即可。

如果希望获得高质量的投屏效果,如图45所示的采集器同样可以实现。如果对投屏效果要求不是很高,则可以适当节省预算,通过手机自带的投屏功能或者第三方投屏软件进行投屏即可,比如ApowerMirror,如图46所示。

需要强调的是,虽然无论使用手机自带软件还是使用第三方软件,均可实现手机无线投屏至计算机上。但在笔者的实际操作中发现,

▲图46

无线投屏偶尔会出现卡顿的情况,所以这里建议采用有线投屏的方式。

使用抖音"直播伴侣"进行直播

将相机或者手机拍摄到的画面传输到计算机上后,就可以利用抖音官方直播软件"直播伴侣"进行直播了。虽然也有一些好用的第三方直播软件,比如OBS,但其与抖音配套的相关功能,比如福袋玩法及实时观众显示等都是有所欠缺的。所以,此处以"直播伴侣"为例介绍使用计算机直播的设置方法。

❶ 当粉丝数量≥1000时才有使用计算机直播的权限。

❷ 确定自己达到计算机直播要求后,打开浏览器,在地址栏输入"https://t.zijieimg.com/Ej32kB/"后,按下Enter键(回车键)即可开始下载直播伴侣。

❸ 下载并安装后,即可看到图47所示的直播界面。如果使用相机进行直播,则选择"摄像头",并单击"添加直播画面";如果使用安卓手机进行直播,则选择"窗口";如果使用苹果手机直播,则选择"投屏(iOS)",然后点击"添加直播画面"。

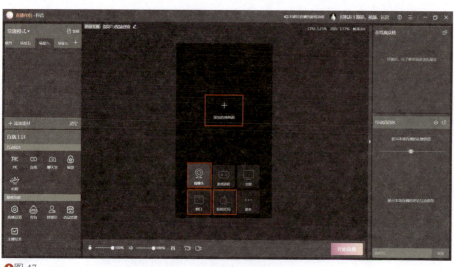
▲图47

❹ 此处以通过相机进行直播为例讲解操作方法。在弹出的窗口中选择使用的"摄像头"，即"ACASIS"（不同的采集器，此处名称不同）。这时，相机拍摄到的画面即会实时显示在计算机上，如图48所示。

❺ 对直播画质、色彩空间和色彩范围进行设置。此处将直播分辨率设置为1920×1080，将帧率设置为30FPS，足以呈现清晰、连贯的画面。将色彩空间设置为709，即高清电视标准色域，将色彩范围设置为"全部"，让画面色彩更鲜艳，如图49所示。

❻ 如果需要将指定图片作为直播间的背景，并且希望可以快速更换不同的背景，则需要在使用绿幕背景进行直播的基础上，单击图50所示的"绿幕抠图"，并将"颜色"设置为

△ 图48

"绿色"（如果使用的是蓝幕则设置为蓝色）。

至于其余选项，比如相似度、平滑度、对比度、亮度、溢出比、透明度等选项，则可以通过实时显示的抠图效果进行调节，最终实现图50所示的画面中只剩人物的构图效果。

△ 图49

△ 图50

❼ 选中画面（出现红框），在红框范围内单击鼠标右键，选择"旋转"命令，调整人物在画面中的方向，如图51所示。

❽ 调整红框大小，使其与画面边缘刚好重合，充分利用直播显示区域，如图52所示。

△ 图51

△ 图52

❾ 在图像区域单集鼠标右键，选择"设置命令"，如图53所示，即可对画面效果进行多种调整。

❿ 比如，选择"美颜设置"选项，即可进行磨皮、大眼、收下巴等美化操作，如图54~56所示。

▲ 图53

▲ 图54

▲ 图55

▲ 图56

⓫ 选择"滤镜设置"选项，即可选择不同的滤镜效果，快速得到与众不同的色调、影调。如图57所示为"正常"滤镜效果，即不添加滤镜的原始效果，如图58和图59所示分别为奶白和慕斯效果，与"正常"滤镜对比，可看出明显的变化。

▲ 图57

▲ 图58

▲ 图59

⓬ 单击界面左侧的"添加素材"按钮，还可以为现有画面添加视频、图片或者其他摄像头、投屏等，如图60所示。

⓭ 若在图60所示的界面选择"图片"选项，即可添加背景图，如图61所示。但此时的图片遮盖住了人物，所以还需要进一步处理。

▲ 图 60

▲ 图 61

⓮ 调整界面左侧的视频源与图片的位置，让需要显示在"上层"的视频源位于图片的上方，此时即可将图片作为背景使用，如图 62 所示。

⓯ 继续单击左侧的"添加素材"选项，可以添加其他图片，以美化直播间。比如，图 63 所示即通过图片遮挡住界面下方的桌子。添加图片后，选中该图片进行拖动，即可确定其位置。拖动红色边框四周的锚点，即可调整图片的大小。

▲ 图 62

▲ 图 63

⓰ 当然，想让直播间画面看起来更有纵深感，并且更真实，也可以在精心布置后，直接以实景进行直播。但需要注意的是，无论如何布置，都要确保画面整体是简洁的，如图 64 所示。

⓱ 若在图 60 所示的界面中选择"视频"选项，还可以营造动态背景，让直播间看起来更酷炫，如图 65 所示。

需要注意的是，动态背景会分散观众的注意力，不建议在介绍重点产品，需要让观众集中注意力时使用。

▲ 图 64

▲ 图 65

⑱ 除此之外，若在图 60 所示的界面中选择投屏（iOS），则可在图 66 所示的界面中选择"无线投屏"。

⑲ 打开 iPhone，确保手机和计算机连接在同一 WiFi 下，并从屏幕上边缘向下滑动，调出快捷操作栏，选择"屏幕镜像"，然后点击"抖音直播伴侣"，如图 67 所示。即可实现将手机投屏作为直播背景，如图 68 所示。

▲ 图 66

▲ 图 67

▲ 图 68

⑳ 如果在试音时发现有较多杂音，建议点击图 60 所示界面左下角的"直播设置"选项，并在弹出的图 69 所示的界面中，选择"音频"选项，将"增益"调节至"-30"。如果依旧有杂音，则适当降低"输入音量"值。若仍然无法解决问题，则建议更换麦克风，或者检查麦克风插头是否有接触不良的问题。

㉑ 依然在"直播设置"界面，点击"视频"选项，选择"智能推荐"单选按钮。该软件即自动检测上传带宽和计算机配置，并给出能流畅直播的最优画质设置，如图 70 所示。

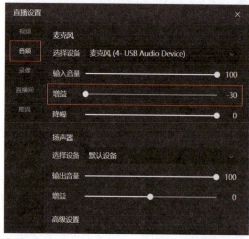
▲ 图 69

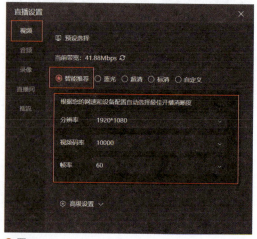
▲ 图 70

❷❷ 若希望自行设置画质，则可以选择"自定义"单选按钮，并手动设置分辨率、视频码率和帧率参数。一般而言，分辨率达到 1280×720，视频码率达到 2000，并将帧率设置为 30，即可获得较优的观看效果。

在该案例中，虽然软件"智能推荐"的设置可以实现更高的画质，但对于教学类的直播，画质其实并不重要。所以笔者适当降低了其设置，以求直播过程中的画面稳定，如图 71 所示。

❷❸ 在软件起始界面左上角，标有当前直播间的名称，该案例为"摄影与视频创业"。点击其右侧的 图标，如图 72 所示，即可进入"开播设置"界面。

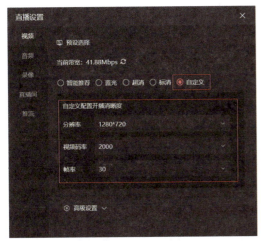

△ 图 71

△ 图 72

❷❹ 在"开播设置"界面，可对直播间封面、直播间名称、直播内容，以及直播间介绍、定位等进行设置，如图 73 所示。

❷❺ 在设置直播内容时，需要点击右侧的 图标，即可选择不同分类下的细分内容，如图 74 所示。需要注意的是，准确的直播内容选择可以让对此感兴趣的观众更容易发现该直播间，从而有效提升流量。

△ 图 73

△ 图 74

㉖ 至此，即可单击主界面右下角的"开始直播"按钮。在直播过程中，可以通过该直播助手右上角的"观众信息"一栏，直观地看到当前直播间的观众。观众的互动则会在其下方"互动消息区"实时显示，方便主播与观众进行交流，如图 75 所示。

㉗ 为了吸引更多观众停留在直播间，并提高粉丝转化率，可以发放福袋。所谓"福袋"，其实就是抖音直播的一种抽奖玩法。中奖的观众会获得一定的抖币奖励。而观众参与的方式则大多为"口令参与"，只要发布某条要求的留言，就有机会获得福袋。以图 76 所示的画面为例，只要观众发送"HAOJIYOU"即可参与福袋抽奖。

㉘ 若将福袋设置为"粉丝团福袋"，还可以促进直播间的观众转化为粉丝，毕竟只需花 1 抖币加入粉丝团即可抽奖，如图 77 所示。另外，以口令参与的方式，还能让直播间瞬间出现大量评论，进而增加互动热度，更有机会获得更多的流量扶持。

▲ 图 75

▲ 图 76

▲ 图 77

㉙ 在结束直播后，该软件还会显示基本的数据统计，包括直播时长、收获音浪、送礼人数、观众总数和新增粉丝。从而让主播第一时间对直播效果有一个大概的了解，如图 78 所示。

如果想获得更详细的数据，则需要前往抖音直播官方后台进行查看。

此部分内容在本书第 11 章会进行详细讲解。

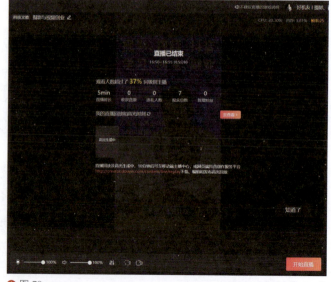
▲ 图 78

在视频号进行直播的方法

视频号拥有微信完整生态提供的资源,也是很多短视频+直播创业者的主流选择之一。视频号直播同样分为手机端和计算机端两种类型。

用手机在视频号直播

打开微信后,按如下步骤操作,即可开始视频号直播。

❶ 首先点击右下角的"发现"选项,再点击"视频号"选项,如图79所示。
❷ 点击右上角的 👤 图标,如图80所示。
❸ 点击界面右下角的"发起直播"按钮,如图81所示。

▲ 图 79

▲ 图 80

▲ 图 81

❹ 点击"直播"选项,如图82所示。
❺ 在"实名认证"和"年龄认证"均通过的情况下,点击"下一步"按钮即可,如图83所示。
❻ 进入直播界面后,点击界面下方红框内的各选项,对直播内容进行设置,然后点击右下角的"开始"按钮即开启直播,如图84所示。

▲ 图 82

▲ 图 83

▲ 图 84

用计算机在视频号直播

与抖音平台相似，使用计算机进行直播同样需要先将画面投屏到计算机上，具体方法见本章"使用计算机进行高品质直播的操作方法"一节，下面介绍计算机端的相关操作。

❶ 在百度搜索"视频号助手"，点击图 85 所示的超链接。

❷ 扫码登录后，点击左侧导航栏"直播管理"中的"直播间管理"选项，如图 86 所示。

❸ 设置基本直播信息，包括"直播分类""直播封面""直播主题"，以及可观看范围，如图 87 所示。

▲ 图 85

▲ 图 86

❹ 单击图 87 右侧的"修改封面"按钮后，在进入的界面中单击"替换封面"按钮，即可将准备好的图片作为封面，如图 88 所示。

▲ 图 87

❺ 单击界面下方"创建"按钮后，即可在打开的界面中，看到"推流地址"和"推流密钥"选项，如图 89 所示。

▲ 图 88　　　　　　　　▲ 图 89

❻ 打开 OBS 软件，单击右下角的"设置"选项，点击左侧的"推流"选项，将"服务"设置为"自定义"。将上一步的"推流地址"和"推流秘钥"分别粘贴至"服务器"和"串流密钥"文本框，随后单击右下角的"应用"按钮，如图 90 所示。

❼ 回到 OBS 软件主界面，单击右下角的"开始推流"选项，如图 91 所示。

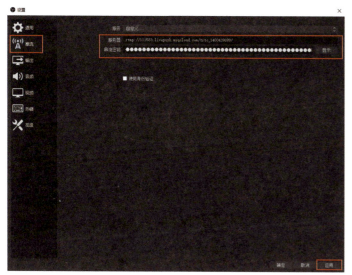
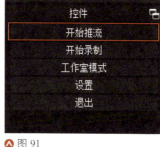

△ 图 91

△ 图 90

❽ 此时再前往图 89 所示的界面时,发现上方出现了直播画面,并且下方的"开始直播"选项也已亮起,单击该按钮,即可开始直播,如图 92 所示。

❾ 如果在直播过程中有商品需要出售,则建议在单击"开始直播"按钮之前,先单击图 92 左侧导航栏中的"直播间商品管理"选项。

△ 图 92

❿ 点击界面右上角的"添加商品"按钮,如图 93 所示。

⓫ 选择要添加的商品,或者直接单击图 94 红框内的图标,全选所有商品,然

△ 图 93

后单击右下角"添加"即可。

❿ 添加商品后,即可回到图 93 所示的界面,单击"开始直播"按钮。

开启直播后,在"直播商品管理"界面中,单击右侧的"讲解"选项,即可选择讲解的商品,如图 95 所示。同时,在手机端,观众也可以看到弹出的商品标签,如图 96 所示。

▲ 图 94

▲ 图 95

▲ 图 96

⓭ 开播后,在"视频号助手"界面中可看到图 97 所示的基本直播信息,包括"观看"(总观看人数)"赞""在线"(当前在直播间人数),以及直播时长等数据。若单击右侧的"结束直播"按钮,则会显示本场直播数据总结,如图 98 所示。

▲ 图 97

图 98

⓮ 直播结束后,单击左侧导航栏中的"直播数据"选项,选择"单场数据"选项,即可查看该场直播效果,如图 99 所示。

▲ 图 99

直播间流量的 6 大来源

只有了解了直播间流量的来源,才能有针对性地对直播的各个环节进行改进,从而吸引更多的观众进入直播间。

短视频引流至直播间

对于抖音而言,由于该平台以短视频为主,所以直播间的大部分观众其实都是来抖音看短视频的。所以,想让直播间火爆,就要想办法通过短视频将观众引流到直播间。

因为抖音官方也明白直播间的主要流量来源于短视频,所以一旦开播,账号所发布的短视频就会有"正在直播"的鲜明提示。为了增强短视频引流的效果,往往会专门制作"引流短视频"。

直播间预热短视频

直播预热短视频应至少在开播前 3 小时发布,主要内容是介绍直播的开始时间,以及直播的核心亮点,以此来吸引观众,让观众在开播时进入直播间,使直播的预热环节可以顺利开展。

比如图 100 所示为肯德基官方号投放的直播预热短视频,并在其中着重强调了开播时间。

这种方式与电视台中为某个节目播放预告是一样的效果,可以通过简短的画面进行信息的快速扩散,让更多的人知道直播信息。知道的人越多,直播间的人数就有可能越多。

▲ 图 100

花絮短视频引流

花絮短视频也被称为"切片短视频",是指在直播过程中,从另外一个角度拍摄的现场视频,并在拍摄完成后第一时间进行发布,从而利用该短视频的流量为直播间进行引流。

为了起到连续、不间断的引流效果,建议每半小时就发布一条花絮短视频。

由于花絮短视频对时效性的要求很高,所以无论是拍摄还是后期都要尽快迅速完成。为了防止在实际操作时手忙脚乱,可以先根据直播计划,安排好对哪个环节进行拍摄。包括后期加入哪些提高引流效果的文字,也可以在前期想好,从而"保质又保量",如图 101 所示。

▲ 图 101

直播推荐流量

我们每发布一条短视频，通过审核后，抖音就会为其分发基础流量，在 100~500 不等，这个是短视频的推荐流量，也叫自然流量。对于直播而言，一旦开播，抖音同样会对直播间进行审核、打分，然后分发流量。这个流量就是"直播推荐流量"，也被称为直播间的自然流量。"短视频引流"和"直播推荐流量"组成了直播流量的重要来源。

直播推荐流量的高低主要取决于进入直播间的观众人数、直播间观众停留的时长、观众互动这 3 个指标。当这 3 个指标满足要求后，抖音会给该直播间分发更多的推荐流量。因此，几乎所有与直播相关的设计，比如直播间的布置、直播环节（包括直播话术、选品）等，其宗旨就是为了吸引观众进入直播间，并让观众在直播间停留更长时间，以及让观众乐于与主播互动，进而让抖音不断为直播间分发推荐流量，从而成为一个火爆的直播间。

比如图 102 的高人气直播间，靠投 DOU+ 是无法实现同时在直播间 1 万多人的。直播间本身的内容必须足够优秀，让观众有足够的停留时长和积极的互动，才能在直播推荐流量不断增加的情况下，实现在直播间人数的积累。

▲ 图 102

直播广场流量

直播广场流量与以上两种流量相比就要差很多了。因为只有当特意向左滑动屏幕，或者点击直播间右上方的"更多直播"时，才会弹出直播广场，如图 103 所示。

直播广场中的内容是根据观众以往常看的直播类型进行推荐的，并且被显示在"前排"的往往是人气较高的直播间。

因此，想在直播广场中获得流量的前提是要有人气。有人气的前提就"短视频引流"和"直播推荐流量"足够。所以，从某种角度来说，直播广场的流量属于"短视频流量"和"直播推荐流量"比较高的情况下的附属品，想单独通过直播广场来有效提高直播间的流量是不现实的。

▲ 图 103

同城流量

抖音直播没有"同城直播"页面。但在短视频界面，却可以浏览同城短视频。因此，直播的"同城流量"与"同城短视频"的流量是密不可分的。当观众在浏览同城短视频时，如果该账号正好在直播，那么就很有可能被引流至直播间。

同城流量对于有实体店的直播间而言非常重要。因为同城流量被吸引到线下实体店变现的概率要比非同城流量高很多。因此，为了尽可能多地吸引同城流量，该直播间账号在发布短视频时，务必添加实体店地址，最好是POI地址，从而直接显示店铺名称和位置，进一步提高转化的概率。

当此类短视频流量增长后，就有机会上榜图104所示的"吃喝玩乐榜"。一旦上榜，无论是短视频还是直播间，包括线下转化，都会实现高速增长。

官方活动流量

抖音官方会不定期举办直播活动，如果该活动与直播间所属领域相符，则建议积极参加。因为凡是参与活动的直播间，多少会获得一些流量支持。一旦直播效果不错，获得的"直播推荐流量"也会更多。

另外，如果一个直播间经常参加抖音活动，会有助于提高权重，并被判定为活跃账号。那么与其他不参加抖音活动的直播间相比，初始的"直播推荐流量"就会更多一些。总之，跟着官方走是不会错的。

如果你还不知道抖音直播活动在哪里找，可以关注"抖音直播活动"官方账号，第一时间获取活动信息，如图105所示。

个人账号和关注页流量

之所以将"个人账号"和"关注页流量"放在一起进行介绍，是因为这两部分直播间流量属于私域流量，而前面介绍的均属于公域流量。

既然是私域流量，就只有对账号进行关注的粉丝或者进入主页的观众才有机会得到直播"通知"，并进入直播间。比如，在个人简介中可以看到对直播时间的介绍，如图106所示或者在开播后会弹出的开播提醒，以及在"关注页"中可以看到正在直播的账号等。

▲ 图 104

▲ 图 105

▲ 图 106

开始一场直播前的准备工作

选品与进货渠道

在进行直播带货之前,要先选择合适的产品。如果是一名电商主播,则可以省去这一步骤,因为商家会准备好直播时推荐的货品。

在擅长的领域寻找合适的商品

要想成为达人主播,除了个人魅力,所推荐的产品还需要确实符合大众需求。同时建议各位推荐自己擅长或者感兴趣领域的商品。

如果厨艺还不错,则可以做一些厨具产品的直播带货;如果自己喜欢种花,则可以做绿植类产品的带货主播。总之,选择自己擅长的或者感兴趣的领域中的商品,不仅可以让自己在直播时给观众提供更多"附加信息",如做饭技巧、种植技巧等,还能够了解该产品的质量如何,是否值得推荐给各位观众。

比如,擅长厨艺的你准备直播售卖锅类产品,那么自然知道什么样的锅好用,如是否粘锅,重量是否合适,炒出的菜会不会更香、更有"烟火气";喜欢珠宝玉石的你,自然也会了解一些鉴定珠宝的技巧,更容易让观众相信你推荐的一定是"A货",如图107所示。

当主播推荐的产品让观众感到满意时,直播间的人气肯定会越来越高。只要人气高到一定程度,就可以像头部主播一样,无须局限于产品类别,只要好用、价格实惠,就可以推荐。

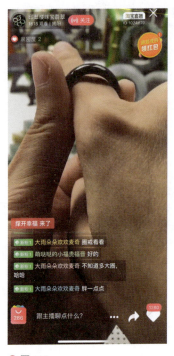
▲图107

找一些廉价但实用的产品做活动

主播刚开始直播时,人气不高很正常,但可以通过一些活动来吸引更多观众。比如,在选品时可以挑选一些廉价而又实用的产品,自掏腰包,以低于成本的价格进行出售,相当于给观众一些"福利",从而达到引流的目的。

自己购买或选择靠谱的进货渠道

在确定所选货品的基本种类后,就可以着手准备进货了。如果本身就有很靠谱的货源,那么直接进行采购即可;如果没有找到可靠货源,则可以通过以下3个渠道进货。主播根据自己的情况选择最适合自己的渠道拿货即可。

(1)抖音验货群。

(2)商家提供。

(3)抖音验货平台。

确定直播的 4 个基本信息

商品准备好之后,就要确定直播的基本信息,如直播的时间、预计的直播时长、直播平台的选择等。只有确定了这些基本情况,才能够有针对性地准备接下来的内容。

直播时间

对于新手而言,不建议在黄金时段(如晚 8 点左右)进行直播。因为该时间段的竞争压力太大了,带货大 V 都是在此时间段直播,作为新手带货主播很难吸引到观众观看。

因此,建议在上午或者中午进行直播,此时主播较少,竞争压力较小,更容易被观众发现。一些上班族在中午休息时也有可能会刷一刷直播,主播可以借此逐步积累起人气和粉丝。

直播时长

直播时长要看准备的货品数量或个人的工作状态来确定。在保持良好状态的情况下,一般直播 4 ~ 5 小时是没有问题的。直播时间越长,货品的曝光率也就越高。

需要强调的是,直播带货与大多数内容类直播不同。即便只卖一件商品,也可以直播几个小时,并不是说一定要不断地更换商品。

因为进入直播间的观众是为了了解产品,而不是看表演,所以流动性非常强,他们咨询完心仪的产品后可能就退出直播间了。有观众提问题就回答问题,没有问题就介绍一下产品,与观众进行互动,如图 108 所示,所以带货主播不用太担心直播内容匮乏的问题。

▲图 108

确定产品优势

在直播前总结一下产品有哪几个优势是非常有必要的。因为在直播时,大部分时间都是在反复强调产品的这些优势,从而激发观众的购买欲。

准备销售语言

产品的优势通过销售语言表现出来才会让观众更愿意买单。比如,在介绍某种烤鱼食品时,主播会营造一个场景:当你想吃烤鱼,但楼下餐馆已经关门时,撕开一包,加点水就能吃到像餐馆中那样香的烤鱼。

通过这个场景既表达出烤鱼食品很方便且很美味,又让观众产生很强的画面感,从而增强观众完成购买的可能性。

熟悉直播活动6大环节

如果是直播带货，那么在撰写具体的直播脚本前，要先安排好不同时间段的内容。比如，不同的产品什么时候介绍；粉丝活动在哪个环节加入；是否要加入经验分享或者是某种技能的教学等。只有提前策划好这些内容，才能有条不紊地对各个内容进行更细致的准备。

当然，直播带货的流程并不是固定的。优秀的、应变能力强的主播可以根据观众的反应，直播间的热度灵活调整内容。但对于刚刚开始直播的新人而言，按照流程走，最起码可以保证一场直播完整、顺利的进行下来。

1. 热场互动

热场互动就好像表演的"开场"，需要让观众的情绪高昂起来，才有利于后面进行活动的开展及产品的转化。

具体来说，在热场互动环节，为了吸引观众的注意力，会快速介绍直播间的特点。比如，"咱们家做品牌折扣的衣服，商场几百米（元）的衣服，在咱这里只有几十米（元），今晚来到直播间的各位宝宝,福利更大。"听到这些话，对直播间内容感兴趣的观众大概率会留下。

接下来就要将福利直接抛出来。抛福利也是让观众更有热情的最有效的方法和手段。在介绍福利的同时，也不要忘记强调"大家下手要快""买到就是赚到""抢完就再也没有了"之类让大家有紧迫感，感觉不抢就亏了的话术。

2. 第一组主打商品

在观众被福利调动起积极性之后，千万不要立刻就送福利。因为如果在开场就把福利送出去了，很多观众今晚就不会再进入你的直播间了。

因此正确的做法是，介绍完福利后，开始上第一组商品，如图109所示，并且要强调，"上完这组商品就给大家发福利"。即使部分观众会在这时离开直播间，但其中肯定会有心里惦记着福利，从而过一会儿就进直播间看一眼的观众存在。这部分观众因为多次进入直播间，万一对主播介绍的商品感兴趣，就有可能停留，大大提高转化为粉丝或者达成订单转化的概率，所以也是一部分重要的流量。

发放福利的方式有很多种，比如秒杀、抽奖、发红包，或者通过一些让观众更有参与感的活动来发放福利。图110所示为"美的官方直播间"进行的"秒杀"活动。观众点击右下角弹出的图片，即可快速参与活动。既给了观众实惠，又可以有效提升直播间的热度。

3. 福利发放

在第一波主打商品介绍完之后，就要开始发放福利了，否则会让观众反感，对提高直播间口碑，以及增加粉丝和订单都没有帮助。

▲ 图109

▲ 图110

4. 第二组主打商品或干货分享

福利发放环节会让直播间的互动大幅提高，随之而来的，还有涌入直播间的更多的观众。所以，在内容安排上，要把最看好的、最有机会卖成爆款的商品放在第二组，从而让好产品获得更多的曝光。

需要强调的是，对于新直播间而言，积累粉丝可能会比订单转化更重要。所以这个时候也可以不上商品，而是做干货分享。比如，美妆主播可以介绍美妆技巧，以此赢得观众的好感，大大提高粉丝转化率。

接下来就可以进行带货—福利或活动的循环了。当然，一共有多少组商品、多少组活动或福利，分别安排在哪一时间段进行是要提前安排好的。

5. 结束直播并进行下一场直播预告

当所有商品和准备的福利、活动按计划完成后，即可结束当天的直播。同时，要对下一场直播的时间、活动以及主推产品进行简单介绍。

值得一提的是，下一场直播的时间务必多重复几遍，从而充分利用该场直播的流量，为下一场直播做宣传。

当以上流程均确定后，即可制作出类似图111的表格。按照该表格，即可进行接下来的详细的直播脚本设计。

6. 直播复盘及数据分析

直播虽已结束，但主播及团队依然不能休息。要趁着刚刚直播完，对直播过程中的细节、直播效果还有清晰记忆的时候进行复盘，发现、总结当场直播中出现的问题，并从观众的角度找到话术，以及福利或活动流程的欠缺。

通过数据分析则可以直观地了解到直播效果，并通过较差的数据，分析出亟待提高的流程、环节。

4 小时直播安排									
×× 直播间（首次关注主播领取 10 元无门槛优惠券）每 5 分钟飘屏一次									
直播时间 15:00 — 18:00；19:00 — 21:00（6 个小时）									
主题（护肤小常识让你回归自然皮肤）									
时间段	主讲人	内容	目的	商品介绍	时段销售指标	时段在线人数	备注		
15:50 — 15:55	××	预告今天内容及优惠活动	热场子	全部	0	0			
15:55 — 16:05	××	获得者无门槛当天使用券抽取 2 名	活跃气氛	无	0	100			
16:05 — 16:20	××	补水小窍门讲解	引入产品	XX 套盒	0	200			
16:20 — 16:50	××	代入补水产品进行讲解	讲解产品	XX 套盒	500	400			
16:50 — 17:00	××	直播奖品抽取并引导转发	裂变	无	0	600			
17:00 — 17:15	××	控油小窍门讲解	引入产品	YY 套盒	0	600			
17:15 — 17:45	××	代入控油产品进行讲解	讲解产品	Y 套盒	500	800			
17:45 — 18:00	××	预告晚上直播内容	铺垫	全部产品	1000	1000	利用晚上活动促销		
19:00 — 19:05	××	预告今晚主要讲解内容及优惠活动	热场子	剩余产品	0	200			
19:05 — 19:15	××	获得者无门槛当天使用优惠券抽取 2 名	活跃气氛	无	0	400	下单购买的朋友可以参加		
19:15 — 19:30	××	敏感肌小知识讲解敏感肌产品讲解	引入产品	XXX 套盒	0	600			
19:30 — 20:00	××	直播奖品抽取并引导转发	讲解产品	XXX 套盒	500	800			
20:00 — 20:10	××	祛痘小知识讲解	裂变	无	0	1000			
20:10 — 20:25	××	祛痘小知识讲解	引入产品	YY 套盒	0	1200			
20:25 — 20:55	××	祛痘产品讲解	讲解产品	YY 套盒	800	1400			
20:55 — 21:05	××	免单抽奖或明日预告	促单	无	1000	1400			

图 111

直播脚本的 4 大内容与基本结构

直播脚本是做大品牌直播或者对自己有更高要求的带货主播的必做功课，也是对直播内容进行精细安排的一种方法，可以将其理解为"直播的剧本"。

直播脚本分为单品脚本和整场脚本。顾名思义，单品脚本是指对单一商品的直播内容进行梳理，而整场脚本则是对整个直播时间内的各个环节进行细节设计。下面分别介绍单品脚本和整场脚本中应该包含的内容。

单品脚本中应包含 4 部分内容

（1）产品的卖点和利益点。

明确产品的核心竞争力在哪里，并且在直播过程中多次强调，突出商品的实用性。图 112 所示为美的官方直播间在介绍一款双开门冰箱的产品，并在介绍过程中多次强调其空间大、性价比高的特点。

（2）视觉化的表达。

直白地介绍一件产品多么好、多么实用是非常苍白的。营造一个使用场景，就可以让观众产生画面感，更有利于宣传商品。那么，具体营造一个什么样的场景，则是在单品脚本中需要写明的。

（3）品牌介绍。

品牌是一件商品质量的保证。如果可以，向厂家了解一些有利于销售的数据。比如，一个月卖出了多少件，使用了什么先进的技术制作，获得过哪些认证或者大奖等，让观众对这件商品产生信赖感。

（4）引导转化。

这部分内容主要用来打破观众的最后一道心理防线，所采取的形式也比较多样。可以采用饥饿营销的方式，比如限量 100 件，每件 99 元，之后恢复 135 元一件，然后在直播间倒数"5、4、3、2、1，抢！"让观众来不及理性思考需不需要买，只需感觉合适可能就真的抢购了。具体采用什么形式完成最后的引导转化，则应该在单品脚本中有所体现。

△ 图 112

整场脚本的基本结构

一场直播不仅有对产品的介绍，还需要进行热场、不同环节的衔接及活动或者福利的玩法介绍等，这些内容都应该提前在脚本中准备好。

对于刚开始直播的主播而言，最好将语言完整地撰写在脚本上；对于经验丰富，可以熟练掌握直播话术的主播而言，则可以在脚本中简单撰写大致内容，然后在直播过程中自由发挥。比如，下文就是刚入行的主播，在一场抖音创业直播中，提前撰写好的开场话术：

"亲爱的宝贝们，走过路过不要擦肩错过，我是 **！

这是在抖音直播间创业的第 × 天时间，刚刚开播两分钟的时间，如果大家也希望通过直播创富，不妨听听 ××× 的介绍。时间不长，作用不小，我用一根烟的功夫，一首歌的时间，给您介绍一下我们的项目，也许就能改变你的财富观，帮助你在抖音上获得收入。"

对于有着丰富直播经验的主播而言，还需要准备好类似下文的脚本结构：

（1）打招呼、热场。
（2）第 1 ~ 5 分钟，近景直播。
（3）第 5 ~ 10 分钟，剧透今日新款和主推款。
（4）第 10 ~ 20 分钟，将今天的所有商品全部快速过一遍。
（5）半个小时后正式逐个推荐产品。
（6）离结束还有 2 小时，做呼声较高产品的返场推荐。
（7）离结束还有 30 分钟，完整演绎爆款购买路径，教粉丝领取优惠券并完成购买。
（8）离结束还有 10 分钟，预告明天的新款。
（9）最后 1 分钟，强调关注主播、预告明天的开播时间及相关福利。

直播效果调试

直播前需要做的最后一项准备工作即效果调试。如果是首播，那么调试工作必不可少，因为很大概率在调试时会发生之前没有考虑到的问题。

建议在每次直播前都进行一次试播，这样才能尽可能地确保正式直播时万无一失。

直播调试的主要目的是检查是否存在以下几个问题：

（1）直播画面是否流畅、清晰，网络是否稳定。
（2）画面亮度、色彩是否正常，能否正确还原产品本身的色彩。
（3）直播声音是否清晰，是否有噪声。
（4）取景范围内是否有杂物，或者一些不该在直播画面中出现的景物。
（5）直播过程中能否清晰地看到观众的留言。
（6）推荐的产品能否在画面中被清晰、完整地展现。

"荣誉等级"不会为直播间提供任何流量

有人说"荣誉等级"越高的直播间，抖音分配的流量就会越多，而提升"荣誉等级"的方式，就是多在直播间刷礼物。笔者在这里郑重强调，以上说法完全是骗人的，抖音的荣誉等级不会为直播间提供任何流量。

被误以为是直播间等级的"荣誉等级"

当人们进入直播间，点击右上角的头像后，会在界面左下角出现"荣誉等级"，如图103所示。很多人以为"荣誉等级"是直播间等级，并自然地认为荣誉等级越高的直播间，流量就越高。

事实上，这里看到的荣誉等级，其实是当前直播间的账号刷礼物所获得的等级，完全是通过该账号的消费获得的，跟直播间的质量、人气、流量等没有任何关系，比如，图13所示的鸿星尔克官方直播间，其直播间内观众通常在千人以上，流量绝对不算低，但是其荣誉等级仅为10级。足以证明，流量和"荣誉等级"是没有关系的。

▲ 图103

看不见的直播间等级

实际上，主播开直播与主播发布短视频后，抖音会对其进行评分来确定初始流量的机制相同。在直播间流量推送系统中，也存在一个类似打分的系统。虽然一些人将其称为直播间等级，但笔者更愿称其为直播间"评级"，或者称为"等级流量池"，从而与上文的"荣誉等级"区分开。

直播间评级从低到有E、D、C、B、A、S等级别。评级越高，抖音官方分配给直播间的流量就越多。但这个评级是隐性的，不会显示在直播间中，而是存在于抖音的推流系统中。所以，关于直播间评级，只是通过大量运营数据总结出来的一般规律，无法进行定量。

如果想知道自己的直播间属于哪一个等级，可以通过进入直播间的总人数来进行简单判断。

E级：平均场观200人左右；
D级：平均场观1500人左右；
C级：平均场观1万人左右；
B级：平均场观8万人左右；
A级：平均场观42万人左右；
S级：平均场观250万人左右。

荣誉等级的真实作用

荣誉等级的真实作用其实是为了彰显观众的"身份"。当一名观众花钱打赏主播后，就会获得荣誉等级。给主播刷的礼物越多，荣誉等级就越高，可以解锁更多的观众权限并获得特殊的入场特效。总之，就是让消费高的观众感觉更有"地位"，可以从大多数的普通观众中凸显出来。

第 9 章

让自己更优秀——优秀主播的必备素养

优秀带货主播必备的 5 个能力

想成为一名优秀的带货主播，首先要知道优秀主播应该具备哪些关键能力，这样才能为自己找到进步的方向，并根据自身不足，有针对性地提高自己的直播水平。

引流能力

一名主播的引流能力，主要根据点击进入直播间的人次和直播间曝光次数这两个指标来判断。

一般来说，镜头感越好的主播，其引流能力往往越强。因为当观众决定是否进入直播间时，只能通过封面的观感来进行判断。而主播在镜头中的状态则是观感的主要来源之一。一些在镜头前有自信、有气场、有颜值的主播，其引流能力往往较强。

因此，作为一名主播，哪怕自己的相貌并不出众，也要让自己看起来自信、大方、有精神，从而尽量提升个人的引流能力。

留人能力

一名主播的留人能力，可通过直播过程中 1 – 离开人次 /（开播在线人次 + 进入人次）指标来判断。当该指标高于 0.2 时，证明其具有不错的留人能力。

留人能力强的主播，其直播话术往往较强，能够很好地让观众被正在介绍的产品吸引。每句话衔接得也会非常紧密，从而不断地对观众形成引导，使其没有离开直播间的机会。

吸粉能力

一名主播的吸粉能力，可以通过其直播过程中新增粉丝与进入直播间人数的比值进行判断。当该比值高于 0.02 时，则证明主播的吸粉能力不错。

吸粉能力强的主播，通常具有鲜明的人设，有着自己的特点和人格魅力。当观众在其他直播间看不到相同风格的直播带货时，往往就会关注。而在直播过程中打造人设其实并不难，有时说一说自己的真实想法，跟观众进行真诚的沟通，都有助于立人设、吸粉丝。

互动能力

一名主播的互动能力，可以通过评论数与在线人数的比值来判断。当这名主播同时具有较强的互动能力和吸粉能力时，由于评论数量和粉丝转化会比较高，而且这部分数据会被抖音收集，因此会获得更多的自然流量。

因此，如果直播间的流量不足，除了直播间布置和选品、组品的因素，就要考虑是不是因为主播的吸粉能力和互动能力不足所。

转化能力

一名主播的转化能力，可以通过 GPM，也就是"千人消费转化"来判断。GPM= 销售额 / 看播人数 ×1000，其实通俗点说，GPM 就是每 1000 个人来到这个直播间会花多少钱。

GPM 越高的主播，就意味着可以让直播间中的观众更多地消费，从而提高直播间的收益。

查看主播能力数据

前面所讲述的优秀主播必备的 5 个能力,并不需要自己总结或盲测,可以通过抖音官方推出的平台进行查看,下面是具体方法。

❶ 在百度搜索"抖音罗盘",单击图 1 所示的超链接。

❷ 选择"商家"并登录,或者也可以在登录后,设置为"商家视角",如图 2 所示。

❸ 在"直播"分类下,点击"主播分析"选项,如图 2 所示。

❹ 选择需要进行分析的主播,并向下滑动页面,即可找到"能力分析"板块,如图 3 所示。需要说明的是,之所以图 3 中没有数据,是由于该功能上线后,该账号还未开播。当所选主播开播后,即可显示前面介绍的 5 种能力数据。

△图 1

△图 2

△图 3

直播带货达人必备的 8 个要素

如果想成为一名优秀的电商主播,甚至是带货达人,绝不仅仅是将商品介绍清楚,并与观众聊聊天就可以的。

一个好记且新颖的名字

能让观众记住你是谁,那就证明你的直播是被认可的,在与观众的交流中也会更自然。那么,什么样的名字可以让观众更容易记住呢?

满足以下两点即可。

(1)符合主播风格。

有些主播的风格偏稳重,有些偏幽默,有些则偏可爱,如果名字与直播风格相吻合,就更容易被观众记住。比如,幽默型主播叫笑笑、可爱型主播叫妮妮等。

(2)简单好记且新颖。

既简单又朗朗上口是基本要求。如果还能够更新颖一些,让人感觉很有创意,则属于更高的要求,如甜小兔、性感小腿毛等。这种名字与其他主播的名字会有一定的区分度,从而更容易让观众记住。

高手主播一定要有"颜值"

之所以将"颜值"二字加上引号,是因为这里的"颜值"不仅指样貌好看,还包含对主播各方面素质的要求。也许主播长得不是很好看,但是懂礼貌、有气质,同样是高"颜值"的表现。

尊重粉丝审美

虽然直播带货达人不一定要有高颜值,但并不意味着可以毫不顾忌个人形象。如果是女主播,那么化妆几乎是必不可少的步骤(化妆后再上直播不是为了臭美,而是一种尊重别人、尊重自己的表现),如图4所示。而作为一名男主播,如果确实不喜欢化妆,也要穿戴整洁。这既是对粉丝的尊重,也是对自己的尊重。

展现积极阳光的一面

任何一名观众,都不愿意去观看一位愁眉苦脸的主播。因此,在直播时保持正面情绪,可以大大提高观看体验。这也是一个体现带货主播专业素养的重要方面。

但在触及个人尊严及底线的情况下,主播也可以在直播间发火。注意一定要使用文明用语去表达、发泄自己的情绪。大部分观众都会理解,并且会认为主播是一个有血有肉的人,而不是直播机器。

▲ 图4

表现出自己的涵养

在直播中,主播的涵养主要表现在语言上。不要出现粗俗的语言,也不要对粉丝进行语言上的攻击。即使粉丝有错在先,作为主播也要尽量忍让。如果有人实在太过分,则可以讲道理、摆事实。

内容足够精彩

任何直播类型,内容都是最重要的。只有观众愿意看主播呈现出的内容,直播间的人气才能高。所以,内容的"颜值"也一定要高。

3个方法形成自己的直播风格

只有形成自己的直播风格,才能与其他主播区别开来,从而吸引更多的观众。要想形成个人直播风格,主要依靠固定时间、固定形象和固定特色。

固定时间

固定时间可以说是对带货主播的基本要求。因为只有固定时间,才能让粉丝知道什么时候能看到你的直播。而一些真心喜欢看你直播带货的观众,就会经常准点出现在直播间,他们与你的交流或者粉丝等级也会影响到新粉丝对你的印象。

以淘宝直播为例,很多直播间一开播,立即就有粉丝进来和主播打招呼。如果此时有一个新粉进入直播间,发现有很多"挚爱""钻石"(粉丝等级)粉丝与你互动,就会给新粉丝一种"这个主播挺受欢迎"的第一印象。

另外,选择直播时间也意味着选择了怎样的粉丝群体。直播时间主要分为早间档(5:00—10:00)、午间档(13:00—17:00)和晚间档(19:00—24:00)。作为直播新手,建议选择在早间档(5:00—10:00)进行直播。因为此时直播人数少,竞争压力也会小很多,有利于新手主播积累粉丝和人气。

固定形象

形象不单单指主播的样貌,还包括服装风格、声音、动作和表情等,甚至是直播间的整体布置、直播画面色调等。比如,罗永浩在多次直播中穿的都是相同的墨绿色外套。

所谓"固定",并不是指一成不变,而是保持相对统一,让观众每次来直播间都有一种熟悉的感觉,这对于培养粉丝黏性很有帮助。

比如,罗永浩和某大牌主播的形象就有很大区别。不仅在相貌上有区别,更多的其实在于两个人说话的风格。一想到罗永浩,就会想到那种不紧不慢的语速和频出的金句;而某大牌主播则属于语速快的主播,擅长用夸张的语气词来烘托直播间气氛。两者不同的"形象"导致他们分别聚集了不同的粉丝群体。

固定特色

独特的形象也是直播间的特色之一,但这里主要强调的是要有意识地突出某一特色,并将其保持下来。比如,某大牌主播在直播时的名句"Oh my god!""买它!"等,已经成为了网络流行词汇,并且被很多主播甚至明星效仿。

直播也应该懂的3种运营思路

带货直播最重要的当然是商品与直播内容,做好这两点可以确保商品成交量不会太差。但如果不懂得如何运营,不仅粉丝增长速度慢,还很难将粉丝沉淀下来,也就无法成为真正的直播达人。

粉丝运营

粉丝运营主要包含3种方式。

(1)拉新。不同的直播平台有不同的拉新方式,但主要都是靠参加官方活动或粉丝刷礼物来获取曝光量和推荐比重。

(2)粉丝群。想要留住粉丝,建立微信粉丝群是最有效的方式。在非直播时段可以与粉丝们互动一下,提高粉丝黏性。

(3)粉丝专属活动。为一些活跃度较高的粉丝(淘宝直播中的粉丝根据活跃度分为新粉、铁粉、钻石粉和挚爱粉)举办专属活动,可以让粉丝更有成就感,还能吸引新加入的粉丝更积极地与主播进行互动。

渠道运营

除了直播平台本身吸引的粉丝,还应该利用微信、微博等平台将粉丝吸引到直播平台,如图5所示。同时,将直播平台的粉丝沉淀到微博或者微信。多平台、多渠道运营,既可以在更换直播平台时不至于损失太多的粉丝,又能够利用不同平台的特点让粉丝与主播之间的联系更紧密。比如,微博就非常适合进行直播预告,而微信则更适合与粉丝互动。

图5

不同时期有各自的运营重点

在主播成长过程中，不同时期的运营应该有不同的侧重点，如表1所示。

阶段	时间期限	运营重点
新手期	1~5 天	熟悉直播环境，了解直播软件的各种功能，标题注明"首次直播"
习惯期	6~10 天	尝试与粉丝互动，建立粉丝群，重点是留住忠实粉丝
加速期	10~18 天	可以尝试更多的直播形式，并根据粉丝的反馈确定效果。重点依旧是留住粉丝
调整期	18~90 天	开始在不同渠道进行粉丝的积累，为后续爆发做准备
成型期	90 天以上	能坚持 3 个月的直播，证明直播带货方式或内容是没有问题的，接下来重点在于运用已经积累的粉丝群体，寻找爆发和突破的机会

做好直播规划才能走得更远

如果只是抱着"播一天算一天"的想法，那么很难在庞大的主播群体中脱颖而出。要想成为一名优秀的带货主播，不仅需要激情，还需要能够按照计划，一步一步走下去的韧性与耐性。

内容规划

作为带货主播，内容同样重要。同一件产品，有些主播的直播能让人看得津津有味，而有些主播就好像是在背书。能让人听得津津有味的主播，一定是下了功夫研究如何表达，以及以什么形式表达可以让观众更感兴趣；而让人感觉像是背书的主播，也许只是简单地了解了一下产品的特点而已。

再将目光从单一产品延伸到整场直播中。有些带货主播的直播间就好像是一个小剧场，每一个环节都无缝衔接，观众也很有参与感。而有些带货主播直播时就好像是在聊家常，聊得起劲，话就会比较多，聊得不起劲，可能直播就草草结束了。内容没有保证，当然不会有太多人喜欢从这个平台购买东西。

活动规划

虽然平台会举办很多活动，但因为参与的主播很多，其实不容易表现出自己的特色。如果主播自己能够策划一些有趣的活动来回馈粉丝，那么无论是对涨粉还是提高粉丝黏性，都非常有帮助。

比如，在"父亲节"这一天，某大牌主播在微博上发起了抽剃须刀的活动。虽然活动并没有什么创意，但却传递了正能量，体现出了主播的涵养，如图6所示。

品牌规划

▲ 图6

这里所说的品牌是指将主播自己打造为"品牌"，也就是让观众产生信赖感，并且具有自己的特色。

比如，提到某大牌主播、某大牌主播、罗永浩这类主播，人们普遍认为他们卖的东西基本不用担心质量问题，他们卖的东西，肯定比其他地方便宜。以至于这些主播的名字本身就具备品牌效应。

因此当自己做主播时，就要有将自己打造为品牌的意识。做不到价格最低，那就从每一件产品都亲自试用、亲口品尝开始。长此以往，观众就会比较信赖你。

高手主播都有的 11 个好习惯

一些不经意的、习惯性的动作和语言，往往最能打动观众。优秀的主播往往都有以下好习惯。

（1）嘴甜。会说话的主播更容易拉近与粉丝的距离。比如，一位粉丝的 ID 叫"潇洒走四方"，会说话的主播称呼他为"潇潇哥哥"就是一个典型的例子。

（2）主动。开朗热情的主播更容易"破冰"，也就是很快与粉丝熟络起来。这样可以产生更多的话题，形成良性互动。

（3）自信。只有主播展现出自信、阳光的一面，才会吸引更多的观众，才能体现出商品的价值与优势。如果主播总是垂头丧气的，相信也不会有观众对直播间的商品感兴趣。

（4）感恩。无论是不是主播，都要学会感恩。每一位主播的成长都离不开粉丝的支持，所以适当地以活动回馈粉丝，表达感谢，可以让粉丝认可主播的人品。

（5）坚持。每一位直播带货达人都是从小主播做起的，其中一定经历了各种磨难。而成功的主播，往往是那些坚持下来的人。

（6）形象。坚持每一场直播间都穿戴整洁，女性主播则建议化妆。这既是对观众的尊重，也是对自己的尊重。

（7）生活。良好的作息、生活习惯是主播在直播期间保持良好状态的关键。而有着良好生活习惯的主播，也往往从内到外散发着一种魅力。

（8）分析。直播带货大咖罗永浩每次直播完以后，都会仔细观看回放，从中总结出现的问题。因此，作为一名普通带货主播，如果想尽快成长，直播结束后多总结问题，分析问题出现的原因并解决问题，是必须要养成的一个习惯。

（9）用心。记住一些粉丝的名字、了解粉丝的需求、寻找展示产品更有效的方法，这些都是用心直播的体现。久而久之，也许就会成长为直播带货达人。

（10）互动。多与粉丝交流才能了解观众，并让观众了解自己。如果自己确实有魅力，这无疑会吸引更多的观众，从而进入良性循环。

（11）沟通。除了在直播间与粉丝进行互动，在直播时间外，与粉丝间的沟通可以更准确地获知他们需要什么样的产品，以及需求什么样的内容，从而不断提高直播质量。

让粉丝群成为主播坚实的后盾

很多主播只知道建群，却不懂维护，从而导致粉丝流失，得不到积累。事实上，花一些时间在粉丝群的运营与维护上，绝对值得。因为只有粉丝沉淀下来，才能够为直播间拉来更多的观众，才会有更多的流量。

允许任何人进群

在刚建群时，只要粉丝有进群的意愿，就拉其入群。人多了，话题就多了，群内自然比较热闹。一个良好的群内氛围可以让粉丝更有归属感。

建立专属粉丝群

随着主播在群中与粉丝们不断进行互动，可以甄别出一些优质粉丝。这时就可以建立一个专属粉丝群，成为主播坚实的后盾，如图 7 所示。

但最初建立的粉丝群依然不能荒废，需要不断吸收新鲜血液，并引导他们观看直播，参与互动。

维护粉丝群

只有做好粉丝群的维护，才能牢牢抓住粉丝。下面介绍几个维护粉丝群的方式。

（1）在群内营造话题。作为带货主播，可以针对自己计划推荐的商品营造合适的话题。比如，要推一款防晒霜，就可以发一发自己在晴天出去玩的照片，然后顺便和粉丝聊一聊防晒霜的话题。

（2）保持神秘感。在与粉丝聊天的过程中，一定要保持自己的神秘感，因为这是吸引粉丝最有力的方式。只要粉丝对你感到好奇，就会持续保持关注。

（3）建立守护团。在粉丝群成立一段时间后，就可以成立守护团。所以主播除了要活跃群内氛围，还要引导粉丝之间互相熟悉，最终形成一个以主播为主的核心团体。

▲ 图 7

完善社群系统

当粉丝越来越多，粉丝群规模不断扩大时，就需要有专人负责运营与维护。当规模达到一定程度后，则可以发展粉丝成为群管理员，帮助主播进行辐射管理。

为了让社群系统更完善，可以在群内实行身份称号。比如"社员——精英——社长"等，一方面可以激励刚入群的粉丝积极互动，另一方面也可以让老粉丝更有成就感。

细节决定成败

商品是否真正具有优势，是直播带货成果的基础。但一位客户在直播间下单，绝不仅仅是因为觉得商品好用就会购买。主播的说话方式、场景的布置，以及背景音乐的选择，可能任何一个细节都会导致观众对产品产生兴趣并进行了购买。

因此，直播达人一定会对每一个细节都有较高的要求，追求极致的直播效果。

礼貌

礼貌是一名主播必须具备的素质。因为彬彬有礼的谈吐可以让观众在看直播时更舒服、更放松，也让观众愿意多停留几分钟。也许就是这多停留的几分钟，就会让其对产品感兴趣，进而购买。

在直播过程中，要想表现自己懂礼貌的一面，可以从 3 个方面入手。

（1）语言中不要带脏字。很多主播平时和熟悉的人之间说话可能习惯了，夹带脏字，在直播时就要有意识地克制一下，尽量使用更文明的语言。

（2）观众进直播间打招呼。这一点对于刚刚开始直播的主播来说非常重要。很多观众会因为你的这一声问候而多在直播间停留几分钟，如图 8 所示。但为了保证产品介绍的流畅性，可能来不及亲自打招呼，此时建议主播通过直播软件功能，实现对进入直播间的观众自动打招呼。

（3）感谢粉丝的礼物。观众在直播间送礼物时，无论贵贱，都应该表示感谢，这是礼仪常识，同时也让观众感受到自己得到了应有的尊重。

着装

衣着得体既是对观众的尊重，也是对自己的尊重。如果有自己独特的直播风格，服装也可以按照该风格进行准备。例如，大叔穿睡衣直播不是不行，但要让直播风格与睡衣的形象相符，才不会让观众感觉很突兀。

但大多数情况下，对于直播带货而言，还是以简单大方的服装为主，如图9所示。

说话风格

一名主播的说话风格是吸引粉丝最有效的方式之一。很多观众都是因为喜欢主播的语言表达而成为忠实粉丝的。

虽然说话风格可以学习，但比较难，需要长期去观看某位主播的直播，去感受他的说话节奏和语言风格。所以建议主播，不妨先找到自己的说话风格，并坚持下来，形成独有的特色，这样才能在直播带货这条路上走得更远。

▲ 图 8

良好的直播状态

是否具有稳定的直播状态是衡量一名带货主播职业素养的关键指标。既然从事这份工作，就要将最佳的状态展现在镜头面前。这样才对得起观众，对得起自己的付出。

记住粉丝

随着直播间的观众越来越多，与主播的互动也会增加。观众之所以与主播互动，一是询问商品相关问题；二是希望能与主播进行一定的交流。一旦主播记住了观众的名字，则可以极大地增加观众的归属感。比如，很多主播在直播间都会这样说"××来了啊，上次买的产品感觉怎么样？"一下就拉近了主播与观众之间的距离。甚至有些主播会记住粉丝的一些习惯或者特点，对于提高粉丝的黏性更是有巨大作用。

随手分享

将自己的直播动态或者商品情况分享到微信、微博等平台，可以最大化利用已有流量，吸引更多的观众进入直播间。同时，经常在其他平台分享直播动态，还能够让别人看到你的坚持，并让更多的人知道你是做主播的，这一点非常重要。因为当别人知道你的工作后，就可能有更多的机会找上门来。

▲ 图 9

这些直播间"话术"一定要懂

有些主播能说会道，而有些主播却不知道如何与观众聊天。但是，并不是不会聊天的主播就不能成为一个优秀的带货主播，只要懂得一些直播间"话术"，同样可以营造良好的直播氛围。

5 个方法在直播间找到合适的话题

根据受众群体寻找话题

每个直播间几乎都有主要的顾客群体，不同的群体所关注的主要领域也不同。比如，一家卖手办的直播间，其受众主要集中在 16～30 岁，是有一定经济能力的技术宅或者有零花钱的大学生。这类群体相对比较年轻，并且以男性为主，那么相对受欢迎的话题就是体育新闻、时事热点等。在直播间的闲暇时段聊一聊这类话题，可以活跃气氛，也更容易涨粉。

涉猎广泛的主播可以引导话题

一些知识面比较广、涉猎比较多的主播则可以作为话题的引导者，而不是话题的主要参与者。无论粉丝聊些什么，都能插上几句，从而引导话题继续进行下去，也可以起到活跃直播间气氛的作用。

根据不同的季节确定话题

不同的季节也有其特定的热门话题，如夏天减肥、冬天看雪、秋天赏红叶等。但在聊季节性话题时，要先确定直播间的粉丝主要集中在哪个地区。因为中国幅员辽阔，在不同的地方各个季节会有较大的反差。如果某个地方的粉丝很多，那么多聊一聊也可以；但如果粉丝比较分散，则最好少聊此类话题。

善用网络流行词

直播作为因特网的产物，一些网络流行的热词可以让内容更新颖，并且让观众感到更有趣。一些已经过时的流行词则尽量不用或者少用，防止让观众觉得直播间比较老套。

聊网络热点话题

如果实在不知道聊些什么，不妨根据微博热搜榜或者朋友圈热点、头条"热闻"等发现的高流量话题进行讨论，如图 10 所示。其中有些话题会比较敏感，应该避开。对于一些正能量的话题，则可以放心讨论。

图 10

3 个技巧巧妙避开敏感话题

含蓄地回答

并不是所有问题都需要给出答案。对于那些不想回答的问题，则可以含蓄地搪塞过去。比如，问到有没有男女朋友这个问题时，则可以回答："无论有没有男女朋友，这款产品都非常适合大家购买。"

答非所问

当有些问题不得不回答时，可以回答与之相关的问题。比如观众问"三围多少时"，可以回答"少吃主食，多吃蔬菜有利于保持身材"。此外，若是情感问题可以转移为八卦问题，站队问题可以转移为兴趣问题等。

以其人之道还治其人之身

粉丝提出的一些敏感问题，对于大多数人来说都很难回答。在直播时，主播完全可以将这些问题再抛给粉丝，让他们知难而退。需要注意的是，有些问题如果不好回答，甚至可以直接无视，但千万不要为了回答而支支吾吾或恼羞成怒，那样反而会令直播间的气氛非常尴尬。

轻易不要对粉丝说"你错了"

不同的人对同一事物有不同的观点和看法非常正常。如果主播与粉丝的观点有区别，那么通常是各有各的道理，完全没有必要为了说服谁而争得面红耳赤，更不要直接对粉丝说"你错了"。这会让粉丝很难接受，并且无法在直播间继续看下去了。

在讨论问题时，主播要学会先肯定别人的观点，然后阐述自己不同的观点。比如，"你说得也很有道理，但我觉得……"这样会更容易被观众接受，直播间的气氛也会更和谐。除此之外，掌握以下两点也可以降低因观点不同而为直播间带来的负面效应。

尽量不说否定性词语

每个人都希望自己被肯定，而不是被否定，尤其是在直播间这种"公共场合"。因此换一种表达方式，尽量避免使用否定词语，会让直播间的人气越来越高。比如，"我不同意你的看法"这句话，可以改成"我对这个看法持保留意见"。虽说表达的意思几乎相同，但观众听上去就会感觉好受很多。

含蓄且幽默的否定

当意见不统一时，用幽默的语气去否定对方也是一种聪明的选择。比如，观众坚持说"应该先立业再成家"，就可以幽默地回一句："主播现在无家也无业，但更想先娶个媳妇儿。"一句话，既表明自己认为应该先成家再立业的观点，又不至于不给观众面子。

先说"我懂，我明白"

一句简单的"我懂，我明白"，表明主播是认真思考了粉丝的观点的。接下来再表明自己的观点，并且在说出观点时也应尽量委婉、幽默。这样处理，不仅会有更多的粉丝认同你的观点，也不会让持不同观点的粉丝情绪过于激动。

不要与粉丝争辩

一旦与粉丝出现争执,直播间的气氛就会急速降温,观众也会大量流失。而根据心理学家的研究,当两人发生争辩后,往往会通过语言进行人身攻击,导致争辩过后,问题也根本无法解决。那么,如何才能避免与粉丝发生争辩呢?

忍住第一句争辩

在直播时,主播就是绝对的主角。因此很多主播往往容不得观众对其有质疑,经常会发生争执,这是不成熟主播的典型表现。

作为成熟的主播,往往懂得克制自己。但不要误会,不争执不代表懦弱。因为争执解决不了任何问题,反而会导致人气下滑。如果主播认为观众不正确的言论需要纠正,那么应该按照前面介绍的方法,用幽默、委婉的语气去表达,从而既表明了自己的观点,又不至于因为争辩而导致观众流失。

学会倾听

很多发生争执的情况,都是由于主播没有看清或者看懂观众的意思,导致彼此产生误会,进而出现争执。因此作为一名主播,会听比会说可能更重要。当明白了观众的诉求与观点后,可能问题也就迎刃而解了。

控制情绪

情绪控制应该是主播最难学会且必须学会的技能之一。因为看直播的观众,绝对不会都是彬彬有礼的人,肯定会有一些难听或者没素质的言论。如果不能较好地控制情绪,易于动怒,即便是那些彬彬有礼的观众也会离开直播间。

用8个技巧学会夸人留人

任何人都喜欢听赞美的话。即便外人听起来可能觉得很假,但对被赞美的人来说,绝大多数情况是乐于接受的,最起码不会反感。作为主播,赞美观众就是一种聪明的做法,会带来意想不到收获。比如目前的"带货一哥"某大牌主播,如图11所示,他在介绍产品时,很多都是在赞美观众(会夸粉丝的主播往往会有较高的点赞量),比如:

"涂上它,让男人欲罢不能,让女生嫉妒;""感觉你的嘴巴就是水果,男人都想要咬一口;""这支颜色超高级,适合很有气质的女生;"

很难想象有哪些女生能够抵挡得住这样的赞美。可想而知,接下来就是产品的一抢而空。那么,如何赞美观众呢?这里总结了8个方法。

▲图11

称赞"外表"

所谓粉丝的"外表",其实是指"头像""昵称""评论等这些看得见的内容。比如,一位粉丝的名字起得很有特色,作为主播就可以夸赞道:"这么可爱的名字,本人一定也非常可爱。"

称赞行为

在观众的发言中,很有可能会提到自己做了一件什么事。此时,主播就可以抓住机会,对他的做法表示赞扬。比如,在一个卖面包机的直播间中,一名观众提到了她用普通烤箱做面包的情况。主播就可以抓住这个话题,表扬他"用烤箱都能做出面包,用这个面包机一定能做出堪比蛋糕店里的面包了。"既夸赞了观众,又推销了自己的产品。

称赞能力

实际上,在直播间中有很多粉丝都有自己的特长,作为主播就要善于挖掘这方面内容,从而更了解粉丝,提高粉丝黏性。比如,在直播过程中,可能有粉丝提到自己喜欢滑雪,这时主播就可以说:"每次电视上看到别人滑雪的英姿就非常羡慕。"同样可以起到夸赞粉丝的效果。

称赞信念

粉丝在聊天过程中暴露出的观点、看法或者生活习惯,可能表现出了其内心的价值观和做人的原则。如果主播敏锐地发现了这一点并进行赞美,很容易与之成为知己。

比如,"最近我也向你学习每天坚持跑步,感觉身体状态好多了。"或者"如果人人都像你这么乐观开朗就好了。"

避免模棱两可的评价

在对粉丝进行赞美时,注意不要使用模棱两可的语句,如"还行吧""挺好""还不错"等。因为这些词汇在粉丝看来就是否定的评价,证明没有那么好。

正确的做法是,如果确实要赞美粉丝,那么就使用"很棒""相当好""非常漂亮"等词汇。如果认为确实没有那么好,则要诚恳地给出建议,不能说一句"还行吧"就没有下文了。

避免同时夸赞多人

看带货直播的群体,绝大多数都是成年人,所以用一件事同时夸赞很多人是行不通的。同时夸赞的人越多,效果就越差,并且有可能被认为是一种敷衍。

因此,最高效的夸赞方式就是每次只夸赞一名粉丝,而且夸赞的点尽量不要重复。

不要为了夸赞而夸赞

作为一名主播,一定要有明确的是非观、荣辱观,能够辨别出哪些事是应该夸赞的,而哪些事是不应该夸赞的。如果在一些明显不得人心或者做法有争议的事情上强行夸赞,反而会被观众认为主播在做人的原则上有问题,导致严重的人设崩塌。

因此,"夸赞"一定要夸到点儿上,不能为了夸赞而去夸赞。

赞美的话语不要太"俗"

像"你美得像朵花儿""你太牛了"等话语,偶尔说两次也可以,但说多了,就会被观众认为是一种敷衍,因为这种夸赞实在是太常见、太简单了。为了达到更好的赞美效果,主播可以扩展个人的知识面,尝试用更新颖的方式去夸赞。比如,"像你活得这么敞亮的人,真的少见。"语言中透露着一种真诚和佩服,夸赞效果就会更好。

说出粉丝的名字

当粉丝在直播间听到主播说他的名字时,会有一种被重视、被尊重的感觉。特别是在带货直播过程中,如果单独提到某个粉丝,会有一种该商品是为其量身定制的感觉。比如,"××,如果你觉得这款商品还不错,果断下单就可以了,非常适合你的肤质。"那么如何才能更轻松地记住粉丝的名字呢?可以从以下3个方面入手。

重复名字

对于一些经常交流、互动的粉丝,其名字会频繁地出现在直播间。这时主播就应该有意识地在内心多重复几遍这位粉丝的名字,从而加深印象。

使用名字

在与粉丝交流时,主播应该养成读出粉丝名字的习惯。当多次说出同一个名字时,自然会加快记忆。

记录下来

正所谓"好记性不如烂笔头",将那些活跃的粉丝记录下来。平时多多翻看,自然可以在直播时随口说出某位粉丝的名字。

尝试形成自己的沟通风格

明确的沟通风格可以让自己的粉丝群体非常稳定,几乎不会出现粉丝突然大量流失的情况。一般来说,主播的沟通风格主要有以下4种。

驾驭型

此种沟通风格往往具有非常明确的目标。说话语速会比较快,语言直截了当,给人一种爽快的感受。但此种沟通类型容易在表达观点时太过绝对,而忽略了其他可能,并且有些话虽然直白,但粉丝听了可能会感到不舒服。

表现型

此种沟通风格的带货主播非常喜欢和观众互动,擅长利用表情或肢体语言感染观众,属于具有个人魅力的沟通风格。但此种风格的主播由于比较感性,容易受到情绪的影响,从而容易出现直播效果不稳定的情况。

平易型

此种沟通风格的主播亲和力比较强,能够考虑到粉丝的感受,对粉丝也比较有耐心,属于"和事佬"类型。但此类沟通风格有时会因为过多的回避态度,导致粉丝对直播内容感到失望。

分析型

此类沟通风格的主播说话逻辑性很强,擅长理性分析,对产品的剖析也更为透彻,有利于观众挑选到真正适合自己的产品。但直播内容可能会显得有些枯燥,直播间的气氛也会相对严肃。如果观众对产品没有需求,几乎不会留在直播间观看。

学会随机应变和救场方法

在直播过程中，出现一些突发事件在所难免，只要处理得当，不仅不会影响直播效果，还是一个塑造主播个人形象的好机会。下面介绍如何灵活应对直播过程中出现的各种突发情况。

直播失误的应对方法

几乎所有主播都会遇到直播失误的情况，笔者总结了3个应对方法。

迅速解决，转移视线

一旦发现失误，第一时间就应该将问题解决，千万不要以为可以蒙混过关。否则，一旦有粉丝提出失误的问题，气氛就会比较尴尬，对主播形象也会产生不利的影响。

第一时间解决问题后，就要立刻回归产品介绍或者进行下一个环节，将观众从失误的情境中拉回来，从而让直播正常进行。

比如，在介绍一款护肤产品时，不小心说成了美白产品。这时主播就可以说"你看看，因为下一款美白产品太好用，我已经迫不及待要介绍了。不过美白前要先让皮肤保持好状态，所以这款护肤品也很重要哦！好了，下面就来看一看今天重磅推荐的这款护肤产品吧！"不仅纠正了口误，同时对两款产品都进行了宣传。

"将错就错"也是一招

所谓"将错就错"，其实就是在进行带货直播时，如果这个失误不会引起观众对产品的错误认识，那么干脆就顺着这个失误说下去，可以让直播更流畅。

比如，在对一款旋转音乐盒进行展示时，正常情况下应该让音乐盒边旋转边放音乐。但因为主播的失误，音乐盒在播放音乐时并没有旋转。这时主播就可以顺着这个失误介绍下去"宝宝们一定有疑问，为何音乐盒没有旋转，这一点正是要向各位强调的地方，在音乐盒的后面有一个旋钮，要拧动旋钮后才可以让它转起来。"这样处理后，几乎不会有观众认为这是一个"失误"，而真的会以为是主播故意安排的。

下线后再次致歉

对于一些比较严重的失误，可能靠"将错就错"这一招是解决不了的。为了让直播顺利进行，解决问题并道歉的时间又不能太长。所以，为了让观众感受到主播对这次失误真的感到很自责，建议在下播后，通过微博、微信等其他平台再次致歉，如图12所示。这样往往会显示出主播的诚意，也更容易获得大家的谅解。

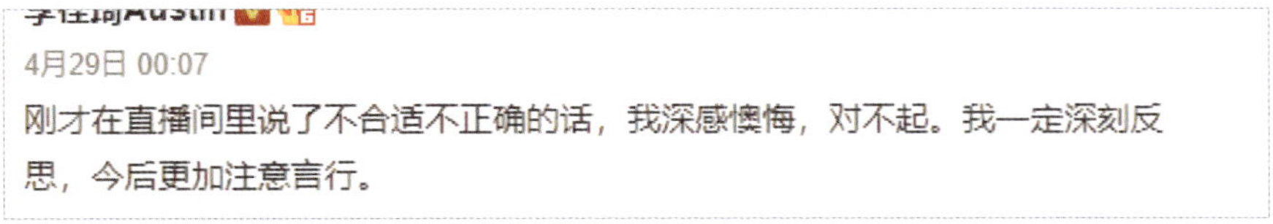

李佳琦Austin

4月29日 00:07

刚才在直播间里说了不合适不正确的话，我深感懊悔，对不起。我一定深刻反思，今后更加注意言行。

图12

粉丝起哄的应对方法

一些新手带货主播，因为太过紧张，语言表达可能不是那么顺畅，对产品的形容也可能出现用词不当的情况。这时可能就有粉丝要求换一个主播，或者让主播提升业务水平后再直播。如果遇到这种粉丝起哄的情况，可以尝试通过以下 4 种方式应对。

让直播具有主题

粉丝之所以会起哄，很大程度上源于对内容不满意。而对于新手主播来说，即便内容准备得不够充分，也要确保直播的主题是一致的。比如，一场关于厨房用品的带货直播，介绍的内容都应该与厨房相关，从而吸引那些对厨房用品感兴趣的观众。如果一会儿介绍厨具，一会儿又开始推荐零食，那么就会容易引起观众的不满。

多引导粉丝进行互动

既然自己讲得不好，那么干脆多引导粉丝进行互动，让粉丝去说，这也是一种十分聪明的做法。在与粉丝互动的过程中，也可以往推荐的商品上靠拢，从而既活跃了直播间的气氛，又能实现带货的目的。

了解粉丝关注的重点

如果主播讲了很多，都没有讲在粉丝关注的重点上，那么直播效果就会比较差，粉丝也容易不耐烦。所以干脆直入重点，去讲那些粉丝重点关注的方面。如果对粉丝关注的点不太清楚，则可以向粉丝进行询问，或者提前通过微博、微信等征集一下粉丝对某类产品的关注点，从而让直播过程中有更多的"干货"，如图 13 所示。

提前进行货品预告

提前预告主播在下次直播中将要推荐的货品，可以让观众对直播内容有一个心理预期。不感兴趣的观众自然不会进入直播间，从而减少出现起哄现象的概率。

比如，某大牌主播就经常会在微博中提前告知下一次直播会推荐的产品，让观众有选择地进行观看、抢货，如图 14 所示。他甚至还会让观众进行投票，从而选出更多观众喜欢的产品进行推荐，进一步迎合观众的口味，大大降低出现起哄现象的概率。

▲ 图 13

▲ 图 14

直播间气氛冷清的 4 个应对方法

一些新手主播在刚开播时，看到直播间里只有几个人，再加上没有人和自己互动，心情就会比较低落，导致整场直播气氛冷清。其实主播才是直播间的主人，不管直播有没有人看，都应该完美地将内容呈现出来。

每个主播都必须学会自嗨

"自嗨"可以说是一名主播的基本功。因为每一名主播在刚开始直播时，都会经历没人看的阶段。如果因为"没人看"就消极直播，那么即便有观众进入了直播间也会迅速离开，直播间的人气就永远积累不起来。

所以，哪怕直播间里一个人都没有，也要认为自己在给成百上千人介绍产品，也要用最好的状态去介绍每一件产品。同样，一旦直播间有观众进入，就要第一时间打招呼，尽可能让其多看一会儿。

与粉丝"打成一片"

观众之所以会去看带货直播，一是为了买东西，二是为了放松。如果主播一盲"端着架子"，摆出一副高高在上的样子，自然不会有观众愿意和主播互动，直播间的气氛也就比较冷清。而一些随和的主播则能够像朋友一样与粉丝交流，其直播间的气氛一定是轻松愉快的。

讲笑话

讲笑话是活跃直播间气氛最有效的方法，但笑话一定要合适，并且要能够通过某个场景引出这个笑话。否则，莫名其妙地讲一个笑话，观众很可能会因为没反应过来而让场面变得尴尬。那么，如何找到既好笑又可以与直播的某个场景产生联系的笑话呢？

可以登录"糗事百科"或者在微博关注如"今天你段子了吗"这类博主，每天都能看到大量的笑话。从中挑选一些在直播中可以用到的，稍微改编一下即可。

抽奖

要想活跃直播间的气氛，抽奖是一个不错的方法。抽奖不仅可以让直播间的气氛达到高潮，还可以吸引很多新观众进入直播间。虽然这些新观众一开始的目的就是为了抽奖，但肯定会有部分观众停留在直播间看一看所推荐的产品。

抽奖的形式有很多，常见的是让观众发布指定评论，然后主播倒数后截屏，屏幕上的观众就是获奖观众。

笔者见过的比较有趣的一个抽奖方式是这样的，主播问大家一个问题，这个问题可能是跟已经介绍过的产品相关的，也可能是与产品毫无关联的，比如一句诗或者一道算术题等。第一个回答正确的观众就是获奖观众。在形式上要比第一种方法更好玩，更紧张、刺激，起到的烘托气氛的效果也更好。

粉丝提出无理要求的 5 个应对方法

正所谓"林子大了，什么鸟都有"。直播间观众的个人素质、学历和人生经历各不相同。虽然绝大多数观众都是礼貌而有素质的，但总会有那么一小部分人，恶意刷屏提出无理要求，甚至辱骂主播。面对这种情况，主播可以采取以下几个方法进行应对。

无视

对于一些毫无内容，完全就是人身攻击或者泄愤式的语言，建议直接无视，千万不要与其进行争吵。因为吵来吵去，损失的一定是自己。一些本来素质高的观众，也会因为你与他人的争吵而离去。

限制粉丝发言

对于一些发言十分恶劣的观众，可以直接限制其发言的权利，甚至永久不允许其在你的直播间发言。不同的直播平台，其限制发言的方式不同，但一定会有相关功能。

需要注意的是，一些粉丝的发言虽然不好听，但也许揭露了主播存在的问题，只要不涉及人身攻击，最好不要随意限制其发言，否则可能有损主播形象。

拖延要求

一些粉丝有可能提出一些比较无理但又不涉及人身攻击的要求，如要求不露脸的带货主播露脸，或者采用女装大佬的方式直播等。对于这些要求，主播可以使用模棱两可的语言先搪塞过去，如"这个要求可以考虑，等时机成熟时。"这样就可以让这个问题暂时打住，并且时间一久大家也就忘记当初说过这样的话了。

委婉拒绝

对于一些不合理但没有恶意的要求，也可以采用委婉的语言拒绝。比如，粉丝想让主播再展示一遍产品的使用方法，那么主播就可以说："××宝宝，因为还有很多好货要向各位推荐，所以时间比较紧张，建议您可以看下今天直播的回放。"既拒绝了粉丝的要求，又不会让粉丝难堪。

有理有据地针锋相对

对于一些不尊重主播的言论，当然可以选择无视，但如果因为某几个人的恶言相向带动整个直播间出现乌烟瘴气的评论，那么主播就要思考如何有理有据地针锋相对，挽回自己的尊严。比如，有些观众可能会说："这个主播是凭一张脸在卖货。"这时主播就可以回应"长相是爸妈给的，由不得我。货是我自己选的，展示方式是我自己琢磨的，凭什么卖货，大多数观众都清楚，请少数观众就不要带节奏了。"简单而有力的几句话，就可以止住节奏。

直播时情绪失控的补救方法

虽然前面已介绍了若干应对粉丝无理要求的方法，但难免因为个别观众的语言实在太过恶劣，而导致主播情绪失控。一旦发生这种情况，可通过以下 3 个方法进行补救。

主动道歉

这里的"道歉"并不是指对有恶意言论的观众道歉，而是向那些因为自己情绪波动，被动接受负面情绪的观众道歉。毕竟如果自己能够控制好情绪，就不会影响绝大多数正常观众的购物体验。

这种主动道歉的做法可以让观众看到主播的难处，更理解主播，同时也感受到主播的一种气度和修养。

与产生争执的观众私聊

如果确定这位粉丝是一名真粉，并且只是由于意见不同造成的争执、争吵，那么不仅要在直播中或者其他平台进行道歉，还要找到这位粉丝进行私聊，说明情况，表达歉意，争取获得其原谅。在其允许的情况下，还可以将获得谅解的聊天记录进行公布，从而维持主播的良好形象。

从源头避免情绪失控

最好的补救方法就是"不用补救"。其实争吵、发怒解决不了任何问题，只能将自己置于尴尬的境地。事后，还需要自己去道歉。所以，练就一颗足够强大的内心，以平静的态度去容纳一切偏见与碎语，才是解决情绪失控的最终办法。

这里介绍一个锻炼抗压能力的方法，那就是每次直播前，给自己5分钟时间想象所有人都在谩骂自己，并且在这个过程中要一直保持微笑。这其实就是一种"脱敏训练"，从而让自己的直播不会因为任何语言干扰。

直播时设备出现故障的解决办法

直播时设备出现问题，肯定会影响画面质量，甚至是无法继续直播。针对不同的情况，应该采取不同的解决办法。

（1）对于不影响直播的小问题，以幽默的方式，说明一下问题，继续直播就可以。比如，网络有一点波动，画面有些卡。主播就可以这样说："看来是我气场太强了，网络都颤抖了。"

（2）对直播有较大影响，但可以快速解决的问题。面对这样问题，可以暂时下播，但在直播间标题或者其他平台声明一下"问题正在紧急处理，马上回来"。

（3）严重影响直播，并且较难解决的问题。面对这类问题，建议下播后，及时在其他平台公布临时下播的原因，避免粉丝们产生无端猜测。

（4）对于重要设备，建议准备备用的设备。比如，话筒或者手机，可以准备另一套相对低端的设备应急时使用。

身体出现异常的5个补救方法

要想快速积累人气，并且留住粉丝，需要主播具有较高的直播频率。一般来讲，作为电商主播或者刚刚起步的带货主播，一周最多只能有一天不直播。其实，绝大多数带货主播都是每天直播的。因此，直播带货的工作强度相当高。基本上已经直播过几年的主播，都会有在直播过程中出现身体不适的经历。那么遇到这种情况，该如何处理呢？

简单地调整一下身体状态

如果是一些自己已知的小问题，比如有低血糖的毛病，那么在直播过程中就应该随身带两块儿糖。当感觉身体有些不适后，就找个间隙吃块儿糖调整下。如果只是因为过于疲劳，则可以放一段事先准备好的音乐，然后喝口水，上个厕所，以此得到放松的机会。

中场休息

如果身体不适的情况比较明显,则可以直接进入中场休息。但为了防止观众流失,尽量不要说是因为身体有些不适。因为当观众知道主播是在带病直播时,会有一部分人离开直播间,还会有一些人劝你下播,直播效果肯定不理想。主播可以编一个理由,比如准备下半场直播产品,暂时休息10分钟。

提前服用药物避免身体不适

在一些特殊品类的带货直播过程中,如美食类产品的直播,由于主播需要在介绍时亲口品尝食品,所以当需要推荐的产品过多时,胃部很容易出现不适。此时就可以提前服下健胃消食片,通过药物调整来避免身体出现异常。

利用助理代播的时间休息

在身体出现不适时,可以暂时让助理代播,并利用这段时间进行休息。如果助理在介绍产品方面不是很熟练,则可以让其组织一次抽奖活动,既活跃了直播气氛,也不至于观众流失,还为自己赢得了休息时间。

停止直播并致歉

当身体已经不允许继续直播时,应该果断结束直播,但在下播前要郑重地向观众说明情况并致歉。下播后,还应该通过微博、微信等平台进一步说明情况,并表达歉意。

健康的身体比直播更重要

虽然前面总结出了5个身体出现异常的补救办法,但真心希望所有主播都不会用到。直播赚钱固然重要,但身体绝对是第一位的。

某大牌主播是直播界有名的"拼命三郎",一年365天,直播389场。勤奋而又有能力的他赚得了大量的金钱,可身体却出现了严重问题,如图15所示。包括笔者在内的很多粉丝都在微博中留言让其少播一些,好好养身体。同时也希望各位引以为鉴,不要因为直播而毁了身体。

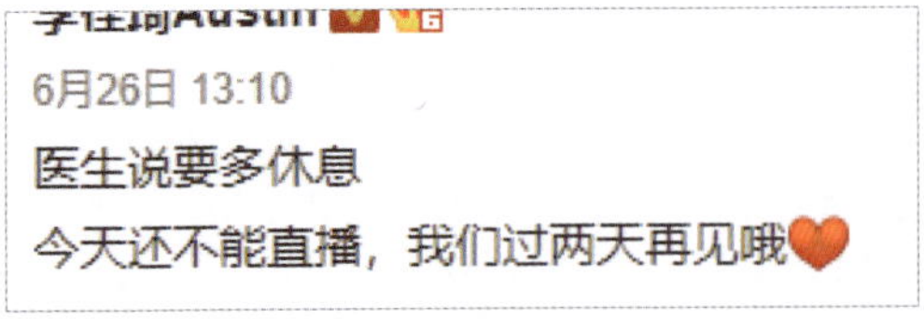

▲ 图15

主播道歉的6个技巧

大家可能发现了,主播出现任何问题,最先要做的就是道歉,可道歉却不是说一句"对不起"这么简单。如果能够通过道歉展现出主播的诚意,那么不仅不会掉粉,而是很有可能涨粉;如果道歉不合适,则很有可能导致大量粉丝流失。那么,到底该如何道歉呢?下面总结了6个技巧。

表明错误原因

主播说清楚错误的原因,是一种对粉丝坦诚相待的表现,更容易赢得谅解。但在说明原因时,只需陈述客观事实,千万不要为自己辩解。一旦言辞中有开脱或者辩解的嫌疑,不仅不会平复粉丝的情绪,还有可能让事件继续发酵。

夸大自己的过错

在因特网上与在日常生活中不同,即便是

一小小的过错，也会被不断放大，甚至会成为主播人生的污点。因此，既然选择了道歉，就要"彻底"。将自己的过错夸大一些，就可以堵住"喷子"的嘴。

比如，在直播过程中不小心漏掉了一个步骤，导致演示效果不完美。那么在道歉时就可以这样陈述："因为漏掉了这个步骤对商家造成了不利影响，主播深感自责。今后会更仔细地为每一件产品的展示做准备，不辜负商家和粉丝的期望，向各位展示产品最真实的状态。"

赞美对方的批评

"赞美对方的批评"这种做法有一个通用套路。

（1）先感谢观众、粉丝发现问题。

（2）表明自己将如何改进。

（3）最后希望观众继续监督自己，帮助自己提高。

按照这个套路进行道歉后，往往会让粉丝觉得主播心胸宽广，并且敢于面对问题，知错就改。

通过实际行动表现诚意

为了表现出主播的诚意，除了口头上致歉，最好还要有实际行动。比如，罗永浩就曾因念错品牌名而当场鞠躬致歉，如图16所示。通过实际行动，让观众看到主播道歉的诚意。观众和商家往往也会被这种诚意感动，从而原谅主播，甚至成为主播的铁粉。

另一方面，主播也可以通过为粉丝发放福利，或者搞一些活动，来弥补他们的损失，同样有助于表现主播道歉的诚意。

▶图16

务必第一时间道歉

当今时代，网络舆论会迅速发酵，哪怕只是半天时间，事情也可能发展到难以挽回的局面。此时无论是写下几千字的道歉信，还是发布道歉视频，作用都是有限的。因为观众会认为主播是由于舆论压力才选择道歉，而不是真正认识到了自己的错误。某大牌主播曾经邀请杨幂做客直播间，在直播过程中不小心口误，犯下了较为严重的错误。顿时，整个直播间的观众都在讨论这个失误。而某大牌主播则在当晚12点下播后，第一时间在微博向各位道歉，即时止住了舆论扩散的势头，如图17所示。

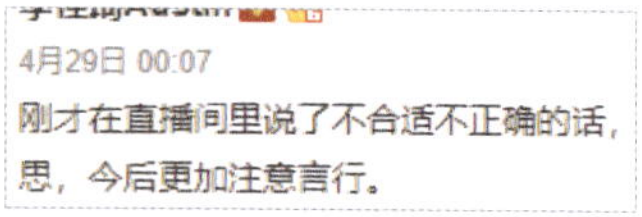

▶图17

给观众接受道歉的时间

在道歉之后，主播需要做的就是"保持沉默"。因为对于一些比较严重的错误，定然不是道歉之后就能让所有人接受。总会有一些粉丝仍然会脱粉，或者在直播间评论些什么，如图18所示。这时主播应该无视这些讨论，做好自己的直播。因为只有不回应，并且不再犯错，才能让事件慢慢被人淡忘。千万不要再对其进行解释，或者说出一些"已经道歉了，为何还要穷追猛打"的言论，那样只能证明主播不是真心感到愧疚，很有可能出现第二波舆论。

▲ 图 18

促进直播间成交的核心技巧

如果想成为像李佳琪、某大牌主播这样的顶级带货主播，仅仅将产品介绍清楚是不够的，必须通过一些销售技巧，在使直播间流量最大限度地转化为成交量，同时还要让观众看得开心，买得高兴。想实现这一点，就不得不学习下面这些核心技巧。

带货达人只解决问题

真正的带货高手并不是在卖货，而是在为粉丝解决问题。正因为直播的内容可以解决问题，才会让更多的观众愿意来直播间，并且停留较长时间。而一旦出现了能够解决问题的商品，就会带来不错的成交量。

更重要的是，通过解决观众的问题，彼此可以建立信任，从而拥有大量"回头客"，进而获得稳定的直播成交量。在理解这一点后，介绍产品时，就要以营造实际应用场景为主，让观众能够想象到什么时候需要使用这一产品，以及会到来什么样的效果。

以某大牌主播为例，他在介绍口红时，会使用画面感非常强的语句，比如：

"涂了这支口红，你的嘴巴就是削了皮的水蜜桃，引人犯罪！"

"失恋的时候，涂这支口红，老娘重获新生，你是什么东西？"

这些语句都会引发观众在脑海中浮现一个具体的场景，进而有一种"需要"这只口红的感觉，并产生购买行为。

带货达人必备的 8 个潜意识

带货达人之所以能从众多带货主播中脱颖而出，一定有其过人之处。而笔者通过对某大牌主播的观察与研究，总结出了 8 个带货达人必备的潜意识。

明确直播受众

每一位主播都需要对自己的粉丝群体具有一定的了解，比如大部分粉丝的性别、年龄、喜好等，专业的说法为"粉丝画像"。只有搞清楚这些，才能够有根据地调整直播内容和产品推荐方式，让观众对内容和产品更感兴趣，更容易接受。

成为一类产品的专家

别看某大牌主播或者某大牌主播现在什么产品都会卖，在直播的起步阶段，他们都有各自的主攻产品。比如，某大牌主播卖口红，而某大牌主播则卖服装。

只有对一类产品足够了解、足够专业的时候，才能够为观众解决更多的问题。正是因为某大牌主播尝试过太多的口红，知道什么样的口红适合什么样的女生，所以总能为观众推荐一些不像大牌那么贵,可是效果却不输大牌的优质口红,从而吸引了大量粉丝。

基于在口红领域的专业知识,某大牌主播赢得了很多粉丝的信任,所以才能够卖什么火什么,也才有了今天这种商家花钱请他带货的局面。因此,做直播带货,一定要先专精某一类产品,然后再进行扩展。

将不同的产品推荐给不同的观众

前面已经提到了"粉丝画像"这一概念,也就是每个直播间都有主要的受众群体。但即便在相同的群体中,依然能细分出具有不同喜好的观众。作为主播,就应该针对不同喜好的观众,选择不同的产品进行推荐,从而吸引更多的粉丝。

依旧以某大牌主播为例,他在介绍一套香水时,会根据不同的香味,将其推荐给不同类型的女生。比如,有的香水适合成熟女性,有的香水适合学生,还有的适合气质型女孩儿等。这种有针对性的推荐,往往转化率会更高。同时也让直播间大多数观众都有参与感,有适合自己的产品。

吸引更多观众进入直播间

产品质量过硬,主播推荐有方,虽然可以提高转化率,但如果观众基数不够高的话,依然无法实现高销量。作为主播,就要想方设法地将直播间宣传出去,从而获得更高的流量。只有观众基数足够大,再加上成熟的选品和直播风格,才有机会成为达人主播。主播可将完整的直播视频按照产品剪辑为多条短视频,发送到抖音、快手等平台,作为吸引观众的一种方式。

让观众感受到一种真诚

某大牌主播曾经说过,自己是被很多厂家"讨厌",但是被粉丝喜爱的一名主播。之所以会被厂家"讨厌",是因为一旦因为产品问题而导致粉丝受到损失,他会与品牌方"开撕",也会对每一件产品进行试用,与宣传不符的产品一律不会出现在他的直播间。

对于引起轩然大波的"不粘锅事件",某大牌主播也在某高人气节目中公开回应,是因为自己的不当操作才导致"不粘锅粘锅了",而自己在确定推这款产品前,已经使用了5个月。同时也在微博向粉丝和商家致歉,如图19所示。正是因为对粉丝的负责与真诚,才让某大牌主播能有今天的人气。

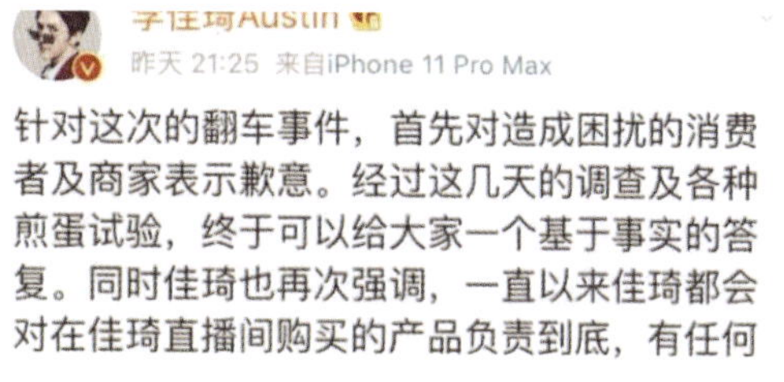

▲图19

让粉丝更兴奋

在某大牌主播的直播间经常会看到一些明星大咖,如杨幂、王源、蔡依林等,其实就是为了带动直播间的人气,让粉丝更兴奋。只要心情好,那么购物欲望也会更强。

如果没有这方面资源,那么无论是通过抽奖等活动让观众更兴奋,还是通过让新面孔(如助理等人)入镜参与直播,都是对直播有帮助的做法。

宠爱自己的粉丝

"你对别人好,别人自然也会对你好。"主播与粉丝之间的关系也是如此。一个被称为"宠粉狂魔"的主播,一定少不了粉丝的拥戴,也会有更多的人愿意从直播间买东西。某大牌主播在直播间就非常善于"呵护"自己的粉丝。对于粉丝提出的要求，只要能够实现，就第一时间去完成。比如，对于某一款产品，他会因为优惠幅度还不是很大而不建议各位购买；当产品被抢购一空，并且有很多观众依然有需求时，会直接联系厂家老板，询问能否补货。如果确实没有多余货品，则会反复强调，商品已卖空，已经下架。只要主播确实为粉丝着想，就会得到粉丝的爱戴，货品也会有人购买。

热爱直播带货这项工作

不仅是带货直播，所有工作想做到极致，都少不了心中的那份热爱。

某大牌主播能有今天的成就，除了以上讲到的种种技巧、潜意识，与其一年365天，直播389场的努力是分不开的。如果没有"热爱"作为支撑，又怎能做到此种程度？

当然，笔者并不赞成各位为了自己所热爱的事业透支自己的身体。

让观众对产品产生购买欲的4个关键点

如何让观众对所推荐的产品感兴趣，产生购买欲，也是值得各位主播去研究的重要课题。笔者总结了4个关键点以供参考。

层层递进的营销策略

在介绍产品时，不要一口气将产品所有的优势、折扣、福利全部说出来，而是要层层递进在已经吊起观众胃口后，继续给出新的惊喜，往往会让观众产生强烈的购买欲。

比如，在某大牌主播的直播间中，她会先介绍这款产品的硬实力，也就是实用性；接下来将直播间购买价格与商超价格进行对比，展现价格优势，并强调"最低价"。这时，一些对该产品有需求的观众已经十分感兴趣了。而某大牌主播的攻势还不会停止，再搬出买赠的福利，经过层层诱惑之后，甚至有些不需要该产品的观众，都会抱着"占便宜"的想法而下单。

制定限定条件

制定限定条件并不是为了给观众购买产品增添阻碍，而是通过一定的"限制"，让观众感觉到购买机会来之不易，错过就是损失，从而大大提升其购买欲望。

比如，某大牌主播经常会在直播间说："跟老板谈了很久，才给大家谈下来××箱，就这么多，卖完也就不会再有这么低的价格了。"其实是通过限定特价商品的数量给观众施加压力，促进成交转化。

抓住粉丝的兴趣点

据说某大牌主播背后有超过百人的客服团队，每天都在从各个渠道获取粉丝的要求。掌握这些信息后，也就知道了粉丝需要什么样的产品。当直播间的产品与粉丝兴趣点相吻合时，再加上质量保证和一定的销售策略，成交转化率自然低不了。

但对小主播而言，当然不会有如此庞大的团队去收集观众的需求。此时就需要随时注意直播间观众的发言，以及在微博、微信等平台多与粉丝进行交流，甚至可以做一些调查问卷，掌握粉丝的兴趣点。

价格是最大的优势

如今，某大牌主播和某大牌主播之所以能如此火，很大程度上来源于他们确实能谈下来非常低的价格。当然，前提是他们已经靠自己的努力得到了各位观众的认可，并且由于出货量有保证，所以才能与厂家谈到如此低的价格。比如图20所示的零食，店家卖19.9元一袋，而在某大牌主播直播间，49元可以买6袋，相当于8元一袋，优惠力度非常高，如图21所示。

对直播新手而言，虽然做不到像大牌主播这样，甚至能够以市价的半价销售，但一定要尽最大努力争取到更低的价格，这是最有力的筹码。

▲图20　　　　　　　　　　　▲图21

让观众最终付款的5个细节

很多时候，观众最终决定购买不是因为具体的销售策略，也不是因为超低的价格，而是因为被某一个细节触动。所以，"细节决定成败"这句话在直播带货中同样适用。

不要出现强迫性购买的言辞

在直播过程中，如果出现强迫性购买的言辞，比如"这么好的货还不买，可就吃大亏了"，很容易引起观众的反感。

相反，如果没有催促购买的话语，则会让观众处于一种"自主确定是否购买"的心态，更容易达成交易。

给粉丝带来压力的言辞

虽然不能在语言上强迫观众购买，但可以通过语言来为观众施加必须尽快进行选择的压力。在这种压力下，观众很有可能进行抢购。

比如，某大牌主播会在直播间很激动地说："大家不要急，稍等一下，商品马上上架，好，上架！一共3万份，还有1万5千份！7000份！3000份！最后1000份！开始介绍下一件商品。"

正是在这种快节奏的倒数过程中，观众无形之间会感到一定的心理压力，也许就会在冲动之下付款购买。

让直播间气氛更热烈的背景音乐

在一个十分冷清的环境下，观众很难有高涨的购买热情，而热烈的背景音乐则是烘托气氛的有效手段。在直播带货时，如果一直播放背景音乐可能影响对产品的讲解。常见的做法是，在进行一轮带货并抢购完成后，放一段激动人心的BGM（背景音乐），让观众感受到一种"战场凯旋"的成就感，维持直播间热烈的氛围。

活用直播助手

相信大家在看直播时一定遇到过这样的情况，自己刚进入直播间，就会听到"欢迎××进入直播间"的语音，这就是直播助手的功能之一。

除了欢迎观众入场，像"弹幕上电视""礼物秀""直播特效"等也是第三方直播助手的常见功能，既可以让直播间更炫酷，也可以让参与活动或者积极发言的观众更有成就感。

展示成交观众

大多数直播平台都有一个"成交场"板块，通过该板块可以让那些已经付款购买的观众ID在直播间循环显示。该模块的主要作用是让新进入直播间的观众感受到产品销售的火爆，也从侧面反映了直播间的商品具有良好的口碑和质量保证。因此，强烈建议各位主播在直播过程中加入该板块，从而引导更多观众完成购买。

增加观众停留时长的意义和方法

当观众不断进入直播间后，接下来就需要考虑如何留住观众。因为后续的一切转化，比如粉丝转化、订单转化和从线上到线下的转化，都是建立在观众停留时长这一基础上的。

增加观众停留时长的意义

增加观众停留时长主要有3个意义，分别是确定内容是否对观众有用、增加直播间热度和提高直播间互动率。

确定内容是否有用

如果观众停留时长很短，证明观众对主播所说内容并不感兴趣，所以听一两句话就去看其他直播间了。如果是带货直播，那么主播就要考虑尽快开始介绍下一件商品。相反，当观众会在直播间停留时，证明内容是有价值的，主播可以继续针对当前话题或者商品进行更详细的介绍，从而吸引住观众，为转化打下基础。

增加直播间热度

在抖音直播间热度的算法中，停留时间是一项重要参数。而高热度的直播间会得到抖音官方更多的流量倾斜。从另一个角度来看，如果直播间无法吸引观众停留，那么即便进入直播间的观众数量很多，也不会有多高的热度。

提高直播间互动率

刚进入到直播间的粉丝，因为对直播内容不是很了解，所以根本不会产生互动。只有在直播间停留一段时间后，才有可能对内容产生疑问，才会有互动的可能。因此，观众停留时间越长的直播间，其互动率相对更高，而且互动率对之后的转化至关重要。

因为如果观众提出问题，大多数情况下，只要主播对这个问题的回答让观众满意，那么无论是粉丝转化还是订单转化的概率会非常高。比如图22所示的李宁直播间，其中一名观众问"一米七八，二百一，能穿吗？"当主播回答他"能穿"后，则很大概率会形成订单转化。

增加观众停留时长的4个方法

其实，增加观众停留时长的方法归根结底就是两个字"内容"，只不过在一场直播中，有多种不同的"内容"。当将这些内容都打磨到相对较优的状态时，观众的停留时长势必会有所提高。

提供有价值的内容

当直播间观众停留时长上不去时，首先思考下自己的内容是否有价值。如果做带货直播，思考推荐给观众的是否是真正好用的产品？是否能为观众带来实惠？如果做才艺直播，思考自己的表演是否足够精彩？是否能让观众感受到美？如果做游戏直播，思考是否能让观众放松心情或者学到一些操作技巧？

只有能够产生价值的内容，观众才愿意驻足观看。该直播间才有可能在很长一段时间都具有较高的流量。以鸿星尔克为例，其因郑州水灾的捐款额度导致其直播间在短时间内流量暴增。当很多人认为其只是昙花一现，热度过去后还会重归相对惨淡的经营状态时，其直播间热度时至今日却仍能保持与李宁相当，如图23所示。这靠的就是内容的价值，也就是观众确实能在该直播间买到物美价廉的商品。

▲ 图22

▲ 图23

打造有特点的直播场景吸引观众

吸引观众停留的另一个重点就是直播间的布置。因为观众进入直播间，第一印象就是直播间的布置。如果布置平平无奇，大多数情况下，观众根本不会在意你说什么，而是会直接去别的直播间。

对于一些很有特点的直播间布置，观众只要进来了，就会对直播间产生好奇——这个直播间做什么的？为什么布置成这样？带着这份好奇继续听主播讲的内容，实现让观众"停留"的目的，从而让直播间人气不断增加。如果观众都是来了立刻就走了，那么进入直播间的人数再多，也和没有观众进入直播间是同样的效果。

需要强调的是，直播间的"特点"还要与产品相呼应，这样才能让观众有代入感，才能在实现让观众"停留"的目的后，增加粉丝或者成交转化。

比如图24所示的直播间，其仿古的布置及主播的服装，包括后面站着的店小二，都让观众眼前一亮，让人有一种穿越感。而"茶叶"这种有一定文化古韵的传统饮品，在这种环境下进行售卖就显得十分和谐，并且有一种形式感。这种"形式感"会促进观众在直播间进行消费。

试想一下，如果在这种"古色古香"的直播间介绍数码产品，你还会有购买的冲动吗？

▲ 图24

突出个人的风格特点

但凡人气很旺的直播间，其主播必然具有鲜明的个人风格。因为每个人都是独一无二的，只要你表现出了属于你自己的人格魅力，那么对于喜欢你这种风格的观众而言，在其他直播间是找不到相同的观看体验的。这就形成了一定的粉丝基础，每次只要一开播，就会有粉丝进入直播间，从而提升直播间热度。比如图25所示的主播"慈楚"，虽然相貌平平，但因为说话掷地有声，底气十足，很容易赢得观众的信任，所以每次一开播就会有粉丝进入直播间。

问题的关键在于，很多主播不知道如何突出个人风格，在直播间总是放不开，表现得拘谨、做作。笔者总结了以下几点，也许对各位有一定帮助。

（1）做自己最重要。

在直播过程中虽然会有一定的表演成分，但一定要把握好度。如果过度表演，就会让观众感觉不自然，与主播有一定的距离。为了直播效果，可以适当表演，比如突然卖个萌、装下

▲ 图25

酷等。但在大多数时间,笔者建议各位"本色出演",揭开自己的面具,这样才能用真诚打动观众,让观众感觉这个主播是真的想和观众进行交流、互动。在交流和互动的过程中,自然容易形成自己的个人风格,展现独有的人格魅力。

(2)和观众聊天儿。

如果只是单纯地介绍商品,其实很难让观众真的了解主播。如果观众不了解主播,自然不会成为直播间的铁粉。既不耽误介绍产品,又可以让更多的人了解主播的方式,就是在讲解之余,与观众互动时,聊一聊自己的看法或以前的经历。话不用多,几句就行。

比如,某大牌主播在直播过程中有时就会提到自己的女儿、自己的丈夫,可能只是那么一两句话,就会拉近与观众的距离,并且给观众一种更了解主播的感觉。

(3)放松、自然地去说话。

主播的语速、语调对直播的影响非常大。有些主播故意提高或者降低语速,会让观者听得很累。但当放松下来,像聊天一样与观众说话时,直播间的气氛都会变得更和谐、融洽。主播在放松状态下说话时的语速、语调,包括神情,其实都是一种个人魅力的展现。当观众喜欢这种说话的节奏时,就很有可能成为直播间的常客或铁粉。

比如头部主播罗永浩,其说话的节奏就非常有特点,而且不是故意演出来的,是他本人特质的一部分。所以,哪怕其直播间的布置非常简单,如图26所示,也没有什么精彩的环节设计,依然有很多粉丝看他的直播,其中一部分原因就是想听他说话而已。

▲ 图26

丰富的营销内容

所谓"营销内容",即通过一些活动或福利来提高观众的停留时间。需要注意的是,营销内容虽然也具有"价值",毕竟让观众得到了实惠,但其价值无法成为一个直播间的核心竞争力。因为营销内容只是一种短时间内增加观众停留时长的方法,并且希望通过这增加的短时间停留,让观众更多地了解直播间的核心内容。从而通过"核心内容的价值"来拴住观众,使其在没有利益驱使的情况下,愿意在直播间停留。

比如图27所示的Mistine蜜丝婷官方直播间,正在做一款产品的"买一送15"活动,成功将观众吸引到直播间,并将该产品推成"持妆粉底液爆款榜TOP1"。如果产品本身不好用,即便送得再多,价格再低,当看到商品评价不佳时,依然留不住观众,也不会有这么好的销量。所以归根结底,还要看产品本身,看直播间的核心价值。

直播间中的营销内容通常包括观看红包奖励、直播抽奖、秒杀活动及答题互动等。

▲ 图27

第 10 章

新手主播必须掌握的实战技巧

第一次直播要这样开场

很多新人主播不知道该如何开场，没有办法将直播间的气氛带动到预期的高度。所以在直播过程中就会有些紧张、尴尬，有种说不出话的感觉。

不同的直播类型，因为其变现方式不同，其中才艺展示类直播主要通过观众打赏进行变现，而带货直播主要通过订单转化进行变现，所以开场方式也会有所区别。

才艺展示类的首播开场

不拖沓的自我介绍

虽然直播时进行自我介绍会比较拖节奏，但是第一次直播，自我介绍还是比较重要的。在做自我介绍时要简明扼要，只挑与直播内容相关的个人特点进行介绍。比如，直播间的内容主要是唱歌、跳舞，就没有必要介绍自己很会画画。

下面给大家提供一个自我介绍的模板：

"欢迎家人们来到××的直播间，大家下午好。××是一个能说会道、能唱会跳，还能够带给大家开心快乐，逗大家笑，会唱小苹果的娱乐聊天主播。"

送给观众暖暖的祝福

毕竟要靠观众刷礼物进行变现，所以在开始才艺展示前，最好能说两句祝福语，和观众"套套近乎"。在说祝福语的同时，还可以旁敲侧击，提醒观众喜欢主播的话可以刷礼物鼓励一下。

具体话术可以套用以下模板：

"希望所有走进××直播间的家人朋友们，不管你们有没有礼物，都祝家人们幸福健康，活到99。"

介绍直播时间

在表演前通过一句话介绍直播时间既可以让观众知道下次什么时间再来观看，还能够体现出主播不是心血来潮播一两天就不播了，而是会坚持播下去。

引导点赞和关注

点赞和关注数量往往代表着才艺类主播的表演是否足够精彩，水平是不是足够高。进入直播间的观众，往往会先看一下"本场点赞数量"，如果点赞数很高，则大概率会多停留一会儿，看一看主播有何过人之处，可以获得如此多的点赞，如图1所示。

在开场时引导点赞和关注可以套用以下话术：

"咱们上点关注下点赞，生活越过越灿烂，××爱你千千万。咱们家的哥哥呢，都有一分钟的时间，我们往上点一点赞。双手猛戳屏幕点点赞，手机坏了，××来换。"

▲ 图1

带货直播首播开场

介绍"我是谁"

带货直播开场同样少不了自我介绍。但此处的自我介绍重点在于突出自己的专业性，从而让观众更相信你推荐的商品。

比如售卖服装的直播间，就可以这样进行自我介绍：

"姐妹们，我作为一个服装搭配师，搭配不好衣服，打扮不好你，我在这个行业白干八年。"

高调抛福利

带货直播初期，想留住人，送福利是必须的。因为在带货主播层出不穷的今天，几乎不会有观众会购买一个刚开始直播，没有任何口碑的主播所推荐的商品。

所以，在起步时，想要留住人，想让观众尝试你推荐的商品好不好用，"送福利"至关重要。因此，直播带货在初期是挣不到钱的，都是在靠福利、活动挣粉丝、挣口碑。

当观众以低廉的价格体验到优质的产品后，自然会更多地关注你，进而去尝试一些非福利的商品。抛福利的话术可以参考如下模板：

"今天直接拿出我日常最爱搭配的这件茶色西装外套，自家实体店499元的今天69元给大家。"

介绍福利获得方式

为了发挥出送福利的最大价值，肯定不能直接上架让大家去抢。往往会利用福利来获得更多的互动或观众停留时间。

比如，"五分钟后我们立马上架，希望大家能看到我的诚意，点一点关注，把粉丝灯牌亮一亮。"这种方式虽然简单，但却可以有效提升观众停留或关注。

因为对福利感兴趣的观众，其中一部分会选择在直播间等5分钟，从而提升了观众在直播间的停留时长；而另外一部分，虽然会先离开直播间，但为了5分钟后还能回来，所以会点关注。

后面那句直接引导观众点关注及亮粉丝牌的话，则可以起到一定的促进作用。或者"大家评论'××直播间'开播大吉，倒数5秒，截屏抽取5位观众获得福利"，就可以获得大量的互动，间接提高官方分配给直播间的流量。

介绍发福利的目的

第一天直播时，就要有意识地立住自己的人设。在介绍发福利的目的时，是一个与观众"真心实意"交流的机会，也是打造人设的好机会。

比如，"这个价格给大家，真的不挣钱，就是挣个粉丝，挣个点赞。大家买回去，自己试试好不好用，不用跟同价位的比，就跟市场上价格高出一二百的产品比。用得不好，无条件退，用得好，点个关注，多来直播间看看就行了。"

当主播以真情实意去跟观众交流的时候，观众自然更愿意信任你，同时也留下了一个很好的"第一印象"。

用连麦玩法增加直播间互动

"连麦"是抖音直播间的重要玩法之一,尤其是对歌舞、聊天类的主播而言,通过连麦可以实现主播与主播间的互动,以及主播与观众间的互动,既丰富了直播间的内容,又可以有效活跃直播间氛围。

连麦玩法之———向其他主播发起 PK

认识 PK 玩法

通过抖音直播平台自带的功能即可向其他主播发起 PK。当另一方接受 PK 后,双方主播会同屏显示,并在上方出现 PK 值,如图 2 所示。当 PK 结束后,PK 值低的一方需要接受惩罚,通常要主播进行一些有趣的表演。

增加 PK 值的方法,就是靠粉丝刷礼物。在 PK 时间内,获得礼物价值更高的一方就是获胜的一方。

PK 的胜负并不重要

每一场 PK 意味着你比平时多了对面主播的人气,而且其中必定还有观众未关注那边的主播,你的机会就是在一场 PK 里,让他们觉得你比这个主播有趣得多。他们就有可能被你吸引,成为你的粉丝。

同时,尝试与对面的"大哥"进行沟通(刷礼物多的人通常被称为"大哥")。常见的方式就是"挑衅",比如:"对面大哥,你尽管动手,大哥你要是不刷,我都瞧不起你。"

或者友好一点地吹嘘:"久闻某某哥大名,听说你比神豪某某厉害得多,只是为人低调,但我希望你对我不要太客气,不然你会输。"

如果这场 PK 落败了,你可以礼貌地跟对面的大哥道歉,顺便跟他说好话,但一定要强调对面大哥的名字。比如,"对面的某某哥果然是风采依旧不减当年,这场 PK 我服了。""对面的某某哥对不起,误会,一切都是误会,我们以后在你面前一定会低调。"先抑后扬,让大哥对你印象深刻,同时也满足了大哥获胜后的虚荣心。

总之,PK 的胜负不重要,重要的是尽量将通过 PK 获得的公域流量转变为私域流量,更好地推广自己,提高自己直播间的人气。

需要强调的是,笔者对这种靠"砸钱"定胜负的方式并不赞同。因为对于消费者而言,获得的其实就是那份虚荣,甚至带有一种负能量。

▲图 2

因此,建议各位量力而行。如果替自己喜欢的主播赢得 PK 确实能为自己带来快乐,花一些零花钱自然没问题。但如果"逞一时之勇",为了面子而砸钱,甚至影响了自己的生活,那么这种行为是应该坚决抵制的,应该对自己的消费观进行反思。同时,对于煽动粉丝为自己刷礼物的主播,也建议尽量远离。

发起 PK 的方法

开启直播后，按照如下步骤操作，即可向其他主播发起 PK：

❶ 点击界面左下角的 PK 选项，如图 3 所示。

❷ 选择希望发起 PK 的主播，点击右侧的"邀请 PK"。也可以点击"发起随机 PK"按钮，认识更多的主播，如图 4 所示。

❸ 当对面主播接受邀请后，即开始 PK。

发起 PK 的注意事项

虽然主播都明白，PK 这种模式输赢不重要，这只是一种增加流量、吸引更多观众注意，以及获得更多礼物的方式。但对观众而言，如果总是看到自己的主播 PK 输掉，就可能不再关注该主播，而且主播多少也会有点"丢面子"。

▲ 图 3

因此，主播间的 PK 就会有些不成文的"规矩"，具体如下：

（1）PK 之前要提前和主播打好招呼，让大家都有时间去准备。如果搞"突然袭击"，尤其是突然 PK 大主播，会让对方感觉你的敌意太重。

（2）发起 PK 的时间尽量安排在开播一小时之后，停播半小时之前。因为在开播后需要先积累人气，等人气上来了，才能获得更好的 PK 效果。之所以要在停播半小时前发起 PK，是因为如果主播在快下播时接到 PK，等于强行要求加班，会让对面的主播感到不愉快。如果对面的主播拒绝 PK 邀请，又可能会让你觉得他耍大牌。

▲ 图 4

（3）如果自己是主动邀请别人 PK 的一方，那么在第一次与其连麦时要适当地刷点礼物，表示尊重。

"效果拉满"的惩罚方式

PK 失败后的惩罚可以大大减少主播的挫败感，并且如果表现得好，还有可能获得更多的关注和大量的互动。下面介绍 3 种效果拉满的惩罚方式作为参考。

（1）水球炸弹。

道具：气球、水。

玩法：给气球装水，头向后仰，把气球放脸上，将气球戳破。

（2）体力惩罚。

道具：脸盆、水。

玩法：将脸盆装好水，顶在头上，根据个人体力，下蹲 10、20、30 次。

（3）如花黑牙笑。

装扮：涂出大红唇，脸上"点"一颗痣，再用眼线笔将一小块纸巾涂黑，贴在牙齿上。

音乐：圣诞哈哈歌。

表演：音乐开启后，脸凑近镜头，随着音乐做狂笑表情。

连麦玩法之二——邀请其他主播连线

这种方式其实就是最普通的"连麦"。与 PK 相比，这种方式虽然少了一些刺激，但却给主播之间提供了相对放松的聊天环境。非常适合聊天类主播或才艺类主播在表演空档期用来丰富直播间的内容。

由于此种连麦玩法就是普通的聊天，所以并没有太多值得注意的地方，只要保持放松、自然，不要过于紧张就可以了。下面介绍邀请其他主播连线的操作方法。

❶ 与发起 PK 相同，同样需要点击图 3 左下角的 PK 选项。

❷ 在弹出的界面中，点击上方的"发起连线"选项卡，然后选择主播，并点击其右侧的"邀请连线"按钮即可，如图 5 所示。

▲图 5

连麦玩法之三——与观众连线

与观众连线可以让观众更有参与感，有利于增加直播间的互动，并提升粉丝黏性，从而既能获得更多的流量倾斜，又有利于变现。

在与观众连线后，如果发现其很善谈，那么可以聊天。如果其不善言谈，可以做事先准备好的小游戏，以此活跃直播间的气氛。

与观众连线的具体方法如下：

❶ 开播后，点击界面左下角的 图标，如图 6 所示。

❷ 选择"观众连线"选项，如图 7 所示。

❸ 在图 8 所示的界面点击右侧的"邀请"按钮，即可与直播间内的某个观众进行连线。也可以点击"召集连线"按钮，让有连线意向的观众主动发起邀请。

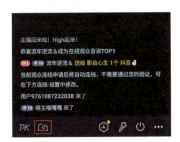

▲图 6　　　　▲图 7　　　　

▲图 8

连麦玩法之四——建立聊天室

建立聊天室同样是一种与观众连线的方式,这种方式允许最多与 6 位观众同时连线。通过聊天室,既可以进行部分需要人数较多的游戏,也可以防止在进行单人连线时,出现连线观众不善言谈,导致直播间气氛尴尬的情况发生。下面介绍建立聊天室的操作方法。

❶ 在图 7 所示的界面中选择"聊天室"选项。

❷ 点击界面右侧的"邀请连线"按钮,即可对直播间内的观众进行连线邀请,如图 9 所示。

连麦玩法之五——KTV 玩法

KTV 玩法是歌唱主播常用的功能,可以与积极的、活跃的观众更好地进行互动,拉近与观众间的距离,在增加粉丝黏性的同时,还能让粉丝有机会展示自己。下面介绍 KTV 的建立方法。

❶ 在图 7 所示的界面选择 KTV 选项。

❷ 点击界面右侧的"邀请唱歌"按钮,即可对直播间内的观众进行连线邀请,如图 10 所示。

对于歌唱主播而言,如果直播间内有一定的观众基数,并且希望"一展歌喉"的观众数量比较多,则可以采用类似"抽奖"的方式,进一步提高直播间热度。同时,也可以让没有被邀请唱歌的观众觉得"下一次"就有机会了,进而增加停留时长。

▲ 图 9

▲ 图 10

让直播间火爆的 4 种秒杀玩法

"秒杀"是带货直播的常用玩法,既可以让观众得到福利,又可以很好地烘托直播间的气氛。秒杀玩法虽多,但归根结底,其实是限时或限量以低价售卖商品。而之所以分成不同"玩法",主要是根据"秒杀"的目的不同而进行区分。下面介绍 4 种秒杀玩法。

点赞秒杀

所谓"点赞秒杀",即主播为了在短时间内快速增加点赞量,而承诺观众点赞数达到多少后即进行商品秒杀。

比如图 11 所示的鸿星尔克直播间,当前点赞数量显示在左上角,为 39 万。如果主播想快速增加点赞量,就可以说:"宝贝们,现在还差 1 万点赞到 40 万,大家点一点手机屏幕,到 40 万就给大家上秒杀。"

通过"秒杀"的诱惑，不仅可以快速获得点赞，还能够增加观众的停留时长。因为在直播间有一定人数基础的情况下，增加1万点赞也许就是几分钟的时间。所以大部分观众都会在直播间等到点赞到40万参加秒杀活动。主播还可以给"秒杀"活动设置预热时间，如果设置15分钟预热时间，就很有可能吸引部分观众的停留时间达到20分钟以上。

整点秒杀

"点赞秒杀"的开始时间是不确定的，所以会吸引当时在直播间的观众停留并点赞，而"整点秒杀"则会提前告知观众秒杀开始时间。虽然这可能导致有些观众离开直播间，等到秒杀开始前再回来，不利于直播间停留时间的增加。但却可以确保某一具体时间点的流量一定是相对较高的。选择这种秒杀方式配合一些重点产品的推广非常有效。

比如，根据直播安排，9点将推出一款主打商品，那么就可以在9点的时候，进行一场整点秒杀。当然，为了防止大家秒杀完就离开直播间的情况出现，可以采用"憋单"的方式。也就是在9点钟左右，流量明显上来之后，说一下："想要秒杀的宝宝们不要急，给大家说完这款商品就上秒杀链接，大家

△ 图11

不要着急。"

或者设置"秒杀预热时间"，在预热过程中，进行重磅商品介绍，从而充分利用秒杀活动吸引来的高流量。

限量秒杀

虽然所有的秒杀活动，肯定会限制秒杀商品数量，但"限量秒杀"的重点是虽然强调"数量有限"，实则大量出货。当然，秒杀的商品可以不挣钱，但至少不能赔钱。另外，靠着超低的物流成本，也许还能赚些差价。

在话术上，要强调"抢到就是赚到，限量秒杀，手快有，手慢无，如此重磅活动只在今天，能不能抢到看各位手速了，5、4、3、2、1，开抢！"

总之，要让观众有紧迫感，但又巧妙地不说具体多少货，从而实现快速拉高订单成交量，赚取抖音的流量。当然，秒杀时间一定要短，控制在5秒左右即可，否则容易被观众识破。

关注秒杀

关注秒杀与点赞秒杀有些相似，只不过前者重在提升粉丝数量，而后者重在提升点赞数。提升粉丝数可以让今后的直播有更多的流量，而提升点赞数则可以让本场直播有更多流量。

需要注意的是，关注秒杀适合粉丝数在1万以下的新直播间进行。因为只有当粉丝数在1万以下，点击直播间头像后，

△ 图12

才会在界面下方看到具体的粉丝人数，如图 12 所示，这样秒杀活动才足够透明。否则，肯定会有观众怀疑活动的真实性，而一旦有观众"带节奏"，就会严重影响活动效果。

秒杀链接的设置方法

前面已经提到，所有秒杀玩法，归根结底都是限时或限量以低价售卖商品。既然要"售卖商品"，必然需要"上链接"。因为"秒杀"玩法属于一种促销活动，所以"秒杀"的链接有更多可以进行灵活设置的选项，下面介绍具体设置方法。

❶ 在百度搜索"抖音小店后台"，点击图 13 所示的超链接。
❷ 登录后，点击界面上方的"营销中心"选项，如图 14 所示。
❸ 点击左侧导航栏"营销工具"中的"限时限量购"选项，如图 15 所示。

▲ 图 13

▲ 图 14

▲ 图 15

❹ 点击界面右侧的"立即新建"按钮，如图 16 所示。
❺ 按需求对秒杀活动进行基础设置，如图 17 所示。

▲ 图 16

▲ 图 17

❻ 若将"活动时间"设置为"按开始结束时间设置",即可自动在指定时间段开启并结束秒杀。若设置为"按时间段选择",即可在创建后立即开始秒杀或秒杀预热,如图 18 所示。当秒杀商品的库存为 0,或秒杀到时后,秒杀均将停止,如图 19 所示。

◈ 图 19

◈ 图 18

❼ 若将"是否预热"设置为"预热",则需要设置预热持续时长,如图 20 所示。当秒杀开始后,先进入预热阶段,然后再进入秒杀。

◈ 图 20

❽ 其中优惠方式建议设置为"一口价",让秒杀活动带给观众的实惠简洁明了,观众参与秒杀的热情也会更加高涨。

❾ 点击界面下方的"添加商品"选项,即可选择用来秒杀的商品,如图 21 所示。

❿ 输入秒杀价格和秒杀商品数量,以及每人限购数量。其中秒杀价格不能高于商品原价,秒杀商品数量不能高于商品库存,如图 22 所示。

需要注意的是,商品的原价和秒杀价均会在秒杀界面显示,所以务必保证其有明显的价格差,否则观众会认为活动诚意不足。

◈ 图 21

◈ 图 22

3种观众不会拒绝的抽奖玩法

秒杀玩法，终归还得需要观众花钱去买东西，所以一些很理性的观众，当看到秒杀的商品自己并不需要时，就不会参与。而抽奖玩法则不同，因为没有参与的门槛，一旦中奖就是白赚，没有中奖也不会有任何损失，所以几乎不会有人拒绝，活动的热度是一定有保障的。

当然，缺点就是，搞抽奖活动，主播不仅无法从中获取金钱上的收益，还势必需要投入。但是，投入换回的，则是较高的流量。

红包抽奖玩法

红包抽奖玩法的特点

抖音直播间自带红包抽奖功能，其中机制与微信红包"拼手气"相同。当在直播间内发放一个红包后，先点击的指定数量的观众会获得红包，但金额则是随机的，从而产生"抽奖"的效果。

如果只是单纯地发个红包给观众作为福利，其性价比会显得比较低。建议在发红包前10分钟，提前预告一下，这样就可以将大部分在这10分钟内进入直播间的观众留住。

比如，"为了感谢家人们对我的支持，今天就实打实地给大家福利，咱们直接发红包。10分钟之后，发500元红包，50份，看各位手气！"然后在旁边可以立个小牌，写着"××时间，直播间发500元红包"，让进来的观众一眼就能看到。

红包抽奖的操作方法

在直播间发红包的具体方法如下：

❶ 开播后点击界面右下角的 图标，如图23所示。
❷ 点击界面下方的"礼物"选项，如图24所示。
❸ 向右滑动，即可找到"红包"选项，如图25所示。
❹ 点击"红包"选项后，选择"抖币红包"选项卡，如图26所示。之所以不建议选择"礼物红包"，是因为该红包随机开出的是各种礼物。而礼物终归还是要刷给主播才具有价值，所以会显得主播这个红包没有诚意。而"抖币"毕竟是可以提现的，所以相当于直接给观众发真金白银，观众也更乐于去抢这种红包，同时会大大拉近主播与观众间的距离，提高粉丝转化，增加粉丝黏性。

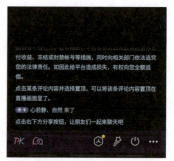
▲ 图23

▲ 图26

▲ 图24

▲ 图25

福袋抽奖玩法

福袋抽奖玩法与红包抽奖玩法的区别主要在于，每个福袋的金额是相同的，而且谁能得到福袋是随机的，不是"拼手速"。同时，由于福袋玩法是专门给主播提供的发福利的方式，所以其设置要比"红包"更丰富，玩法也更多样。

利用福袋获得超多互动

由于参与福袋玩法需要满足一定的条件，不同的条件，有不同的效果。其中最常见的就是"口令福袋"。

当将"参与方式"设置为口令参与后，只有在直播间发送指定口令，才能参与福袋抽奖。这种玩法可以促使几乎所有直播间的观众都发言进行互动，进而通过提高互动率来获得更多的流量。

同时，因为口令是主播设置的，所以还能够通过口令内容，让刚进入直播间的观众一眼就知道接下来要推出什么商品，或者有什么重磅活动。比如，将口令内容设置为"双十一特惠单品十点开抢"，如图27所示。

▲ 图27

利用福袋增加粉丝数量

若选择发送"粉丝团福袋"，则只有加入粉丝团的观众才能参与抽奖，如图28所示。这样做有两个作用，对于已经是粉丝团成员的观众而言，可以增加粉丝黏性，让他们觉得"这个主播真宠粉"；对于还没有加入粉丝团的观众而言，则会促使他们加入粉丝团，从而参与这次福袋抽奖。

利用福袋提高观众停留时长

福袋可以设置"倒计时"，如果设置为"倒计时"5分钟，即在5分钟后才会开启福袋。这就使得那些想要福袋的观众，会在直播间停留这5分钟。即便不停留，也会在福袋将要开启时，再次进入直播间，同样会增加其在直播间观看的时间。如图28所示，即设置"倒计时"后，还有1分零8秒开启福袋。

▲ 图28

福袋抽奖的操作方法

在直播间发起福袋抽奖的具体方法如下：

❶ 开播后点击界面下方的 🎁 图标，如图29所示。
❷ 点击"福袋"选项，如图30所示。
❸ 对福袋抽奖进行设置后，点击"发起福袋"按钮即可，如图31所示。

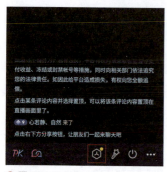
△ 图 29

△ 图 30

△ 图 31

截图+问答抽奖玩法

自从抖音有了福袋抽奖玩法后，截图抽奖玩法使用的频率就比较少了，主要是因为相比手动截图抽奖，福袋自动抽奖更便捷，也更透明。但如果要结合问答玩法进行福利发放，依旧只有截图抽奖能够实现。

让观众更有参与感和成就感

截图+问答抽奖玩法的价值在于可以让观众更有参与感。因为无论是红包抽奖还是福袋抽奖，观众不需要动脑子，只需点一下屏幕，或者按主播要求发送一段口令就可以了。这种过于简单的"游戏"虽然给了观众福利，但却很难让观众有"参与其中"的感觉，在提高直播间吸引力、提高粉丝黏性方面也就有所欠缺。

而截图+问答抽奖玩法，活动的方式是"问答"，抽奖的方式是"截图"。通过问答这种方式会令观众在参与活动时更紧张，在正确回答问题并且通过截图中奖后，其成就感要比红包抽奖和福袋抽奖高得多，也就会对直播间产生更强的依赖性。因为同样的感受在其他直播间是很难获得的。

截图+问答抽奖的操作方法

截图+问答抽奖的操作方法如下：

（1）主播先向观众介绍清楚活动方法，比如"提出问题后，给观众10秒回答问题的时间。时间一到，截屏并取屏幕中留言的前3名作为获奖观众。"

（2）提出一个问题，比如"主播明天几点开播"。

（3）倒计时10秒结束时截屏，并将截屏画面给观众看，公布获奖人员。

（4）让获奖观众私信主播领取奖品。

需要强调的是，如果想让这种玩法更刺激，可以修改规则为"最先正确回答"的几名观众获奖。但劣势就是其问题答案的宣传效果就变弱了。因为那些第一时间不知道答案的观众，肯定不会继续作答进行互动了。

大幅提高停留时长的技巧——憋单

用新号做直播，因为直播间没有口碑，没有人气，很难长时间留住观众。无法留住观众，自然很难让观众产生购买产品的冲动。为了度过"起号"这一困难阶段，憋单就是一种很好的方式。

在介绍憋单之前需要强调的是，一些人认为抖音官方是禁止憋单的，但其实禁止的是恶意憋单。也就是说，抖音承认憋单是正常的增加观众停留时长的做法，但对一些"过分的"，比如超过 20 分钟的"长时间"憋单，并且所上的库存数量特别少。比如，只上一个库存，这种做法就属于恶意憋单，主播被停播甚至被封号的惩罚。

以下内容所讲的憋单，其实是一种向观众提供福利的方法，并将憋单时间控制在 5 分钟以内，上的库存数量也要保证高于当前直播间人数的 1/10，从而防止被举报。

认识憋单

所谓憋单，其实就是选择一款非常具有吸引力的商品，设置一个较低的价格，并不定时以"上库存"的方式进行售卖，进而吸引观众停留在直播间，等待抢购。

在憋单的过程中，还不能忘记通过一些话术，让观众积极互动，以此提高直播间权重，获得更多流量。同时，要控制好库存数量，只能让一小部分观众抢到商品，而没有抢到的，大概率会等待下一次"上库存"，从而进一步提高停留时间。

需要注意的是，憋单虽然能够增加观众停留时间，但毕竟是以较低价格售卖的，所以用来进行憋单的商品是无法产生客观收益的。因此，憋单不是目的，重点是在憋单的过程中，介绍"利润款"，也就是利润较高的商品。当观众抢不到"憋单款"商品时，就有可能购买"利润款"，进而获得可观收益。

5 步憋单法

将观众留在直播间的憋单，并不是简单地售卖低价商品那么简单，需要在完整的流程中时刻保持对观众强有力的吸引。

第一步：开播上福袋

开播上一个小福袋的目的是让进入直播间的观众去听主播介绍这款很具吸引力的"憋单款"商品。如果没有这个小福袋，没等主播介绍"憋单款"商品到底性价比有多高，可能很多观众就流失了。这个福袋的"倒计时"设置得不要太长，其时间足够将"憋单款"商品介绍清楚即可。通常在两分钟以内。

第二步：介绍"憋单款"商品

主播要将"憋单款"商品介绍得足够有吸引力，并且强调这是送给各位的福利，所以价格很低，而且数量有限。同时，在不同时间段分别放出库存。但此时务必不要报出具体的价格，为的就是保持吸引力，不断增加直播间人数，等直播间人数增长放缓时，再报价，开单。

第三步：设定上库存的"条件"

为了充分发挥"憋单款"商品的价值，主播可以告诉观众上库存的条件，比如，"想要这个福利的观众扣个1，有100个观众想要就给大家开库存。"

这一步的目的就是提高直播间互动率，从而提高权重，并为下一步做铺垫。

第四步：争取出介绍"利润款"的时间

如果"憋单款"确实足够吸引观众，此时一定有很多人在打"1"。这时主播就可以借势说："大家在公屏上扣的1太多了，主播数不过来，后台帮我统计一下，到100个观众扣1咱们就上库存开抢。"

接下来，趁着后台统计（其实根本没人统计）的时间，介绍"利润款"。需要注意的是，因为此时的观众都等着抢"憋单款"，所以直播间流量会比较高，介绍"利润款"更容易获得订单转化。

第五步：为"憋单款"开库存并发福袋

"利润款"介绍完之后，就要为"憋单款"开库存，这时再报出价格。当然，这个价格一定要压得很低，不过少亏一点也是可以的。开库存时有一个细节，就是不能让大多数人都抢到，因为抢到的观众，大概率会离开直播间，所以将库存设置为直播间人数的1/10即可。并在开抢前务必强调："没有抢到的观众，还可以领福袋，以及之后还会继续上库存，还有机会。"以此继续保持对观众的吸引力。

在观众抢单之后，即需要立刻发出福袋，接下来继续重复第二步至第五步即可，直至直播结束，从而完成一场以憋单为主，通过较低的成本，整场都有福利来吸引观众的直播。

4大憋单必学话术

如果利用憋单技巧做直播，不知道用什么语言既可以提高对观众的吸引力，又可以让观众在没有抢到商品时不至于情绪激动，可以参考以下话术。

常规憋单话术

"我们家初来乍到，广告费直接拿来给大家做活动。我们家不玩虚的，真实放单。这款针织衫一单我亏60，今天给大家准备了50单，能不能接受50单分开给大家发？不要有情绪，不要带节奏。这款抢不到，下一款也准备了50单，能做到支持主播吗？能的话，希望大家可以把粉丝灯牌给我亮一下，我们3分钟后先上5单测试一下网速。"

有观众闹情绪时的话术

"这是我作为新主播开播第一天哦，这款羊毛打底衫，老板拿出20单亏本做活动。我想我是第一次做主播，能多几个粉丝牌算几个粉丝牌，我自己拿工资，再亏10单给大家好不好？我实话实说，一共30单，这还是我自己贴了钱的情况下。一会儿开抢，如果没有抢到的话，不要生气，不要带节奏。抢的人多的话，我再去申请一批。大家能不能支持下主播，如果能的话，打出支持两个字好不好？"

让观众感觉"值得一抢"的憋单话术

"我们有2000家门店，统一价格是299块，今天大家可以享受批发价，只要19.9。"

"大家可以看一下，在某宝上的价格是350块钱，而我们这里一瓶只要19.9。"

"这款产品有很多明星代理，去年双11明星代理价格是69块钱，而今天只要19.9我们的宝宝就能买到手。"

体现"憋单款"高级感的话术

"第一次来我直播间的兄弟姐妹还有没有没抢到我身上这款独家设计的珍珠连衣裙的？没抢到的打个"没"字。姐妹们看一下，是不是很显瘦、很显气质、很高级？简直"绝绝子"。再给姐妹们拿近看一下，都是双包边双走线的。线下实体店299元，今天一杯咖啡的价格直接让你带回家，给不给力？来，后台开始统计，准备上库存开抢。"

塑造产品价值的技巧

在直播中促进观众下单的核心，在于让观众觉得"这个商品值这个钱"。所以，在直播过程中能否成功塑造产品价值就显得尤为重要。

通过对比塑造产品价值

"对比"是塑造产品价值最简单、有效的方法之一。因为当有了一定的参照之后，观众更容易判断主播所推广商品的真实价值。当观众心中对该商品的价值判断高于其价格时，就更容易产生购买行为。

横向对比

所谓"横向对比"，即对同一件商品在不同销售环境下的价格进行对比，让观众感受到直播间的优惠力度，进而更愿意购买该产品。比如，展示一张带有价格的该商品在超市售卖时的照片，就很有说服力。这也是大主播常用的塑造产品价值的方法。

如果售卖的商品没有进超市，也没有大的商场在售卖，那么就需要找一个与之同样价值的，但是价格更高的大家耳熟能详的商品进行对比。比如，你卖"小黄鸭"面膜，观众对该面膜的价值完全没有认识，但如果其效果可以与欧莱雅面膜媲美，就可以拿欧莱雅的产品与之作对比，形成产品价值感。

纵向对比

所谓"纵向对比"，即在直播间分别展示同一类但是不同档次的商品，然后分别介绍其价格，如图32所示。

当然，在介绍的时候，要按价格从低到高的顺序。因为绝大多数观众都会对价格较低的商品更感兴趣，防止直接上高价位商品导致观众流失。

同时，人们对高价位商品的价值判断往往需要低价格商品进行衬托。因此，随着逐渐介绍到高价位的商品，有前面低价位商品作对比，观众通过感官上的区别，就更容易认识到高价位产品本身的价值。

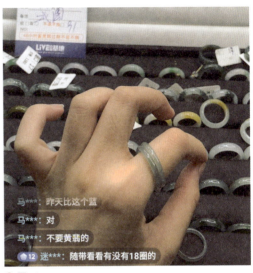

△ 图32

通过话术塑造产品价值

主播的语言对于产品价值的塑造也至关重要。但语言水平不是一天两天能提高的。所以干脆直接套用一些实用、高端的话术，可以有效提升直播效果。

塑造产品价值感的话术

"这件衣服我卖了2000多件，得到了98%的好评，那2%还是因为替快递背了锅。"

"为什么我跟你们说这件衣服非常亲肤呢？因为我们用的都是莫代尔棉，穿上一点也不扎。"

"我跟你们说啊，这件打底衫随便搭一件风衣，穿上就是韩剧女主角。"

"我们这款西装都是用韩版TR的定制面料做的。看一下这个重量和垂感，上身非常显高级。"

"再来看一下我们这个腰身和垫肩的设

计,这是今年刚跟我们合作的一个新的,非常火的工作室做的版。"

"我平时就有点溜肩,但是你看我穿上有没有气场,霸道女总裁范儿是不是马上就出来了。而且这个暗纹提花的设计,看到了吗,这个国风的感觉一下就有了。"

"我跟你们说,这个暗纹提花,还有整个衣服的剪裁都是师傅一针一针地给你们做出来的,没有一个有着十年手艺的老师傅,绝对做不到我们家这个品质。"

对高价格商品进行价值塑造的话术

"有预算的我们直接去收高货,可以传给下一代的东西。就像你的房子一样,自己住一辈子,还能传给下一代。我们现在看的这个手镯,你可以戴一辈子,同样也能传给下一代,非常保值。"

"看到很多宝宝们都喜欢这款,确实有眼光,这款品质更好一些。一分钱一分货,如果宝宝们觉得这款价格不合适,我们也有价格低一点的可以选择。"

"很多家人们觉得我家锅卖得贵,其实各位想一想,一口好锅,我们每天都要用,用它烹饪出来的东西,即便味道跟别人只有那么一丝丝的差距,但是在未来的 365 天里,甚至 3650 天里,每天都会体验到这款好锅带给你的一点改变,还不值多花那点钱吗?"

这样说话不会被关"小黑屋"

随着抖音对直播的管理越来越严格,相信很多主播都遇到过因违规被关"小黑屋"的情况,尤其是带货主播,有时莫名其妙就被停播了。而造成这种情况的原因,往往跟"话术"有关。

理解抖音如何判定"诱导互动"

为何带货主播更容易被关"小黑屋"呢?其原因在于,为了提高直播间流量,带货主播往往会利用福利、优惠等,诱导观众做出某种特定的互动行为。

虽然这种行为本身并没有问题,但有些主播提供的"优惠"与"互动行为"实际上是没有任何关联,或者不具履行兑现基础,就会被判定为"诱导互动"。

抖音判定直播间是否有"诱导互动"的关键因素有两个:

第一点:"互动行为"与"获取优惠"是否真的有关系;

第二点:主播是否能按所说方式兑现优惠或福利。

理解"互动行为"与"获取优惠"的关系

如何判断"互动行为"与"获取优惠"是否有关系呢?其实靠的就是明确是否真的要先互动,才能获取优惠。如果无须互动,也能获取优惠,就会被判为"诱导互动"。

举个例子,"进来的观众关注下直播间,今天这个福利商品只卖给粉丝宝宝。"由于观众是否关注直播间都能购买商品,所以"关注直播间"与"买福利商品"没有关系,因此这就是典型的"诱导互动"。

理解何为"不具履行兑现基础"

"不具履行兑现基础"又是什么意思呢?其实就是主播根本无法按照他所说的方式来给予观众福利。

比如,"进来的宝宝们点击右上角的关注哈,这份福利只送给今天点了关注的宝宝。"而事实上,主播根本没有途径去获取都有谁今天点了关注,也无法直接获得点关注的粉丝们的信息,所以是无法按照其所说的方式"履行兑现"的,同样属于"诱导互动"行为。

避免使用"诱导互动"话术

实际上，绝大多数情况下，主播出现"诱导互动"违规行为并不是故意"欺骗观众"的，而只是想通过提供的福利，去换取更多的点赞、关注等。下面笔者总结了 7 种常见的，容易被判定为"诱导互动"的话术，并提供了对应的可以起到相似效果的"改良版"以供参考，如表 1 所示。

表 1

有"诱导互动"风险的话术	改良版话术
想要的扣"要"，给自己报名	刚刚秒完福利，有没有还没秒到这个 9.9 元 T 恤衫的，没抢到扣个"没抢到"，我看一下还有多少人没抢到
右上角点关注，福利只送给今天点关注的粉丝宝宝	妈呀，这么多宝宝给我点关注啊！点了关注就是自家宝宝了，今天必须给我家粉丝宝宝炸一波福利。来，粉丝宝宝听好了，这个不锈钢保温杯，我今天 9.9 米给你们炸了！
点赞到 1 万，我给大家开库存	你们也太给力了吧！这么多人给我点赞（水军配合）。都是老粉吧，都知道 1 万赞炸这个护手霜福利。马上就到 1 万赞了！都想让我炸这个 9.9 米的护手霜福利是吧
喜欢白色的扣白色，喜欢粉色的扣粉色，一会儿精准给你们上库存	你们喜欢白色的还是粉色的？运营帮我看一下，喜欢哪个颜色的人比较多（水军配合扣屏）。都喜欢粉色的啊，粉色的确实是爆款，库存也特别紧张。运营一会儿还是给姐妹们多上点粉色的库存吧，尽量把库存挪出来给大家上福利
扣"抢到"安排优先发货	所有抢到的宝宝，扣一波"开心"。今天所有抢到的，开心的宝宝都是 48 小时内发货
抠"送"或者"主播给力"就给你们送额外的赠品	还想让我送是吧？（水军配合）看到很多宝宝让我送这个面膜，都要送是吧！家里还没有这个面膜（赠品）的你们扣"没有"，让我看一下！都没有是吧？那我真送了！运营先准备 50 份赠品，那些还没有面膜的宝宝，咱都给他们送
粉丝团亲密值越高，中福利的概率越高	喜欢直播间福利的宝宝卡个灯牌哈，粉丝团宝贝听好啦！今天我给宝贝们留了重磅福利。拍下的宝贝全部送运费险，再送手机。运营帮我统计好，一个都不要落下

会"组品"才能玩转直播带货

很多直播带货新手，只是单纯地准备好要在直播间出售的商品，然后按照顺序依次进行介绍。这样做的弊端在于，只要其中一件商品不符观众"胃口"就导致流量大幅下滑。

如果我们仔细去看那些直播带货的头部主播，就会发现，他们准备的每一款商品相互之间似乎是有"配合"的。即便观众人数会有波动，但从整体上来看是在不断上升的。要想做到这一点，就务必学会"组品"。

"组品"的构成

顾名思义，既然叫"组品"，也就是说，所选的商品应该是一个"组合"，彼此有不同的定位和作用。虽然针对各种特定情况，组品的构成会有变化，但基本上是由"引流品""承流品""利润品"构成的。

这 3 种商品构成的目的、关注指标和产品特点如表 2 所示。

表2

	引流品	承流品	利润品
选品目的	通过微亏来换取更多流量	稳定流量的同时赚取微利并提高销量	中高利润的产品
关注指标	人气指标、互动指标	商品指标、订单指标	人气指标
产品特点	需求量大、应用场景多、性价比高	主推的核心爆品,具备优势的商品	符合观众用户画像的商品

引流品不能成为直播带货的主角

新手带货主播因为担心直播间人气不够,所以可能非常看重"引流品"。认为"当引流品足够吸引人时,才会有大量观众进入直播间。直播间的观众多了,后面不管卖什么都好卖"。

这其实是一个很常见的误区。

因为当引流品太过引人注目的时候,当从引流品转到承流品时,就会导致很多观众"看不上""不喜欢",从而导致亏钱的"引流品"卖得很好,到了赚钱的"承流品",却卖不出去了。那么一场直播下来,肯定是亏损的状态。

所以,不要太过重视引流品。一些便宜、实用、泛用性强的小物件,就足够吸引观众进入直播间了。因为"占便宜"是一种很普遍的心理,甚至这个小物件对自己没有用,也有人想要去抢一抢。

那么,去哪里找这种引流的小物件呢?大家在百度搜索"飞瓜",选择"抖音"平台,点击左侧导航栏中的"实时爆款商品",如图33所示,即可在界面中看到大量受到认可的,观众喜欢的低价好物,如图34所示。

▲ 图33

承流品才是直播带货的重中之重

当通过低价、实用的引流品将观众吸引到直播间后,接下来要推的"承流品"才是重头戏。因为承流品是有利润的,并且担负着提升订单数量的责任。

对于一个带货直播间而言,抖音会将该直播间的成交数据作为依据,以此判断是否继续为该直播间增加流量。正因为如此,引流品才不能那么突出,否则把观众胃口带高之后,承流品就很难推得出去了。

在介绍承流品时,要将重点放在商品本身的质量、性能等方面,不要着急报出价格。当通过商品的一系列优势牢牢吸引住观众后,准备开单前再报出价格,可以获得更好的订单转化。

▲ 图34

承流品的选择,不能简单地在网上搜索一下就敲定。需要主播根据所属的垂直领域,仔细对比多家产品,并亲自进行体验,再选择最优质的商品进行带货。

通过利润品满足小部分高端客户

在直播前，就要确定直播间目标客户的消费能力，并以此确定承流款商品的价格区间。比如做服装的直播间，主要面对消费能力在百元左右的观众，那么其承流款的价格区间就应该在百元左右。但是，总会有小部分观众想买更好一点的，这时就需要利用利润款来满足他们的需求。

需要注意的是，如果利润款与承流款是同一类产品，比如都是卫衣，那么利润款不能在质量上有绝对的优势，可以在设计上更潮一些，然后价格提的高一些。

以鸿星尔克直播间的组品为例，有"推荐"标志的就是承流款，是其主打的商品，卖 153 元，其下方的利润款则卖 217 元。最下方的 69 元的则是引流款，属于新人福利，用来拉动流量，如图 35 所示。

注意，利润款一定要与承流款拉开价格差，最少在 30% 以上，否则同样会打压承流款，导致进入承流款没人愿意买，而利润款大家嫌贵也没人买的窘境。总之，记住，承流款是重中之重，引流款和利润款都是为承流款服务的。

▲ 图 35

在直播中灵活调整组品

有了"组品"的概念后，想必各位就知道如何通过不同定位的商品，来让直播间获得盈利并保持热度了。

在实际直播过程中，很可能出现与预期不相符的情况。比如，引流品确实拉来了客户，但是在上承流款时，却出现了直播间内观众的快速减少。这时就不要按部就班地介绍完承流款后再介绍利润款。因为承流款大家都不敢兴趣，更不要提更贵的利润款了。所以要即时调整，砍掉利润款，并即时结束该承流款的讲解，更换下一个承流款，看能否稳住流量。

无论流量有没有稳住，在换了一个承流款后，都要立刻再上引流款提高流量。如果更换的承流款稳住流量了，那么选择与之相近的商品作为承流款；如果更换的承流款依旧没有稳住，则继续更换承流款。

不要害怕在直播过程中经历失败，正是在一次次试错的过程中，才能让你的选品越来越符合观众的口味，直播间才能越做越好，货也能越卖越多。

值得一提的是，如果怕因为流量下滑而立即转品有些尴尬，可以让团队的其他人员在直播间要求讲解其他商品。这时主播就可以自然地说"看到有的宝宝要求讲一讲某某号链接的产品，这件衣服它……"从而让转品更流畅。

找直播达人为自己带货

如果自己不擅长抛头露面进行直播，又想在抖音上卖货，那么可以找直播达人为自己的商品带货。前提是开通抖音小店，接下来即可在抖音电商官方平台与达人进行合作。

找到达人合作页面

❶ 在百度搜索"抖店"，单击图 36 所示的超链接。

❷ 使用开通了抖音小店的抖音号登录后，单击界面上方的"精选联盟"按钮，如图 37 所示。

❸ 单击界面上方的"达人合作"选项，如图 38 所示。

❹ 单击界面左侧导航栏中的"达人广场"选项，即可开始选择合作达人，如图 39 所示。

▲ 图 36

▲ 图 37

▲ 图 39

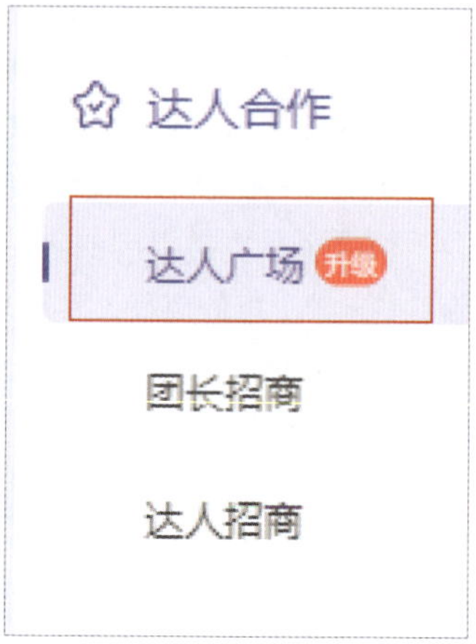

▲ 图 38

寻找与商品匹配的达人

❶ 依次单击"找达人""直播达人"选项，如图 40 所示。

❷ 在下方出现的海量选项中，即可对达人进行筛选，包括主推类目、关键指标、粉丝数据等，如图 41 所示。

▲ 图 41

▲ 图 40

❸ 当根据需求进行筛选后，单击主播头像，即可进入详细介绍页面。单击左上角的"收藏"按钮，可先确定意向合作的主播，然后再进一步筛选。在该页面还能够查看该主播的核心数据，可以将多个意向主播数据进行对比，进而选出性价比最高的主播，如图42所示。

❹ 如果担心此种方式无法选到理想的达人，还可以单击"为商品推荐达人"按钮，如图43所示。

❺ 通过粘贴预计售卖的商品链接，并对主播带货能力及受众粉丝画像和内容类型进行设置后，抖音即会智能推荐匹配度最高的达人，如图44所示。

▲ 图42

▲ 图43

▲ 图44

3种直播切片短视频制作思路

所谓"直播切片短视频"，即在直播过程中录制视频，稍加剪辑后，以短视频的形式发布，从而起到为直播间引流或者带货的作用，属于典型的短视频 + 直播玩法。

需要强调的是，官方数据显示，在抖音平台，短视频带货成交额要远高于直播带货成交额，甚至会出现一个十几秒的直播切片短视频的带货效果，要比一场直播的效果还要好。但如果只是将直播的一个片段截取下来，就当作短视频发布，效果肯定不好，下面介绍正确的制作思路。

快放式

这种切片短视频的特点在于会将商品的主要卖点在十几秒甚至几秒时间内全部输出，从而给观众一种像是"快放"的效果。

制作这种切片短视频的方法其实很简单，就是将某个单品的介绍进行"切割"，让每一个卖点间没有停顿，从而实现在十几秒甚至几秒就完成商品介绍。

需要注意的是，如果主播的语速偏慢，那么需要在对视频进行加速后再切割。如果主播的语速本来就比较快，则无须加速，将每句话之间的停顿和与卖点无关的语言都切掉即可。

接下来，让卖点以文字的形式出现在视频上，其出现的时机与主播语言相匹配即可，如图45所示。

▲ 图45

配音式

"快放式"切片短视频的画面终归是跟直播相同的,所以如果从"短视频"的角度来看,多少有些死板(直播画面基本都是主播正对镜头)。

而"配音式"切片短视频则需要在直播时另外找一台手机,从其他角度拍摄主播,与直播画面形成差异。然后再通过后期处理,为需要补充的点进行配音。这也是为何要将其称为"配音式"切片短视频。这种切片短视频做出来,会给观众一种这就是一条独立的"带货视频"的感觉,从而可以和那些精心制作的"带货视频"起到近似的效果。

需要注意的是,由于"配音式"切片短视频只能在直播结束后制作,所以其不具备即时为直播引流的作用。但是作为预热短视频,或者直接作为一条带货视频,其效果会很不错。

混剪式

"混剪式"切片短视频是这 3 类直播切片视频中制作难度最高的。首先需要准备好文案,然后根据文案,配上不同的画面。这些画面有一些来自于直播素材,还有一些可能是搞笑片段、动漫、图片等与文案相符的内容。当这些内容通过文案串联之后,可以带给观众很新奇的观看体验,从而起到很好的带货效果。

拉互动必学的 3 种引导式话术

发问式

发问式互动话术是各直播间最常用的提高互动率的方式。为了让观众乐于去"扣字"回答主播的问题,其回答一定是肯定或否定二选一,比如"是"或"不是"、"能"或"不能"等,如图 46 所示。而对于一些回答起来很烦琐的问题,一定不要问,否则容易造成冷场。

可选择性

选择性抖音直播话术,就是给观众抛一个选择题,答案 ABCD 选择哪个都可以,发言成本很低,能够迅速让观众参与到直播互动中。比如,"这个款式有 4 种颜色,有黑色、红色、黄色和蓝色,大家把自己喜欢的颜色扣在公屏上,看看喜欢哪种颜色的多一些。"

节奏型

这种类型的抖音直播话术就是要观众灌水发言而已,让新进来的游客看到直播间气氛很活跃,好奇:"为什么那么多人刷 666?主播到底表演了什么?"既增加了互动,又起到了让新观众在直播间停留的作用。

▲图 46

第 11 章

学会分析直播数据

看懂数据才能玩转直播

抖音平台在不断完善、发展短视频和直播数据的展现，目的是什么？就是为了让内容创作者可以从中发现自己的不足，进而有针对性地进行调整，吸引用户将更多的时间放在"刷抖音"上。

不要靠"感觉"，要靠"数据"

如果你还在靠"感觉"去改善直播质量，作为一名新手主播，想在海量主播中脱颖而出是非常困难的；作为一名老手主播，则很容易被新人反超，白白浪费了"先入场"的优势。因为主播一个人的"感觉"太片面了，你的"感觉"，未必是观众的"普遍感觉"。只按照自己的想法去做，而忽视观众的感受，很容易跑偏，导致直播效果不佳。

那么，观众的"普遍感觉"该如何获得呢？答案就是数据。

在直播间直播的最终目的是为了服务观众，而观众对直播间内容的反应都在数据中展现得淋漓尽致。学会分析数据，就可以通过观众行为，有针对性地改善直播内容，让直播效果循序渐进，处于不断上升的趋势。

不要对数据感到畏惧

很多不分析数据的主播不是因为不知道数据的重要性，也不是因为不会分析，而是因为畏惧。当数据将直播间的问题全部呈现出来时，就好像很多人不敢面对自己的问题一样，一些主播也不敢直面这些直播间存在的问题。

事实上，数据透明更多的是希望主播和团队在做事的时候能够更加清楚自己的优点和不足，完全没有必要因为数据而背负过多的压力。与其害怕数据，畏畏缩缩，不如直面数据，解决数据展现出来的问题。当通过实际行动去解决问题，并且直播效果得到改善时，自然就会消除对数据的畏惧心理。

看清数据背后的问题所在

相信在很多主播眼里，数据只是数字而已。如果只是单纯地看到"今天停留时长低了""昨天订单转化不多"，那么数据的价值就只是"比较"而已，无法对直播起到指导作用。

当你学会如何去分析直播数据后，即可看清背后的问题所在。看清问题后，还要知道通过哪些方式可以解决问题。从而进入一个直播—分析数据—发现问题—解决问题—直播的良性循环，让直播间人气越来越旺，收益越来越高。

需要强调的是，数据是需要长时间观察并进行总结的。因为当直播环境发生细微变化时，数据也会第一时间反映出来，此时对直播进行微调，可以永不落伍。

一旦忽视了对数据的总结与分析，等直播的问题已经严重到观众人数、转化出现明显下滑时，再去寻找问题、解决问题就晚了。

需要重点关注的 4 大直播数据

抖音提供的直播数据是非常全面的，在后面的内容中也会向大家讲解其中绝大部分数据的含义和反映出的问题。其中有 4 个直播数据需要重点关注，因为这些数据可以反映出一场直播的整体情况。

平均在线人数

平均在线人数指的是整场直播同时在直播间内的观众平均是多少人。

一场直播，其直播间内的人数一定是不断发生变化的。如图 1 所示，黄色曲线代表进入直播间的人数，而蓝色曲线则是离开直播间的人数。也就是说，不断有人进入直播间，也不断有人离开直播间。而紫色曲线则代表实时在线人数。

因此"平均在线人数"的高低是判断直播间人气最直接的方法。因为只有具备一定的粉丝基础，让观众喜爱的直播间，才能让大量观众留在直播间观看直播。

一个新手主播，哪怕直播质量再高，直播效果再好，在开始直播的前几场，其平均在线人数也不会很高。因为知道这个直播间的观众不多，其上限是比较低的。即便进来的观众都留在直播间观看，也无法与已经有一定粉丝基础的大主播相提并论。

另外，目前大主播可以做到平均在线人数千人以上，而绝大多数主播只能做到几十人。这就反映出了直播间留不住人的问题。绝大部分观众都是进直播间看一眼就立刻离开了，所以平均在线人数始终上不去。

因此，平均在线人数低，不一定是因为流量低，很大可能是因为主播留不住人。这时就要在内容上找原因，为何不能立刻吸引住进入直播间的观众。

人均观看时长

人均观看时长是判断内容是否吸引人，以及主播发展潜力的关键指标。人均观看时长越

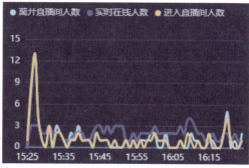

▲ 图 1

长，证明直播间的内容越吸引观众。哪怕最高在线人数比较低，但只要人均观看时长满足要求，则证明内容没有问题，只需考虑如何提高直播间曝光度即可。

相反，如果一个直播间的人均观看时长很低，则需要在直播画面吸引程度、主播直播风格吸引程度，以及货品结构合理性和标签是否准确等方面寻找问题。

需要强调的是，绝大部分观众在一分钟的时间内就可以决定去留。所以如果观众进入直播间停留时间只有 1 分钟左右，那么基本上可以断定，直播内容完全没有提起观众的兴趣。

转粉率

所谓转粉率，即新增关注直播间的观众占所有进入直播间前未关注直播间观众的百分比。转粉率较高的直播间，证明直播间的内容受到观众的认可。同时，粉丝的转化对于今后的直播热度也有很大的帮助。

"转粉"是需要主播通过语言去引导的。

所以当转粉率比较低时，除了内容不佳的因素也要考虑是不是没有提醒观众关注直播间。

值得一提的是，当主播在直播间推出一些活动时，可能会获得较多的流量倾斜。这时除了放出直播间的干货内容，最好做一个福利来增加粉丝转化，从而更好地利用活动的机会。

互动数据

互动数据是抖音官方判断是否继续为直播间提供流量的重要指标之一。互动数据低的直播间，其气氛往往比较沉闷，观众在直播间的参与感也会很差。作为主播，就应该策划一些活动来调动直播间的氛围。除此之外，在直播过程中，主播要尝试多与观众进行交流，不要将直播做成单方面的内容输出。事实上，互动数据低往往也会造成观众停留时间短并且转粉率低。因为不知道如何与观众交流的主播，很难留住观众，也很难与观众"打成一片"，拉近距离。

评判直播数据高低的标准

明确数据高低的标准，是分析主播好坏的基础。因为这样才知道哪些数据较低，进而分析造成该数据低的原因，从而起到指导直播的作用。

平均在线人数的评判标准

平均在线人数决定了直播间的人气是判断能否带动货的前提。平均在线人数低的直播间，订单量一定不高。如果一个直播间的平均在线人数可以达到 50 人，就证明具有基本的带货能力。低于 50 人，则要在主播的话术、流程设计及选品等方面找问题。

人均观看时长的评判标准

人均观看时长最能说明内容的吸引力，30 秒及格，2 分钟优秀。低于 30 秒，有可能是因为内容不佳，还有可能是因为标签不准确，导致抖音推进直播间的观众对相关内容不感兴趣，所以很快就离开了。

转粉率的评判标准

转粉率对于直播间热度的提高至关重要。其中，转粉率 30% 属于及格水平，50% 属于优秀。低于 30% 的转粉率，就要思考为何观众不希望再次来你的直播间。是因为产品不够好？货品价格不合理？还是因为没有让观众感觉还能学到更多的内容？或者是缺乏提醒关注的话术？

评论率和订单转化率的评判标准

对于带货直播而言，互动率主要看评论率和订单转化率。评论率 5% 及格，10% 优秀；订单转化率 10% 及格，30% 优秀。如果评论率偏低，则需要在直播过程中多与观众进行互动。订单转化率偏低，则要思考选品、定价及话术等问题。

在创作服务平台查看直播数据

首先需要强调的是，创作服务平台的直播数据非常简单，也不够全面，所以只能作为直播数据的概览。而且，非带货直播，其数据只能在该平台进行查看。带货直播，则有更全面的直播数据平台——抖音电商罗盘。

查看数据的方法

❶ 打开百度，搜索"抖音"，单击带有官方字样的超链接，进入抖音官网，如图 2 所示。
❷ 登录抖音账号后，单击右上角的"创作者服务"选项，如图 3 所示。
❸ 单击左侧导航栏中的"直播数据"选项，即可查看"数据总览"或"单场数据"，如图 4 所示。

▲ 图 2

▲ 图 4

▲ 图 3

创作服务平台的直播数据

若单击图 4 所示的"数据总览"选项，即可查看"基础数据""观看数据""互动数据""收益数据"。每种数据页面的分布是相同的。上半部分均为"昨日关键数据"，而下半部分则为"昨日关键数据"中各个指标在所选日期范围的曲线图。

以"观看数据"为例，当昨日没有直播时，则各个与"观看数据"相关的指标均为 0。页面下方的曲线图，则只能显示所选指标，在日期范围内的曲线。比如，选择"观看人次"后，从 2021-10-11 至 2021-10-17 观看人次数据则如图 5 所示。由于在这段时间内，只有 2021-10-16 进行了直播，所以只有那一天的曲线是有数据的。

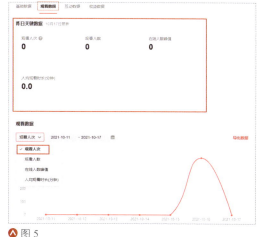

▲ 图 5

需要强调的是，相对于不同场次的直播数据曲线图，一场直播中不同时间段的数据曲线图对于改善直播质量的意义其实更大一些。而不同场次间的数据对比，可能只在确定直播大方向，比如直播选题或带货直播的商品类别时才有作用。

因此，个人认为，创作服务平台的"数据总览"依然有很大的提升空间。目前，该部分数据对直播间的指导作用并不明显。

同时，单击图4中的"单场数据"选项后，可以查看一场直播中观看人次、观众人数、在线人数峰值等数据，但却无法得到人均停留时长，以及转粉率这两个关键数据，如图6所示。

单击右侧的"查看"选项后，还可以看到所有流量的分布情况，如图7所示。从中可以看到，短视频引流到直播间的流量对于抖音平台而言是十分重要的。

▲ 图 6

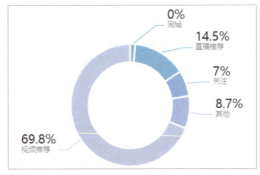
▲ 图 7

在抖音电商罗盘中查看数据

抖音电商罗盘是专门为商家或达人设计的，方便他们全面掌握直播和短视频数据。下面介绍在抖音罗盘查看直播数据的方法。

❶ 打开百度，搜索"抖音罗盘"，单击图8所示的超链接即可。

❷ 选择"商家"或"达人"并登录。如果开通了小店，即可选择商家视角，数据会更加全面。这里以"商家视角"为例进行讲解。登录后单击左侧导航栏"直播"下的"直播列表"选项，如图9所示。

❸ 选择直播日期后，单击直播右侧的"详情"按钮，即可查看详细数据，如图10所示。

▲ 图 8

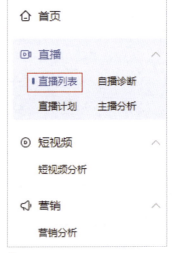
▲ 图 9

◀ 图 10

利用"流量漏斗"找到直播的核心问题

抖音罗盘中的数据非常多，如果只是单独看某一类数据，就好像"盲人摸象"，找不到问题的根源。因此，为了能够系统地分析抖音罗盘中的数据，笔者将以"流量漏斗"为核心，从中找到潜在的问题，再通过具体数据找到出现该问题的原因，让数据分析系统化。

认识"流量漏斗"

进入详细的直播数据页面后，单击"直播间数据分析"板块下的"流量分析"，如图11所示，即可看到"流量漏斗"。

"流量漏斗"是由"直播间曝光人数""进入直播间人数""商品曝光人数"等6大数据组成的，可以直观地看到流量是如何层层沉淀下来，直到实现转化的。而每一层转化数据，均可以揭露出直播间在相应阶段存在的问题，让数据分析的目的更明确。

因为"流量漏斗"是系统分析直播数据的核心，所以本节讲解的内容，会多次提到它，如图12所示。

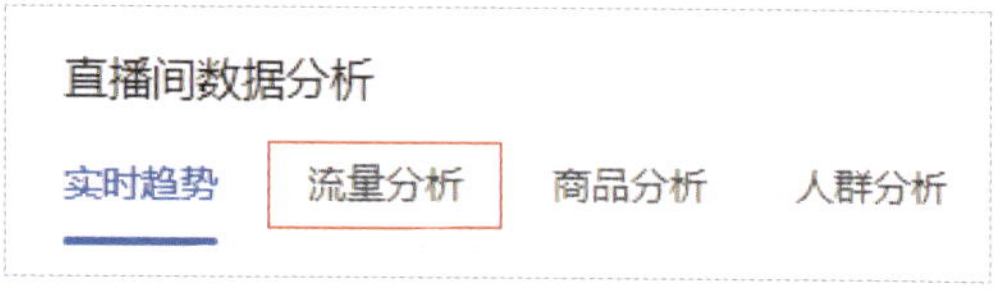

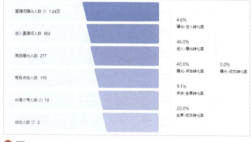

▲ 图11

▲ 图12

从"流量漏斗"看真正的流量

相信很多人听过这样的抱怨："抖音给我直播间推送的流量太低了，就十来个人"。这其实反映出很多人对"流量"认识的误区。

首先，这句话中的"就十来个人"，其实指的是"平均在线人数"，而"流量"是指抖音将该直播间曝光给观众的人数。也就是在"流量漏斗"中，"直播间曝光人数"这一数据，在该案例中是1.24万人，如图12所示。

就是这样一个1.24万曝光人数的直播间，其平均在线人数仅为10人，如图13所示。这就证明，不是抖音官方没有给这个直播间流量，而是这个直播间留不住流量，这才是问题的根源。

当然，如果你发现"直播间曝光人数"这一数据确实非常低，则大概率是因为内容违规导致被限流，建议暂时停播，并立即咨询抖音官方客服。

▲ 图13

"流量漏斗"第一层:曝光—进入转化率

"流量漏斗"之所以非常重要,关键在于他明确、直观地展现出了流量的逐层转化。如果有哪层流量的转化率偏低,则证明在这一环节存在问题。下面以图 12 展示的"流量漏斗"为例,从第一层曝光—进入转化进行分析。

分析数据并找到问题

图 12 所示的这场直播,直播间曝光人数为 1.24 万人,进入直播间的人数为 602 人,该层转化率为 4.8%。一个正常运营的直播间,在该层的转化率,也就是曝光—进入转化率应该达到 30% 以上。所以,4.8% 是一个很低的数据。

(1)直播画面不吸引人。

由于抖音绝大多数直播间的曝光方式,都是将画面摆在观众面前。也就是观众只要点一下"进入直播间",就实现了曝光—进入的转化,而这一过程通常不超过 3 秒钟。那么,能让观众在 3 秒钟决定是否进入直播间的关键点是什么?直播画面是否美观明显非常重要。

需要强调的是,虽然直播画面不美观会影响曝光—进入转化,但只要保证场景干净、整洁,是不会导致转化率仅有 4.8% 的。因此,对于该案例的直播间,其超低的曝光—进入转化主要是下面这个原因造成的。

(2)标签不准确。

当一个直播间的标签不准确时,抖音会将直播间曝光给对这类内容根本不感兴趣的观众。而这,才是导致曝光—进入转化极低的关键所在。为了证明这一点,依次单击页面左侧导航栏的"人群"—"人群画像",如图 14 所示。再将界面上方"人群画像"的"用户类型"设置为"内容触达用户",如图 15 所示,即可看到"人群特征概述"板块和"人群偏好"板块,如图 16 所示。

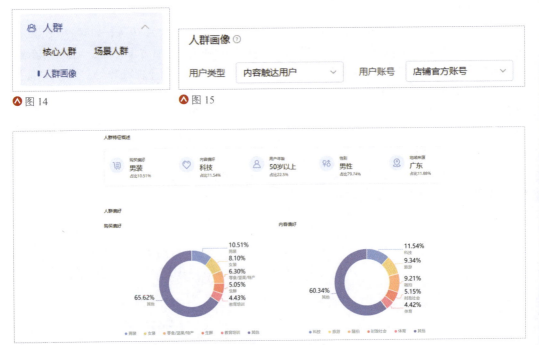

▲ 图 14

▲ 图 15

▲ 图 16

需要强调的是，该案例数据出自一个做摄影教学的账号，而其商品则是摄影教学类课程。正常而言，其内容触达用户的购买偏好更多的应该是教育培训一类，这样才有利于该账号商品的转化。而内容偏好最好是与摄影相关的，比如"随拍""旅游"等。

但在图 16 所示的数据中，内容触达用户购买偏好最多的却是"男装"，占比 10.51%，而"教育培训"类仅占 4.43%。再来看内容偏好，其中对科技类感兴趣的最多，占比 11.54%，而与摄影相关的，"随拍"和"旅游"分别占 9.21% 和 9.34%。因此，该账号的内容，大多数都推送给了对"学习摄影"这件事，甚至对"摄影"这件事都不感兴趣的观众。

除此之外，该账号甚至没有一个非常突出的特征。哪怕是占比最高的类目，与其他类目也没有拉开差距。以内容偏好为例，有数据统计的 5 个偏好分别占 11.54%、9.34%、9.21%、5.15% 和 4.42%，而"其他"，也就是没有明确分类的观众居然占到了 60.34%。从以上这些数据表现可以确定，该账号并没有形成与自己的内容、商品相一致的标签，这才导致绝大多数的流量都被浪费了。

"流量漏斗"第二层：进入—曝光（商品）转化率

分析数据并找到问题

如图 12 所示的数据中，第二层进入—曝光（商品）转化率达到了 46%。这一数据虽然不算高，但属于正常范围。证明进入直播间的大多数都是对摄影感兴趣的，产生了停留，所以能够看到商品展示，也就是所谓的商品曝光（在直播间看到商品卡弹出即算作商品曝光）。

而观众的平均停留时间，则可以在"整体看板"板块下的"互动"数据中查看，如图 17 所示，其平均停留时长达到 1 分 23 秒，所以 46% 的进入—曝光（商品）转化率就很好理解了。

解决问题的建议

要解决账号标签的问题，最关键的就在于提高内容垂直度。该案例的账号，从名字开始就存在不够垂直的问题。因为其内容大多数都是摄影教学类，但账号名称却还包括视频和运营，这是导致不够垂直的第一点。建议修改账号名，专注于其中一项。

其次，在抖音，靠短视频打标签要比靠直播容易很多。该账号所发布的短视频中，既有摄影技巧教学，还有摄影器材教学及运营教学。其中，摄影器材教学都标注了相机的具体型号，这大大限制了视频的受众范围。因为喜欢摄影的人不少，但使用某一种器材的人却不多，这就导致抖音将这些短视频推给喜欢摄影的观众时，因为观众不用这款相机，所以反馈很差。这时系统可能判定你的内容不适合推给喜欢摄影的观众。

鉴于此，有三点建议。第一点，所发内容尽量垂直，运营类的内容就不要再发布了；第二点，与摄影器材使用相关的教学内容建议不要强调具体型号，以品牌替代，增加受众，并且在内容展现上，强调拍摄技巧，而不是器材操作；第三点，为短视频投放带有兴趣标签的 DOU+，纠正标签不突出、类目不正确的问题。

新增粉丝数　　　人均观看时长　　　新加团人数
3　　　　　　　1分23秒　　　　　5
转粉率0.5%　　　　　　　　　　　加团率0.83%
评论次数　　　　点赞次数
100　　　　　　555

▲ 图 17

但如果该层转化率在 10% 以下，则证明进入的观众几乎没有产生有效停留（停留达到 10 秒为有效停留），对该直播间的内容不感兴趣。或者在直播过程中，主播亮出商品卡的频率太低了，导致观众在停留期间没有看到商品卡。

解决问题的建议

如果是因为商品卡出现次数太低而导致进入一曝光转化低，那么只需主播注意讲几句话就点一下商品旁的"讲解"选项，从而提高亮出商品卡的频率即可。

如果是因为观众没有产生有效停留则需要注意以下两点。

（1）流量来源出现问题。正常的流量来源，自然推荐——feed（也就是根据账号标签推荐给观众的流量）和短视频引流应该占主要部分。而当直播广场和"其他"流量过多时，就会出现曝光—进入转化率很高，但进入一曝光（商品）转化率较低的情况。

造成这种情况的原因主要是该账号是通过红包或者福袋等福利活动进行起号的，所以吸引来的观众大多数是为抢福利来的。一看没有福利可抢，就会迅速离开直播间，导致没有有效停留。

建议大幅减少福利活动所占的直播时间。另外，短视频内容也要提高质量，以解决观众问题为出发点进行内容创作。

对于流量来源的数据，大家可以在"流量漏斗"上方的"流量来源"板块进行查看，如图 18 所示。

（2）内容没有抓住观众痛点。进入直播间的观众很多，但一听内容就马上走了，很有可能是因为内容没有抓住观众痛点，解决不了观众的问题。建议调整内容方向，并增加干货，不要总是在直播间里讲一些缺乏营养、无法解决实际问题的内容。

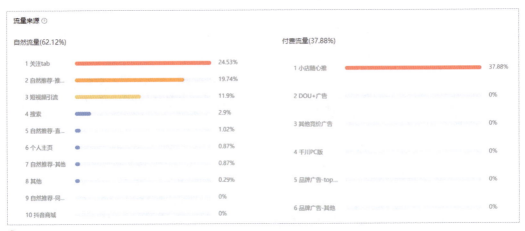

图 18

"流量漏斗"第三层：曝光（商品）—点击转化率

分析数据并找到问题

在图 12 所示的数据中，第三层曝光（商品）—点击转化率为 40%。这一数据的表现是比较好的，说明观众对商品很感兴趣。

如果这一转化率较低，则证明观众对商品不感兴趣，或者是商品的封面图不佳，导致观众不想点开商品进行仔细查看。

解决问题的建议

如果是由于观众对商品不感兴趣导致曝光（商品）—点击转化率较低，则建议针对以下 3 点进行改进。

（1）重新考虑选品和组品。尽量选择符合直播间垂直分类下销售火爆的商品，并尝试进行组品，让每一件商品的存在都有明确的价值。关于选品和组品的具体方法，可参考本书第 10 章内容进行学习。

（2）更换封面图。如果自己拍不出好看的封面图，可以找专业的产品摄影工作室进行拍摄。

（3）考虑商品与直播内容的相关性。如果是直接推荐商品的直播，就不存在这一问题。如果是科普类的，或者是干货分享类的直播，就要考虑直播内容与商品的联系是否紧密。如果两者之间没什么关系，也会导致该层转化率不高。

"流量漏斗"第四层：点击—生单转化率

分析数据并找到问题

在图 12 所示的数据中，第四层点击—生单转化率为 9.1%，表现也是正常的。如果此数据过低，则证明观众对商品很感兴趣，但是心中却依然存有一定的疑虑；或者是因为价格不太能接受，导致最终没有下单。

解决问题的建议

如果是因为观众心中仍有疑虑而未下单，建议从以下两点来解决问题。

（1）在直播结束后，与粉丝进行沟通，询问直播过程中哪些方面做得不够好，从而不断改进直播质量，让观众更信任主播。

（2）在直播过程中，主动说出观众有可能会产生疑虑的点，尽可能打消其疑虑。

如果是因为价格不能接受，那么可以降低售价，或者尝试上一些价格低的商品，以及提供小包装规格也是不错的方法。

"流量漏斗"第五层：生单—成交转化率

分析数据并找到问题

在图 12 所示的数据中，第五层生单 - 成交转化率为 20%，该数据明显偏低。一般来说，此层的转化率会在 80% 左右。因为观众在成功下单后，就意味着已经决定购买了。在决定购买的情况下，付款这个行为其实是水到渠成的。

既然该账号的数据显示出存在生单—成交转化率低的情况，那就意味着一定是哪里出了问题。根据笔者的经验，此步转化率低有以下 3 种情况。

情况1：观众的年龄偏大，在首次购买时，不知道该如何付款。

情况2：观众在下订单后发现最终价格与主播在直播过程中的宣传不符，所以不会付款。

情况3：观众下订单的目的是为了"收藏商品"，暂时没有决定购买，但又怕想买的时候，找不到这个直播间。

第1种情况可以通过数据进行辅助判断，依次单击页面左侧导航栏中的"人群"—"人群画像"，如图19所示。再将界面上方"用户类型""人群画像"设置为"首购用户"，如图20所示，即可看到"年龄分布"板块，如图21所示。

▲ 图19　　　　　▲ 图20

▲ 图21

如图21所示，50岁以上人群占11.21%，没有明确年龄的"其他"占10.28，证明高龄购买人群数量并不大，所以即便在该直播间有上文第1种情况发生，但不是造成生单—成交转化率低的首要原因。

由此可以判断出，主要问题出在第2种和第3种情况上。

解决问题的建议

如果主要问题出自上文的第1种情况，那么建议在直播时，可以让不知道如何付款的观众私信自己，然后由客服解决该问题。

如果主要问题出自上文的第2种情况，则建议在介绍商品时表达清楚，让观众清楚地知道现在介绍的是几号链接的商品，以及价格是多少。如果有一些好评返现类的活动，则要强调具体的返现方法，避免观众对价格产生疑惑。

如果主要问题出自上文的第3种情况，则建议尝试"憋单"话术，让观众产生紧迫感。比如，强调还剩最后多少件，或者利用包邮吸引观众尽快付款。